KB240516

전국한문교사모임이 만든

한자 · 한문 인증 시험 자료집

- 고등급 -

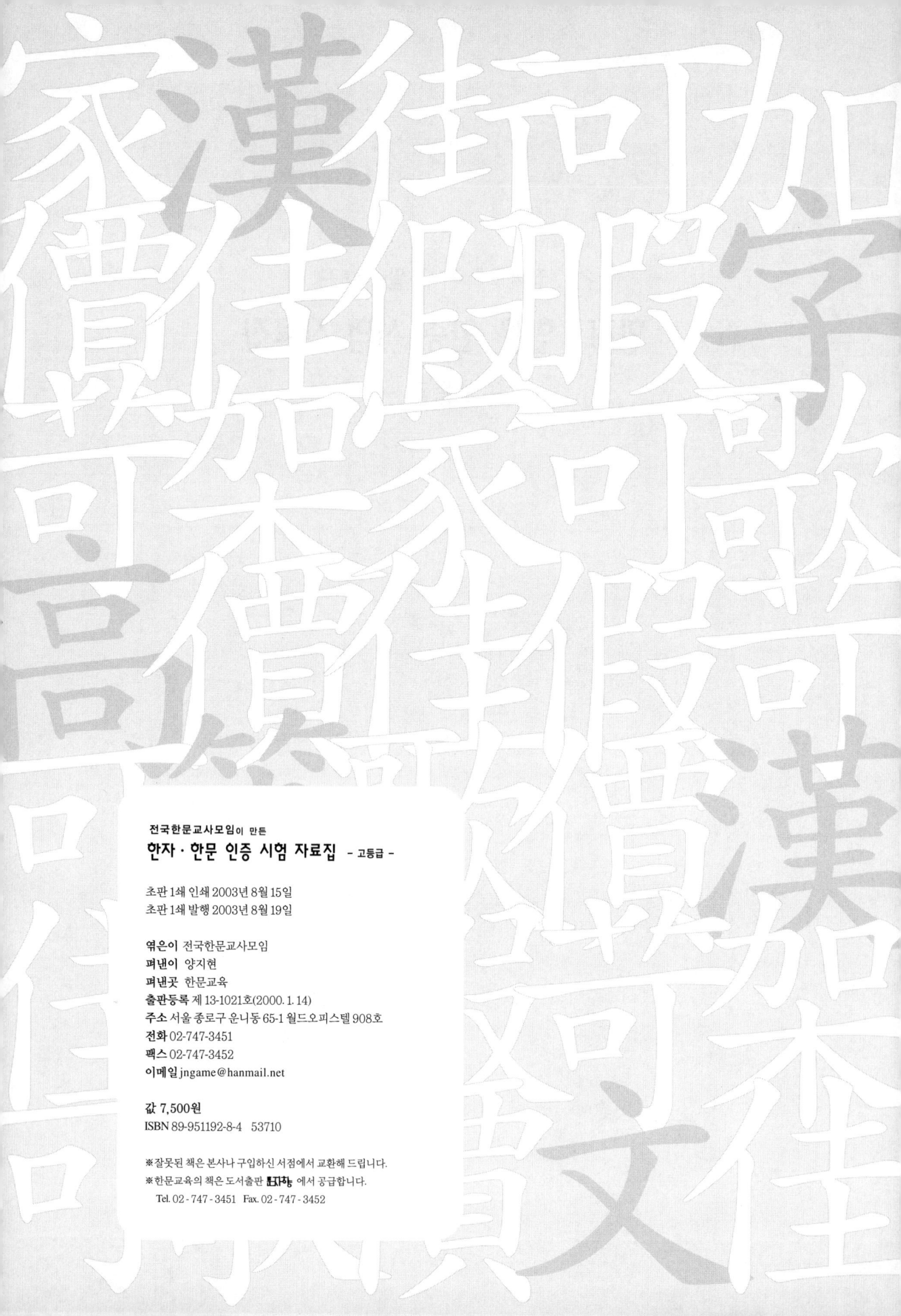

전국한문교사모임이 만든

한자 · 한문 인증 시험 자료집 - 고등급 -

초판 1쇄 인쇄 2003년 8월 15일
초판 1쇄 발행 2003년 8월 19일

엮은이 전국한문교사모임
펴낸이 양지현
펴낸곳 한문교육
출판등록 제 13-1021호(2000. 1. 14)
주소 서울 종로구 운니동 65-1 월드오피스텔 908호
전화 02-747-3451
팩스 02-747-3452
이메일 jngame@hanmail.net

값 7,500원
ISBN 89-951192-8-4　53710

※잘못된 책은 본사나 구입하신 서점에서 교환해 드립니다.
※한문교육의 책은 도서출판 愛字啓 에서 공급합니다.
　Tel. 02 - 747 - 3451　Fax. 02 - 747 - 3452

전국한문교사모임이 만든

한자·한문 인증 시험 자료집

- 고등급 -

한문교육

서문

다음은 예전에 ○○신문에 나온 '한자검정시험'과 관련된 기사의 일부분이다.

■ 한자를 알아야 우리말에 대한 이해력이 좋아진다?

한글학자들은 '우리말의 70%가 한자어'라는 주장은 숫자 놀음에 불과하다고 잘라 말한다. 실생활에서 전혀 사용되지도 않는 단어들이 절반 이상을 차지하는 케케묵은 사전을 기준으로 한 통계치이기 때문이다. ○○학회 ○○○ 연구원은 "실제 언어 생활에서 쓰이는 단어를 기준으로 할 경우 그 수치는 20% 밑으로 떨어질 것"이라고 했다. 그는 "설사 한자어가 우리 언어 생활에서 사용된다 하더라도, 어렵게 한자 교육을 시켜 한자어 한 글자 한 글자의 뜻에 비춰 한 낱말의 뜻을 이해하도록 하는 것은 매우 비효율적"이라며 "한자 교육을 하는 시간에 우리말 어휘 교육을 하면 훨씬 풍부한 언어 생활을 할 수 있다"고 지적했다. ○○○ 교수도 "한 교사가 초등학교 4, 5, 6학년 읽기 교과서에 나오는 한자 어휘 2,125개를 분석한 결과, 한자의 훈과 낱말의 뜻이 일치하는 것은 23%뿐이었다"며 "이는 한자 교육이 어휘력 신장과는 관계가 없다는 근거로 볼 수 있다"고 말했다.

이 기사는 ○○단체에서 주관하는 한자검정시험과 한자 학습 열풍이 전국적으로 일자, 이에 대한 거품이 걷혀야 한다는 취지에서 쓰여졌다. 위 내용을 살펴보면 일부는 맞지만 일부는 틀렸다. 실제 우리말의 70%가 한자어지만 실생활에 주로 사용되는 어휘만을 골라 낸다면 그 중의 한자 어휘는 훨씬 적을 것이라는 점은 맞다. 또 초등학교 읽기 교과서에 나오는 한자 어휘에 대한 조사 결과가 23%라는 점은 분석의 시각에 따라 차이가 있겠지만, 한자어라고 해서 일반적으로 알고 있는 훈과 어휘의 뜻이 항상 일치하는 것은 아니라는 점도 맞다. 그렇다면 틀린 말은 무엇인가? 설령 수치가 23%라고 하더라도 한자의 이해를 통한 어휘력 신장이 비능률적이라고 말해서는 안 된다. 어떤 한자 어휘의 훈과 어휘의 뜻이 일치한다는 것은 그 어휘의 의미가 각 한자의 뜻을 그대로 반영하고 있다는 말일 것이다. 이는 일종의 원리가 담겨 있다는 말로 바꿔 말할 수 있다. 원리의 이해를 통한 학습은 처음엔 속도가 더딜지언정 일정 정도의 수준을 갖추면, 어휘와 어휘 의미의 반복 사용 등으로 무작정 외우는 방법에 비해 훨씬 빨라질 수밖에 없다. 즉 초등학교에서 대학까지 16년, 혹은 그 이상 계속 글을 읽을 사람이라면 한자의 원리 이해를 통한 어휘 학습 방법을 기초적으로 익힐 필요가 있음은 두 말할 나위가 없다. 어떻게 보면 23%도 숫자 놀음일 수 있다. 각 과목 교과서×23%×16년이라면 이에 해당하는 한자 어휘 수는 얼마나 많겠는가. 물론 겹치는 어휘를 제외한다 하더라도, 그 양이 얼마나 많은지는 이 책의 내용을 보면 쉽게 알 수 있을 것이다.

한자의 훈과 어휘의 뜻이 일치한다는 것은 매우 중요한 의미가 있다. 이해를 돕기 위해 예를 들어 보겠다. 중학교 사회 교과서에 '선상지扇狀地'라는 어휘가 나온다. '扇'이 '부채'라는 뜻을 알면 '扇狀地'가 '부채 모양의 땅'이라는 의미를 곧바로 파악할 수 있다. '선상지'라는 어휘는 중학교 사회 과목 학습 과정에서 반드시 알아야 할 한자 어휘이다. 그런데 한자에 대한 선행 학습과 한자 풀이에 대한 훈련이 전혀 되어 있지 않으면, 선상지와 그 의미는 무작정 암기해야 한다. 학습 능률은 당연히 떨어질 수밖에 없다. 물론 교과서에 주로 나오는 어휘 외에 일상 생활에서 자주 사용하는 한자 어휘에도 이런 효과를 볼 수 있는 사례는 얼마든지 있다.

여기서 또 짚고 넘어가야 할 중요한 문제가 있다. 바로 1,800자의 신화神話이다. 극단적인 표현을 하자면 지금의 한자·한문 교육 과징싱 扇狀地에서 扇은 중고등학교 한문 교육용 1,800자가 아니기 때문에, 선상지의 扇자나 혹은 선상지 모두 한자로 익힐 필요가 없다는 결론이 나온다. 실제 그렇지는 않을 것이다. 1,800자는 사용 빈도가 높은 한자를 참고로 제시한 것이기 때문이다. 그러나 과연 참고용일까?

한문 교과서를 만드는 규정이나 현재 한자검정시험의 급수 구분은 모두 한자의 숫자를 미리 정하고 나머지 사항(그 한자가 들어가는 어휘를 시험 문제로 출제하는 등)이 따라가도록 정해져 있다. 바로 이것이 문제이다. 어휘 학습은 글을 읽는 가운데, 모르는 어휘가 나타나면 그때 그때 사전을 이용해 의미를 파악하고, 의미의 쉬운 이해를 위해 한자의 훈을 새겨 보는 것이 정도正道일 것이다. 내가 앞으로 알아야 할 어휘나 한자를 미리 모아서 익히겠다고 말한다면 뜻이 가상하다고 할 수 있지만, 이런 방법은 바른 학습 태도가 아니기 때문에 누구에게나 강요해서는 절대로 안 된다. 그래서 1,800 한자를 중심으로 하는 우선 학습을 하게 되면, 선상지 같은 필수 학습 어휘는 소외를 당하게 된다. 차라리 중·고등학교 한문 교육용 1800자는 〈상용한자 1800자〉라는 이름으로 바꿔 참고용으로 두고, 중·고등학교 학습용 한자 어휘 1,000, 혹은 2,000, 중·고등학생이 반드시 알아야 할 한문 문장 100, 혹은 200으로 제시되는 것이 현명한 방법일 것이다.

지금까지 한자 훈과 어휘의 뜻이 일치하는 한자 어휘 학습의 필요성, 그리고 한자 우선이 아닌 교과 과정상에 알아야 할 어휘와 한문 문장을 이용한 단계별 학습이 중요하다는 것을 말했다. 전국한문교사모임에서는 이러한 학습 방법을 유도하기 위해 이 책을 간행하였다. 현재 진행되는 각종 한자검정시험에 거품은 분명히 있으며, 그에 따른 부작용도 속속 드러나고 있다. 암기식 한자 학습에 따른 한자와 한문에 대한 거부감, 한문 교육이 한자 교육화하는 현상 등등. 이 책을 통해 올바른 한자·한문 학습 방법이 정착되기를 바란다.

이 병 주(전국한문교사모임 회장)

고등급 내용 중 중학교 내용과 겹치는 것은 빠져 있음.

1 교과서 한자 어휘는 아래의 예와 같이

①명칭 – ②한자 풀이 – ③설명의 순으로 되어 있다.

> ① 선상지 扇狀地
>
> ②扇 부채 선 狀 모양 상 地 땅 지
>
> ③ 산지에서 평지로 나오는 경사 급변점인 골짜기의 입구를 중심으로 하천이 운반한 토사土
>   砂가 쌓여 형성된 부채 모양의 퇴적 지형.

만약 한자 풀이를 이용해 직역을 한다면, 부채[扇] 모양의[狀] 땅[地]이 된다. 여기서는 일일이 직역을 달아 두지 않았지만, 교과서 한자 어휘는 한자의 뜻을 보면서 직역하는 연습을 통해 익히기 바란다.

2 다음은 '고등학생들이 알아야 할 한자 어휘' 중에 '經'이 들어간 예이다.

> 팔만 대장경 八萬大藏經
> 八 여덟 팔 萬 만 만 大 크다, 존경 · 찬미하는 말 대 藏 감추다, 광주리 장 經 날실, 경전 경
>
> 표준 경선 標準經線
> 標 표시하다 표 準 법도 준 經 날실, 세로 경 線 줄 선
>
> 경제 수역 經濟水域
> 經 날실, 다스리다 경 濟 구제하다 제 水 물 수 域 지역 역
>
> 경험론 經驗論
> 經 날실, 겪다 경 驗 경험하다 험 論 논의하다, 견해 론
>
> 신경 神經
> 神 귀신, 영묘하다 신 經 날실, 지나다 경

이 중에 經에 대한 풀이만 따로 모으면 아래와 같다.

經 날실, 경전 경 / 經 날실, 세로 경 / 經 날실, 다스리다 경 / 經 날실, 겪다 경 /
經 날실, 지나다 경 /

'날실'은 '옷감 등에 세로로 놓인 실'이란 뜻으로, 經의 본래 뜻은 '날실'이었는데, '경전'·'세로'·'다스리다'·'겪다'·'지나다' 등의 뜻이 파생되었다.

모든 한자가 經과 같이 이렇게 다양하게 쓰이는 것은 아니지만, 한자 하나에 한 가지의 뜻이 고정되어 있지는 않다. 한자 어휘를 풀이할 때 명심해야 할 점은 바로 하나의 뜻을 모든 어휘에 무조건 적용시켜서는 안 된다는 것이다. 즉 '經은 날실 경'이라고 한자의 음훈을 먼저 무조건 외우는 공부를 한 뒤, 실제 한자 어휘를 풀이하면 맞지 않는 경우가 많다는 말이다.

'날실'은 經의 '대표 뜻'이라고 한다. 대표 뜻은 그 한자가 처음 만들어질 때의 뜻이거나, 아니면 여러 뜻 중에 언어 생활이나 한문에서 가장 많이 쓰이는 뜻을 대표로 삼은 것이다. 그렇기 때문에 대표 뜻은 다른 누군가와 한자의 뜻에 관해 소통을 할 때, 예를 들어 학교에서 선생님이 학생에게 "날실 경'을 칠판에 쓰세요"라고 말하는 경우에 필요한 것이다. 어떤 한자에 대표 뜻 하나만을 무조건 외우고 끝나서는 안 된다. 올바른 한자·한문 학습 방법 중에 제일 중요한 것은 한자 어휘나 한문 문장을 해석하는 가운데, 한자 한 자 한 자의 새로운 뜻을 익혀 나가는 것이다.

이 책에 나오는 한자 풀이는 '經 날실, 다스리다 경'과 같이 항상 대표 뜻을 먼저 표기하고, 다음에 그 어휘에 해당하는 뜻을 적었다. 그러므로 풀이를 할 때는 뒤의 뜻에 맞춰 해야 한다. 그런데 유의해야 할 점은 여기에 제시한 뜻이, 거의 맞지만, 100% 정확하지는 않다는 것이다. 이 작업은 전국한문교사모임의 여러 선생님이 함께 수고하였는데, 어휘의 어원 설명이 있는 자료의 경우에는 그대로 실었지만, 자료를 찾지 못한 경우에는 임의로 가장 타당하다고 여겨지는 뜻을 실었기 때문이다. 그렇기 때문에 한자의 뜻은 어휘에 담긴 의미를 이해하는 데 도움을 얻는다는 취지로 봐야지, '이 어휘에서 이 한자의 뜻은 이거구나' 하고 생각을 고정시켜서는 안 된다.

3 이 책에 나오는 한자 어휘는 각 교과 학습에 필요한 어휘이면서 한자 학습과 관련이 깊은 것으로 한정하였다. 즉 굳이 한자 풀이가 필요 없거나 이미 나온 한자 어휘끼리 합한 합성어 류는 제외했다는 말이다. 또한 7차 교육 과정에 근거하여 교과서 한자 어휘의 전체 범위를 국민공통 10학년의 과정에 한정시켰다. 만약에 모든 어휘를 싣는다면 그 양이 엄청나게 많기 때문이다.

이런 여러 이유 등으로 삭제한 어휘 중에 꼭 알아 두어야 할 어휘와 이 책에 나오는 어휘를 과목별로 따로 묶어 단행본으로 출간할 계획이다. 설명도 자세하게 보충하고, 한자 풀이를 더욱 충실하게 할 계획이기 때문에 어휘의 이해도를 더욱 높일 수 있을 것이다.

4 이 책에 나오는 교과서 한자 어휘는 현재 고등학생들이 사용하는 교과서에서 뽑은 어휘이다. 〈국어〉는 교과서보다는 고등학생이 알아야 할 문법 등의 한자 어휘를 따로 선정하였다. 〈국사〉와 〈도덕〉은 전국의 모든 학생이 같은 교과서로 배우기 때문에, 교과서에 나오는 차례를 그대로 살렸다. 이 외의 과목은 학교마다 다른 출판사의 책으로 배우기 때문에, 고등학교의 각 교과 선생님들이 고등학생 수준에서 알아야 할 어휘를 따로 선정하였다.

5 어휘의 뜻풀이와 설명은 다음 책을 주로 활용하였다.
· 《동아 한한대사전》 동아출판사
· 《국어사전》 금성출판사, 운평어문연구소 편
· 《푸르넷 초등국어사전》 금성출판사
· 《두산세계대백과사전》
· 《한자를 알면 수능이 보인다 1》 (국어), 한문교육, 전국한문교사모임 편
· 《한자를 알면 수능이 보인다 2》 (국사), 한문교육, 전국한문교사모임 편
· 《한자를 알면 수능이 보인다 4》 (지리 · 사회 · 세계사), 한문교육, 전국한문교사모임 편

고등학생이
반드시 알아야 할 한자·한문

이 부분은 고등학생이 반드시 알아야 할 한자와 한문의 범위
를 제시한 곳으로, 고등학교 각 교과목 교과서의 한자 어휘와
한문 교과서의 한문 문장을 선별하였습니다.

한자·한문의 상식

😃 **한자는 한글과 어떻게 다른가요?**

여러 가지 다른 점이 있겠지만 가장 큰 차이점은 한글은 ㄱ, ㄴ, ㄷ 등의 자음子音과 ㅏ, ㅑ, ㅓ 등의 모음母音으로 이루어진 소리글자[표음문자表音文字]인데 반해, 한자는 하나 하나의 글자가 독립된 뜻을 나타내는 뜻글자[표의문자表意文字]라는 점입니다.

😳 **한자의 짜임인 육서六書란 무엇인가요?**

한자의 짜임이란 한자의 구성과 활용에 관한 원칙을 말합니다. 이것을 흔히 육서라고 합니다. 육서六書는 다음과 같습니다.

· 상형象形 : 구체적인 사물의 모양을[形] 그림으로 본떠서[象] 글자를 만드는 방법.
　예) 人, 山, 日 月, 山, 川, 雨, 水 …

· 지사指事 : 추상적인 개념을[事] 점이나 선으로 나타내어[指] 글자를 만드는 방법.
　예) 一, 二, 三, 五, 十, 下, 上, 中 …

· 회의會意 : 둘 이상의 글자를 합하여 한 글자를 만들되, 그 뜻과[意] 뜻을 결합하는[會] 방법.
　예) 林, 休, 多, 朋, 昌, 明, 信, 好, 東 …

· 형성形聲 : 두 글자를 합하여 글자를 만들되, 한쪽은 뜻을[形] 나타내고 다른 한쪽은 음을[聲] 나타내는 방법.
　예) 味, 江, 河, 洋, 露, 雲, 功 …

· 전주轉注 : 이미 만들어진 한 글자의 본뜻에서 유추하여 다른 뜻으로 돌려 쓰는 방법. 여기에는 뜻이 변하는 데 따라서 음이 달라지는 것과 달라지지 않는 것이 있음.

예) 老, 樂, 長, 善, 惡, 數, 易, 復 …
　　※둘 이상의 음이나 뜻을 가진 글자는 모두 '전주'에 해당된다고 볼 수 있음.

· 가차假借 : 새로운 뜻을 나타내는 데 적당한 글자가 없을 때, 음이 같은 다른 글자를 빌려
　쓰는 방법.
　예) 아시아亞細亞, 미국美國, 달러[弗] …

😮 한자의 3요소란 무엇인가요?

한자를 이루는 세 가지 요소를 뜻합니다. 모든 한자는 형形 · 음音 · 의義 세 가지를 지니고 있습니다. 먼저 形이란 모양을 뜻합니다. 모든 한자는 눈으로 볼 수 있는 고유의 모양을 지니고 있습니다. 音이란 소리를 뜻합니다. 예를 들어 '金'은 '금'이라는 음을 지니고 있습니다. 義란 뜻을 의미합니다. 예를 들어 '金'은 '쇠'라는 뜻을 지니고 있습니다.

😣 한자의 숫자는 변함이 없나요?

그렇지 않습니다. 현재는 약 100,000자 내외로 보고 있지만, 한자의 숫자는 시대가 복잡해지고, 새로운 물건들이 만들어지면서 늘어나고 있는 추세입니다. 아울러 한자를 쓰는 여러 나라들은 각 나라 고유의 한자를 만들어 쓰는 경우도 있습니다. 이러한 것을 국자國子라고 합니다. 우리나라의 돌夞, 둘乬 등이 이에 해당됩니다.

😤 현대 중국어와 한문은 어떤 차이가 있나요?

흔히들 중국어와 한문을 같은 것으로 잘못 알고 있는 경우가 많습니다. 하지만 엄연히 다릅니다. 우리는 한자의 소리 부분이 아닌 뜻 부분을 받아들여 우리 고유의 문화로 발전시켜 왔습니다. 문언문文言文으로 받아들인 것입니다. 우리가 교과서에서 배우는 고문古文을 중국인들에게 읽도록 하면 그들도 따로 학습을 해야 해석이 가능합니다.

😣 한자는 중국과 우리나라만 사용하는가요?

그렇지 않습니다. 한자는 중국과 우리나라는 물론 일본과 베트남 등 동아시아 전체의 공통된 문화입니다. 이렇듯 한자를 사용하고 한문에 따른 가치관을 가지고 있는 나라들을 통틀어 한자 문화권漢字文化圈이라고 합니다. 이 한자 문화권 나라들은 커다란 하나의 문화 공동체라고 할 수 있습니다.

☺ 한자·한문을 배우는 것은 중국 문물을 익히기 위한 것인가요?

우리 선조들은 중국의 한자를 받아들여 우리 고유의 문화로 발전시켜 왔습니다. 따라서 우리 선조들이 남긴 대부분의 문헌들은 한문으로 되어 있습니다. 그렇기 때문에 한자·한문을 배우는 것은 중국의 문물을 익히기 위한 것이 아니라 우리의 뿌리를 찾는 중요한 첫걸음이라 할 수 있습니다. 우리 선조들의 사상과 문화를 한자·한문으로 기록한 것을 중국의 것과 구별하여 한국한문학韓國漢文學이라고 합니다.

☺ 한문은 그 내용상 어떠한 것들이 있나요?

한문을 내용으로 분류해 보면 크게 문文·사史·철哲로 나눌 수 있습니다. 文은 '문학'으로, 한문 소설이나 한시 등이 이에 속합니다. 史는 '역사'로, 우리 선조들이 남긴 《삼국유사三國遺事》·《삼국사기三國史記》 등이 이에 속합니다. 哲은 '철학'으로 유가의 사서삼경四書三經 등이 속합니다. 한문 문장을 이해하기 위해서는 이 세 분야의 글들을 두루 읽어야 합니다.

교과서 한자 어휘

다음은 중학교 1학년 과학 교과서의 일부 내용입니다.

가) 유수는 암석을 **침식**할 뿐만 아니라 침식된 작은 암석이나 자갈, 모래, 진흙 등을 낮은 곳으로 운반하고, 운반된 물질을 **퇴적**시키기도 한다.

그림과 같이 강의 상류 지역에서는 침식 작용이 활발하여 산의 경사면이 깊게 파인 V자 계곡이나 폭포 등이 형성되며, 산과 평지가 만나는 곳에서는 물의 흐름이 갑자기 약해져서 부채 모양으로 퇴적된 **선상지**가 형성된다. 강의 중류 지역에서는 구불구불한 강줄기인 곡류와 소뿔 모양의 호수인 **우각호**를 볼 수도 있다. 특히 경사가 완만한 지역을 지나는 강줄기에서 이러한 곡류와 우각호가 잘 발달한다.

나) **流水**는 암석을 **浸蝕**할 뿐만 아니라 침식된 작은 암석이나 자갈, 모래, 진흙 등을 낮은 곳으로 운반하고, 운반된 물질을 **堆積**시키기도 한다.

그림과 같이 강의 상류 지역에서는 침식 작용이 활발하여 산의 경사면이 깊게 파인 V자 계곡이나 폭포 등이 형성되며, 산과 평지가 만나는 곳에서는 물의 흐름이 갑자기 약해져서 부채 모양으로 퇴적된 **扇狀地**가 형성된다. 강의 중류 지역에서는 구불구불한 강줄기인 **曲流**와 소뿔 모양의 호수인 **牛角湖**를 볼 수도 있다. 특히 경사가 완만한 지역을 지나는 강줄기에서 이러한 곡류와 우각호가 잘 발달한다.

한글로만 표기된 (가)글엔 이해하기 어려운 한자 어휘가 여러 개 나옵니다. 일상생활에서 자주 쓰는 말이 아니기 때문일 겁니다. (나)글은 한자 어휘를 한자 표기로 바꾼 것입니다. 각 어휘의 한자를 풀이하면, 流水(유수)는 '흐르는 물', 浸蝕(침식)은 '물이 스며들면서 조금씩 조금씩 갉아먹음', 堆積(퇴적)은 '높이 쌓임', 扇狀地(선상지)는 '부채 모양의 땅', 曲流(곡류)는 '구불구불 휜 흐름', 牛角湖(우각호)는 '소뿔 호수'가 됩니다.

교과서에 나오는 어렵게 생각했던 한자 어휘들은 대부분 이렇게 한자 뜻풀이를 하면 쉽게 이해할 수 있는 말들입니다. 어휘의 정확한 의미를 파악하는 학습 자세를 가지기 위해서는 한자 뜻풀이 습관을 길러야겠습니다.

다음은 고등학교에서 예체능과 기술·가정 과목을 제외한(한자 어휘가 많지 않아서) 전 과목의 교과서에 나오는 한자 어휘를 소개한 내용입니다. 아래 내용을 공부하면서 교과서 학습을 효과적으로 하고, 한자 실력의 향상을 통해 한문 해석 능력의 신장伸張에도 도움이 되기를 바랍니다.

ⓞⓞ① 세계화 世界化

| 世 세상 세 | 界 (땅의) 경계, 범위 계 | 化 변화하다 화 |

국제 사회에서 상호 의존성이 증가함에 따라 세계가 단일한 사회 체계로 나아가고 있음을 가리키는 말.

ⓞⓞ② 다원주의 多元主義

| 多 많다 다 | 元 근본 원 | 主 주인, 주되다 주 | 義 옳다, 의견 의 |

모든 현상은 서로 독립된 많은 근원적인 원리 · 요소로 이루어져 있다는 의견.

ⓞⓞ③ 과학 지상주의 科學至上主義

| 科 조목 과 | 學 배우다, 학문 학 | 至 지극하다 지 | 上 위, 높다 상 | 主 주인, 주되다 주 | 義 옳다, 의견 의 |

모든 과학의 산물, 과학적 인식과 사고 방식을 지나치게 높이 평가한 나머지, 그 외의 모든 사고 방식이나 의식 구조를 무시하는 입장.

ⓞⓞ④ 개인주의 個人主義

| 個 낱개 개 | 人 사람 인 | 主 주인, 주되다 주 | 義 옳다, 의견 의 |

① 개인의 자유 활동의 영역이 침범되지 아니하는 것을 이상으로 하는 주의.

↔ 사회주의.

② 개인의 권위와 자유를 중히 여기어 개인을 기초로 하여 모든 행동을 규정하려는 주의.

↔ 전체주의.

ⓞⓞ⑤ 쾌락주의 快樂主義

| 快 상쾌하다 쾌 | 樂 즐겁다 락 | 主 주인, 주되다 주 | 義 옳다, 의견 의 |

쾌락을 가장 가치 있는 인생의 목적이라 생각하고 모든 행동과 의무의 기준으로 보는 윤리학의 입장.

ⓞⓞ⑥ 자정 작용 自淨作用

| 自 스스로 자 | 淨 깨끗하다 정 | 作 만들다, 일하다 작 | 用 (물건을) 쓰다 용 |

물이나 땅, 혹은 사회 현상이 저절로 깨끗하게
되는 작용.

⑩⑩⑦

도덕경 道德經

| 道 길, 도리 **도** | 德 공정하고 포용성 있는 마음 **덕** | 經 날실, 경전 **경** |

중국 춘추 전국 시대의 대표적인 사상가인 노
자가 도道와 덕德의 의미를 5천여 자로 해설
한 책.

⑩⑩⑧

무위자연 無爲自然

| 無 없다 **무** | 爲 하다 **위** | 自 스스로 **자** | 然 그
러하다 **연** |

인위적으로 계획을 세우거나 간섭함이 없이
저절로 그러한 상태. 그대로 둔다는 뜻으로, 노
자老子에 의해 제창된 인간의 이상적理想的
인 행위.

⑩⑩⑨

자아 정체성 自我正體性

| 自 스스로 **자** | 我 나 **아** | 正 바르다, 본디 **정** |
體 몸 **체** | 性 성품, 성질 **성** |

내가 어떤 사람이고, 어떤 뿌리를 가지고 있는
가에 대한 자아 의식.

⑩①⑩

익명성 匿名性

| 匿 숨기다 **닉** | 名 이름 **명** | 性 성품, 성질 **성** |

개인의 존재와 행동이 대중 속에 감추어지는
도시 사회에서 가장 뚜렷하게 나타나는 대중
화 현상.

⑩①①

부유 浮游

| 浮 뜨다 **부** | 游 놀다, 떠돌다 **유** |

떠돌아 다님.

⑩①②

유예 猶豫

| 猶 오히려, 망설이다 **유** | 豫 미리, 머뭇거리다
예 |

아직 어떤 의무나 책임을 수행할 준비가 되어
있지 않은 사람이, 그것의 수행을 연기하는 것.

➥ 본래는 뜻풀이를 하면 안 되는 어휘임. 비슷한 소리가 나
는 한자를 빌려 쓴 말.

⑩①③

비행 非行

| 非 아니다, 그르다 **비** | 行 다니다, 행하다 **행** |

못된 행위.

⑩①④

일탈 逸脫

| 逸 달아나다 **일** | 脫 벗다 **탈** |

사회가 지향하는 정상적 가치인 규범, 즉 도
덕·윤리·관습·법 등에서 벗어난 상태.

⑩①⑤

기성 세대 旣成世代

| 旣 이미 **기** | 成 이루다 **성** | 世 세상, 세대 **세** |
代 대신하다, 이어 내려온 차례 **대** |

이미 사회에서 활동하고 있는 나이 든 세대.

⑯

개성 個性

| 個 낱개 **개** | 性 성품 **성** |

각 사람이 지니고 있는 남다른 특성.

⑰

공동체 共同體

| 共 함께 **공** | 同 같다, 함께하다 **동** | 體 몸 **체** |

생활과 운명을 같이하는 조직체.

⑱

미풍양속 美風良俗

| 美 아름답다 **미** | 風 바람, 풍습 **풍** | 良 어질다, 좋다 **량** | 俗 속세, 풍습 **속** |

예로부터 전해 내려오는 아름답고 좋은 풍속.

⑲

상부상조 相扶相助

| 相 서로 **상** | 扶 돕다 **부** | 相 서로 **상** | 助 돕다 **조** |

서로 도움.

⑳

농자 천하지대본 農者天下之大本

| 農 농사 **농** | 者 사람, ~것 **자** | 天 하늘 **천** | 下 아래 **하** | 之 ~의 **지** | 大 크다 **대** | 本 근본 **본** |

농사라는 것은 천하의 큰 근본임.

㉑

동신제 洞神祭

| 洞 마을 **동** | 神 귀신 **신** | 祭 제사 **제** |

마을 사람들이 병에 걸리지 않고 편안하기를, 마을의 조상신ㆍ수호신에게 비는 제사.

㉒

향약 鄕約

| 鄕 시골 **향** | 約 약속하다 **약** |

조선 시대에 권선징악勸善懲惡과 상부상조相扶相助를 목적으로 마련하였던 향촌 사회의 자치 규약.

㉓

덕업상권 德業相勸

| 德 공정하고 포용성 있는 마음 **덕** | 業 일 **업** | 相 서로 **상** | 勸 권하다 **권** |

덕스러운 일은 서로 권함.

㉔

과실상규 過失相規

| 過 지나가다 **과** | 失 잃다 **실** | 相 서로 **상** | 規 규칙 **규** |

잘못은 서로 규제함.

㉕

예속상교 禮俗相交

| 禮 예절 **례** | 俗 속세, 풍습 **속** | 相 서로 **상** | 交 사귀다 **교** |

예의 바른 풍속으로 서로 사귐.

㉖

환난상휼 患難相恤

| 患 근심 **환** | 難 어렵다 **난** | 相 서로 **상** | 恤 구휼하다 **휼** |

어려움이 닥쳤을 때에는 서로 도움.

027

공동선 共同善

| 共 함께 **공** | 同 같다, 함께하다 **동** | 善 착하다, 완전한덕 **선** |

그 사회가 지향하는 공동의 목표와 공동의 가치.

➥ 완전한덕 – 착하고 정당하여 도덕적 기준에 맞는 것.

028

홍익인간 弘益人間

| 弘 (크고) 넓다 **홍** | 益 이롭다 **익** | 人 사람 **인** | 間 사이 **간** |

고조선의 건국 이념으로, '널리 인간을 이롭게 한다' 는 뜻.

029

이기주의 利己主義

| 利 이롭다 **리** | 己 자기 **기** | 主 주인, 주되다 **주** | 義 옳다, 의견 **의** |

자기 자신의 이익만을 추구하고, 사회 일반의 이익은 염두에 두지 않는 태도.

↔ 이타주의.

030

황금 만능주의 黃金萬能主義

| 黃 노랗다 **황** | 金 쇠, 금 **금** | 萬 만 **만** | 能 잘하다 **능** | 主 주인, 주되다 **주** | 義 옳다, 의견 **의** |

물질(돈)만 있으면 무엇이든 가능하다고 생각하는 사고 방식이나 태도.

031

가치전도 價値顚倒

| 價 값 **가** | 値 값 **치** | 顚 넘어지다 **전** | 倒 넘어지다 **도** |

가치가 거꾸로 됨.

032

역지사지 易地思之

| 易 바꾸다 **역** | 地 땅, 처지 **지** | 思 생각하다 **사** | 之 ~의, 그것 **지** |

상대와 처지를 바꾸어 놓고 생각함

033

연고주의 緣故主義

| 緣 인연, 말미암다 **연** | 故 옛, 이유 **고** | 主 주인, 주되다 **주** | 義 옳다, 의견 **의** |

혈통, **정분**情分 또는 법률상의 관계를 가장 중요시하는 입장.

➥ 情分 [情 (느끼어 일어나는) 마음 정 分 나누다 분] 사귀어 정이 든 정도.

034

가족주의 家族主義

| 家 집 **가** | 族 겨레, 성(姓)과 본(本)이 같은 사람 **족** | 主 주인, 주되다 **주** | 義 옳다, 의견 **의** |

집단으로서의 가족을 개개의 가족 성원보다 중시하고, 가족적 인간 관계를 가족 이외의 사회 관계에까지 확대 적용하려는 입장.

035

지역주의 地域主義

| 地 땅 **지** | 域 지역 **역** | 主 주인, 주되다 **주** | 義 옳다, 의견 **의** |

지역의 특수성을 바탕으로 하여 지역의 자주성을 유지하면서 그 연대 · 협력을 촉진하려는 입장.

↔ 보편주의.

⓪③⑥

수신 제가 치국 평천하 修身齊家治國平天下

| 修 닦다 **수** | 身 몸 **신** | 齊 가지런하다 **제** | 家 집, 집안 **가** | 治 다스리다 **치** | 國 나라 **국** | 平 평평하다, 다스리다 **평** | 天 하늘 **천** | 下 아래 **하** |

자신을 올바르게 수양하면 가정을 잘 이끌 수 있고, 가정을 잘 이끌어 갈 수 있으면 나라를 바르게 다스릴 수 있으며, 나아가 세상을 평화롭게 만들 수 있음.

⓪③⑦

지정학 地政學

| 地 땅 **지** | 政 정치 **정** | 學 배우다, 학문 **학** |

정치 현상과 지리적 조건과의 관계를 연구하는 학문.

⓪③⑧

주체 사상 主體思想

| 主 주인, 주되다 **주** | 體 몸 **체** | 思 생각하다 **사** | 想 생각하다 **상** |

북한이 중국과 소련의 갈등 속에서 독자적인 입장을 강조한 사상.

⓪③⑨

오상 五常

| 五 다섯 **오** | 常 항상, 마땅히 지켜야 할 도 **상** |

유교에서 말하는 사람이 항상 지켜야 할 5가지 기본 덕목(인仁 · 의義 · 예禮 · 지智 · 신信), 오륜五倫과 함께 유교 윤리의 근본을 이룸.

⓪④⓪

오륜 五倫

| 五 다섯 **오** | 倫 사람의 도리 **륜** |

유교에서 이르는 다섯 가지의 인륜人倫.

⓪④①

부자유친 父子有親

| 父 아버지, 부모 **부** | 子 아들, 자식 **자** | 有 있다 **유** | 親 친하다 **친** |

어버이와 자식 사이에는 친[사랑과 공경]이 있어야 함.

⓪④②

군신유의 君臣有義

| 君 임금 **군** | 臣 신하 **신** | 有 있다 **유** | 義 옳다 **의** |

임금과 신하 사이에는 의[정의와 합리]가 있어야 함.

⓪④③

부부유별 夫婦有別

| 夫 남편 **부** | 婦 아내 **부** | 有 있다 **유** | 別 다르다, 나누다 **별** |

부부 사이에는 분별[상호 존중]이 있어야 함.

⓪④④

장유유서 長幼有序

| 長 길다, 어른 **장** | 幼 어리다 **유** | 有 있다 **유** |
| 序 차례 **서** |

어른과 아이 사이에는 순서[양보와 질서]가 있어야 함.

⓪④⑤
붕우유신 朋友有信

| 朋 친구 **붕** | 友 친구 **우** | 有 있다 **유** | 信 믿다 **신** |

친구 사이에는 믿음이 있어야 함.

⓪④⑥
경천 애인 敬天愛人

| 敬 공경하다 **경** | 天 하늘 **천** | 愛 사랑하다 **애** | 人 사람 **인** |

우리 민족 윤리 의식의 원형으로, 하늘을 공경하고 사람끼리 서로 사랑한다는 뜻.

⓪④⑦
교조적 教條的

| 教 가르치다 **교** | 條 조목 **조** | 的 ~한 성질을 띤 **적** |

사실에 대한 검증 없이 사물을 설명하고 맹목적으로 신봉하는 것.

⓪④⑧
조선상고사 朝鮮上古史

| 〈朝 아침 **조** | 鮮 산뜻하다 **선**〉 나라 이름 | 上 위 **상** | 古 옛 **고** | 史 역사 **사** |

신채호申采浩가 지은 것으로, 단군 시대로부터 삼국 시대 이전 상고 시대의 역사가 기록되어 있음.

⓪④⑨
탈냉전 脫冷戰

| 脫 벗다 **탈** | 冷 (온도가) 차다, 쌀쌀하다 **랭** | 戰 싸우다 **전** |

냉전에서 벗어남.

⓪⑤⓪
실용주의 實用主義

| 實 실제 **실** | 用 쓰다 **용** | 主 주인, 주되다 **주** | 義 옳다, 의견 **의** |

프래그머티즘(pragmatism)의 번역어로, 진리를 순 이론적 가치에서가 아니라 실용적 가치에서 구해야 한다는 주장.

⓪⑤①
기조 基調

| 基 기초 **기** | 調 조절하다, 가락 **조** |

사상이나 학설 등의 기본적인 방향.

⓪⑤②
기능주의 機能主義

| 機 기계, 구실 **기** | 能 잘하다, 능력 **능** | 主 주인, 주되다 **주** | 義 옳다, 의견 **의** |

체제간 경제 · 사회 · 문화 등의 기능적 연계를 증진함으로써, 군사 · 정치적 통합을 이룰 수 있다는 것을 핵심으로 하는 이론.

⓪⑤③
연방 聯邦

| 聯 이어 달다 **련** | 邦 나라 **방** |

고도의 자치권을 가진 2개 이상의 지방으로 구성되는 하나의 국가.

054

유훈 통치 遺訓統治

| 遺 남기다 유 | 訓 가르치다 훈 | 統 거느리다 통 | 治 다스리다 치 |

김정일이 자신의 뜻보다는 김일성 주석의 가르침에 따라 북한을 통치한다는 것.

055

한국통사 韓國痛史

| 〈韓 나라 이름 한 | 國 나라 국〉 나라 이름 | 痛 아프다 통 | 史 역사 사 |

1915년 박은식朴殷植(1859~1925)이 한국의 근세까지의 역사와 지리, 명승지 등 다양한 내용을 실어 만든 책.

056

서세 동점 西勢東漸

| 西 서쪽 서 | 勢 세력 세 | 東 동쪽 동 | 漸 차츰, 차츰 차츰 나아가다 점 |

서양의 산업 문명이 동양 문화를 침략해 들어가는 것.

057

개화 開化

| 開 열다 개 | 化 변화하다 화 |

갑오경장甲午更張으로 정치 제도가 근대적으로 개혁된 일.

058

웅비 전략 雄飛戰略

| 雄 웅장하다 웅 | 飛 날다 비 | 戰 싸우다 전 | 略 간략하다, 꾀 략 |

민족이 현재의 상태보다 자주성과 발전성을 크게 증대시킬 수 있는 계획.

059

전체주의 全體主義

| 全 온전하다, 모두 전 | 體 몸 체 | 主 주인, 주되다 주 | 義 옳다, 의견 의 |

개인의 모든 활동은 국가 전체의 존립과 발전을 위해 바쳐져야 한다는 이념.

060

제국주의 帝國主義

| 帝 황제 제 | 國 나라 국 | 主 주인, 주되다 주 | 義 옳다, 의견 의 |

군사력을 배경으로 정치적·경제적 지배권을 다른 민족·국가에게 확대시키려는 대외 팽창 정책이나 사상.

061

대동 사회 大同社會

| 大 크다 대 | 同 같다 동 | 社 단체 사 | 會 모이다 회 |

《예기禮記》〈예운편禮運篇〉에서 제시된 유가의 이상적인 사회상.

062

복지 국가 福祉國家

| 福 복 복 | 祉 복지 지 | 國 나라 국 | 家 집 가 |

국민 전체의 복지 증진과 확보 및 행복 추구를 국가의 가장 중요한 사명使命으로 보는 국가.

동도 서기 東道西器

| 東 동쪽, 동양의 약칭 **동** | 道 길, 도리 **도** | 西 서쪽, 서양의 약칭 **서** | 器 그릇, 기구 **기** |

동양의 정신 문화와 서양의 과학 기술을 조화시키자는 사상.

1. 선사 시대의 문화와 국가의 형성

◎◎1

중석기 시대 中石器時代

| 中 가운데 **중** | 石 돌 **석** | 器 그릇, 기구 **기** | 時 때 **시** | 代 대신하다, 시대 **대** |

구석기 시대에서 신석기 시대로 넘어가는 과도기적인 단계.

◎◎2

토우 土偶

| 土 흙 **토** | 偶 짝이 되다, 인형 **우** |

흙으로 동물이나 사람 모양의 인형을 빚어 만드는 것.

◎◎3

8조 금법 八條禁法

| 八 여덟 **팔** | 條 조목 **조** | 禁 금지하다 **금** | 法 법 **법** |

고조선 때 행해지던 법.

◎◎4

과하마 果下馬

| 果 열매 **과** | 下 아래 **하** | 馬 말 **마** |

말을 타고 과일 나무 밑을 지날 수 있다는 데서 유래한 키가 작은 말.

◎◎5

반어피 班魚皮

| 〈班 나누다 **반** | 魚 물고기 **어**〉 바다표범 | 皮 가죽 **피** |

바다표범의 가죽.

◎◎6

책화 責禍

| 責 꾸짖다 **책** | 禍 재앙, 죄 **화** |

동예에서 있었던 일종의 사유 재산 보호를 위한 벌칙.

2. 통치 구조와 정치 활동

◎◎7

상수리 제도 上守吏制度

| 上 위 **상** | 守 지키다 **수** | 吏 관리 **리** | 制 만들

다, 제도 **제** | 度 ~한정도, 법도 **도** |

통일신라 때 볼모로 수도인 경주에 와 있게 하였던 향리.

◎⓪⓪⑧

초적 草賊

| 草 풀 **초** | 賊 도적 **적** |

백성들이 경제적인 이유로 토지를 떠나 도적이 된 사람들.

◎⓪⓪⑨

취민유도 取民有度

| 取 가지다, 다스리다 **취** | 民 백성 **민** | 有 있다 **유** | 度 ~한정도, 법도 **도** |

백성들에게 조세를 수취할 때에 일정한 법도가 있어야 함.

◎⓪①⓪

흑창 黑倉

| 黑 검다 **흑** | 倉 창고 **창** |

고구려의 진대법을 계승하여 춘궁기에 곡식을 나눠주고 추수 후에 갚게 했던 빈민 구제 기구.

◎⓪①①

사심관 제도 事審官制度

| 事 일 **사** | 審 살피다 **심** | 官 벼슬 **관** | 制 만들다, 제도 **제** | 度 ~한정도, 법도 **도** |

고려 시대에 중앙의 고위 관리 중 지방에 연고가 있는 사람에게 자기 출신 지역을 다스리도록 임명하는 제도.

◎⓪①②

기인 제도 其人制度

| 其 그 **기** | 人 사람 **인** | 制 만들다, 제도 **제** | 度 ~한정도, 법도 **도** |

고려 시대에 지방 세력을 견제하기 위하여 지방 호족의 자제들을 인질로 삼아 수도에 머물게 한 제도.

◎⓪①③

훈요 10조 訓要十條

| 訓 가르치다 **훈** | 要 중요하다 **요** | 十 열 **십** | 條 조목 **조** |

고려 태조 왕건이 943년에 자손들을 훈계하기 위해 몸소 지은 10가지 교훈.

◎⓪①④

노비안검법 奴婢按檢法

| 奴 노예, 남자 종 **노** | 婢 여자 종 **비** | 按 어루만지다, 조사하다 **안** | 檢 검사하다 **검** | 法 법 **법** |

노비의 실태를 조사하여, 원래 양민이었는데 전쟁이나 재난으로 노비가 된 자들을 다시 양민으로 풀어 주는 법.

◎⓪①⑤

과거 제도 科擧制度

| 科 조목, 과거 **과** | 擧 들다, 가려 뽑다 **거** | 制 만들다, 제도 **제** | 度 ~한정도, 법도 **도** |

중국과 한국에서 시행한 관리 채용 시험 제도.

◎⓪①⑥

시무 28조 時務二十八條

| 時 때 **시** | 務 일 **무** | 二 둘 **이** | 十 열 **십** | 八 여

| 條 조목 조 |

고려 성종 때 최승로崔承老가 제시한 28가지 정책.

⓪①⑦
향리 제도 鄕吏制度

| 鄕 시골 향 | 吏 관리 리 | 制 만들다, 제도 제 | 度 ~한정도, 법도 도 |

호족 등의 지방 세력을 지방의 관리로 임명하는 제도.

⓪①⑧
봉박 封駁

| 封 붙이거나 싸서 막다 봉 | 駁 반박하다 박 |

임금의 명령이 옳지 않다고 생각할 때, 이에 관한 글을 편지에 넣고 봉하여 임금께 다시 올려 반박하는 제도.

⓪①⑨
서경권 署經權

| 署 관청, 쓰다 서 | 經 날실, 지나다 경 | 權 권력 권 |

임금이 관리를 임명하거나, 법률의 제정·개정 등의 일에 대하여 대간臺諫의 서명을 거치게 하는 제도.

⓪②⓪
양계 兩界

| 兩 둘 량 | 界 (땅의) 경계 계 |

고려·조선 시대의 특별 행정 구역.

⓪②①
문벌 門閥

| 門 문, 집안 문 | 閥 공로가 있는 집안 벌 |

집안 대대로 주요 관직을 차지하고 권력을 유지한 가문.

⓪②②
공음전 功蔭田

| 功 공로 공 | 蔭 그늘, 조상의 덕택 음 | 田 밭 전 |

고려 때 5품 이상 관리에게 지급했으며 세습이 가능했던 토지.

⓪②③
봉사 10조 封事十條

| 封 붙이거나 싸서 막다 봉 | 事 일 사 | 十 열 십 | 條 조목 조 |

고려 때 최충헌이 명종에게 올린 10개조의 사회 개혁책.

⓪②④
과전 科田

| 科 조목, 등급 과 | 田 밭 전 |

고려 시대에 국정 운영에 참여한 대가로 국가가 문무 양반 등 벼슬아치에게 그 직책의 품품을 기준으로 한 과科에 따라 일정한 특권을 갖도록 지정한 토지.

⓪②⑤
녹봉 祿俸

| 祿 봉급 록 | 俸 봉급 봉 |

국가가 관리에게 봉급으로 준 쌀·보리·명주·베·돈 따위를 이르는 말.

⓪②⑥
홍건적 紅巾賊

| 紅 붉다 **홍** | 巾 수건 **건** | 賊 도적 **적** |

중국 원대元代 말기에 크게 일어난 백련교·미륵교를 중심으로 형성된 반원反元 세력으로, 머리에 붉은 두건을 둘렀기 때문에 붙여진 이름.

⓪②⑦
역성 혁명 易姓革命

| 易 바꾸다 **역** | 姓 성씨 **성** | 革 가죽, 고치다 **혁** | 命 목숨, 하늘의 뜻 **명** |

고려 왕조(왕씨王氏)에서 조선 왕조(이씨李氏)로 교체된 혁명.

⓪②⑧
양전 量田

| 量 수량, 헤아리다 **량** | 田 밭 **전** |

논·밭의 면적, 수확량 등을 측량하여 장부에 빠진 토지를 찾아 내고 정확한 세금 징수를 위해 실시하는 일.

⓪②⑨
호패 제도 號牌制度

| 號 이름 **호** | 牌 명찰 **패** | 制 만들다, 제도 **제** | 度 ~한정도, 법도 **도** |

인구를 파악하고 세금을 내게 하는 등 통치를 쉽게 할 목적으로 실시하는 제도.

⓪③⓪
서사제 署事制

| 署 관청, 쓰다 **서** | 事 일 **사** | 制 만들다, 제도 **제** |

6조에서 올라오는 모든 일들을 영의정, 좌의정, 우의정이 중심이 되는 의정부에서 논의한 다음 합의된 사항을 왕에게 올려 결재를 받는 형식.

⓪③①
왕도 정치 王道政治

| 王 임금 **왕** | 道 길, 도리 **도** | 政 정치 **정** | 治 다스리다 **치** |

인과 덕을 바탕으로 하는 정치로 유교에서 이상으로 삼는 정치 사상.

⓪③②
경연 經筵

| 經 날실, 경전 **경** | 筵 대나무로 만든 자리, 장소 **연** |

홍문관의 관리가 왕에게 경서를 강의하고 토론하는 자리.

⓪③③
경재소 京在所

| 京 서울 **경** | 在 (~에) 있다 **재** | 所 장소, 관청 **소** |

조선 시대에 지방의 유향소留鄕所를 통제하기 위해 서울에 둔 연락 기관.

⓪③④
양인 개병제 良人皆兵制

| 良 어질다 **량** | 人 사람 **인** | 皆 모두 **개** | 兵 군사 **병** | 制 만들다, 제도 **제** |

양인은 모두 군인의 의무를 져야 하는 제도.

⓪③⑤
정군 正軍

| 正 바르다, 주되다 **정** | 軍 군사 **군** |

조선 시대 현역 군인으로, 정규군正規軍의 줄임말.

⓪③⑥
보인 保人

| 保 보호하다 **보** | 人 사람 **인** |

조선 시대 군사비 충당을 위하여 정군正軍에게 딸린 경제적 보조자.

⓪③⑦
갑사 甲士

| 甲 첫째 천간, 갑옷 **갑** | 士 선비, 군인 **사** |

간단한 시험을 거쳐 선발된 일종의 직업 군인.

⓪③⑧
진관 체제 鎭管體制

| 鎭 누르다, 진영 **진** | 管 대롱, 관리하다 **관** | 體 몸, 모양 **체** | 制 만들다, 제도 **제** |

지역 단위의 방어 체제로 각 도에 한두 개의 병영을 두어 병사가 관할 지역 군대를 장악하고, 병영 밑에 몇 개의 거진巨鎭을 설치하여 거진의 수령이 그 지역 군대를 통제하는 체제.

⓪③⑨
잡색군 雜色軍

| 雜 섞이다 **잡** | 色 색깔 **색** | 軍 군사 **군** |

서리, 잡학인, 신량역천인(양인의 신분으로 천역에 종사하는 사람), 노비 등이 소속되어 유사시에 대비하게 한 예비군의 일종.

⓪④⓪
봉수제 烽燧制

| 烽 봉화 **봉** | 燧 봉화 **수** | 制 만들다, 제도 **제** |

변란이 생긴 사실을 먼 거리까지 빨리 알리기 위해 사용했던 제도.

⓪④①
역참 驛站

| 驛 정거장, 말 갈아타는 곳 **역** | 站 역 마을 **참** |

중앙과 지방 사이의 물자 수송과 통신을 위해 설치된 기관.

⓪④②
식년시 式年試

| 式 형식, 법식 **식** | 年 해 **년** | 試 시험 **시** |

조선 시대에 3년마다 정기적으로 시행한 과거 시험.

⓪④③
증광시 增廣試

| 增 늘다 **증** | 廣 넓다, 넓히다 **광** | 試 시험 **시** |

왕이 즉위하는 경사나 즉위한 지 30년이 된 것과 같은 큰 경사가 있을 때, 또는 작은 경사가 여러 개 겹쳤을 때 임시로 실시한 과거 시험.

⓪④④
알성시 謁聖試

| 謁 뵙다 **알** | 聖 성스럽다 **성** | 試 시험 **시** |

국왕이 성인인 공자를 기리기 위해 문묘文廟(공자를 모시는 사당)에 참배할 때, 이날을 기념하여 성균관에서 보는 시험.

045

상피제 相避制

| 相 서로 **상** | 避 피하다 **피** | 制 만들다, 제도 **제** |

가까운 친척과 같은 관서에 근무하지 않도록 하거나, 출신 지역의 지방관으로 임명하지 않는 제도.

046

서경 署經

| 署 관청, 쓰다 **서** | 經 날실, 지나다 **경** |

관리를 처음 임명할 때 사헌부와 사간원에서 심사하여 동의해 주는 절차.

047

관학파 官學派

| 官 벼슬 **관** | 學 배우다, 학문 **학** | 派 갈래 **파** |

훈구파勳舊派와 같은 말.

048

사화 士禍

| 士 선비 **사** | 禍 재앙 **화** |

조선 시대 여러 사건으로 선비들이 재앙을 겪은 사건.

049

현량과 賢良科

| 賢 어질다 **현** | 良 어질다 **량** | 科 조목, 과거 **과** |

조선 중종 때, 지방 사림의 중앙 정계 진출을 쉽게 하기 위해 실시한 새로운 관리 등용 제도.

050

척신 정치 戚臣政治

| 戚 친척 **척** | 臣 신하 **신** | 政 정치 **정** | 治 다스리다 **치** |

왕가王家 친척으로 이루어진 신하들이 권력의 중심이 되는 정치.

051

산림 山林

| 山 산 **산** | 林 숲, 많다 **림** |

시골에 은거해 있던 학덕이 높은 학자 가운데 국가의 부름을 받아 특별 대우를 받던 사람으로 붕당 정치기의 사상적 지주를 가리키는 말.

052

예송 논쟁 禮訟論爭

| 禮 예절 **례** | 訟 옳고 그름을 가리다 **송** | 論 논의하다 **론** | 爭 다투다 **쟁** |

궁중 의례의 적용에 관한 문제를 둘러싸고 시비를 가리기 위해 벌인 논쟁.

053

경신 환국 庚申換局

| ⟨庚 일곱째 천간 **경** | 申 아홉째 지지 **신**⟩ 연도 | 換 바꾸다 **환** | 局 관청, 판 **국** |

1680년(숙종 6)에 2차 예송 논쟁 이후 정계에서 밀려났던 서인이 남인을 역모로 몰아 숙청하고 정권을 장악한 사건.

054

향교 鄕校

| 鄕 시골 **향** | 校 학교 **교** |

고려와 조선 시대에 지방의 유학 교육을 담당하기 위하여 국가에서 설립한 교육 기관.

055

사대 교린 事大交隣

| 事 일, 섬기다 **사** | 大 크다 **대** | 交 사귀다 **교**
| 隣 이웃 **린** |

큰 나라인 중국은 섬기고, 왜·여진 따위의 이웃 나라와는 친하게 지내는 외교 정책.

056

계해약조 癸亥約條

| 〈 癸 열째 천간 **계** | 亥 열두번째 지지 **해**〉 연도 | 約 약속하다 **약** | 條 조목 **조** |

1443년(세종 25) 계해년에 쓰시마 섬(대마도對馬島)의 영주와 맺은 약조.

057

을묘왜변 乙卯倭變

| 〈 乙 둘째 천간 **을** | 卯 넷째 지지 **묘**〉 연도 | 倭 일본 **왜** | 變 변하다, 재앙 **변** |

1555년(명종 10)에 왜인들이 70여 척의 배를 몰고 전라남도 연안 지방을 습격한 사건.

058

정유재란 丁酉再亂

| 〈 丁 넷째 천간 **정** | 酉 열째 지지 **유**〉 연도 | 再 다시 **재** | 亂 어지럽다 **란** |

1597년(선조 30)에 일본이 임진년에 이어 다시 우리나라에 침입한 전쟁.

059

친명 배금 親明背金

| 親 친하다 **친** | 明 밝다, 나라 이름 **명** | 背 등지다 **배** | 金 쇠, 나라 이름 **금** |

명나라와는 친하고 후금을 멀리하는 정책.

060

주화론 主和論

| 主 주인, 주되다 **주** | 和 사이가 좋다 **화** | 論 논의하다, 견해 **론** |

화의를 주로 하자는 주장.

061

주전론 主戰論

| 主 주인, 주되다 **주** | 戰 싸우다 **전** | 論 논의하다, 견해 **론** |

전쟁을 주로 하자는 주장.

062

척화론 斥和論

| 斥 물리치다 **척** | 和 사이가 좋다 **화** | 論 논의하다, 견해 **론** |

외국과의 화합을 배척하는 주장.

063

척화주전론 斥和主戰論

| 斥 물리치다 **척** | 和 사이가 좋다 **화** | 主 주인, 주되다 **주** | 戰 싸우다 **전** | 論 논의하다, 견해 **론** |

외국과의 화합을 배척하고 전쟁을 주로 하자는 주장.

064

제승방략 체제 制勝方略體制

| 制 만들다, 누르다 **제** | 勝 이기다 **승** | 方 방향, 방법 **방** | 略 간략하다, 꾀 **략** | 體 몸, 모양 **체** |

| 制 만들다, 제도 제 |

유사시 필요한 방어처에 각 지역의 병력을 동원하여 중앙에서 파견되는 장수가 지휘하게 하는 방어 체제.

065 속오법 束伍法

| 束 묶다 속 | 伍 다섯 사람 오 | 法 법 법 |

군사의 편성을 다섯 명 단위로 하는 조선 후기 지방군 편성법.

066 지주제 地主制

| 地 땅 지 | 主 주인 주 | 制 만들다, 제도 제 |

넓은 땅을 가진 지주가 그 땅을 직접 경작하지 않고 소작농小作農(전호佃戶)에게 빌려준 다음 지대를 받는 제도.

067 영정법 永定法

| 永 영원하다 영 | 定 정하다 정 | 法 법 법 |

지역이나 흉년·풍년에 관계없이 1결당 4두로 내는 법.

068 오가작통제 五家作統制

| 五 다섯 오 | 家 집 가 | 作 만들다 작 | 統 거느리다, 조직 단위 통 | 制 만들다, 제도 제 |

다섯 집을 하나로 묶어 '統'이라 부르고 통주가 관장하는 제도.

069 노론 老論·소론 少論

| 老 늙다 로 | 少 적다, 젊다 소 | 論 논의하다, 견해 론 |

1680년에 남인이 정권에서 물러나고 서인이 정권을 잡으면서 남인들의 처벌에 대해 나이 든 계층은[老] 강경한 입장을 가졌고, 젊은 계층은[少] 온건한 입장을 가지면서 둘로 나뉜 당파.

070 대리청정 代理聽政

| 代 대신하다 대 | 理 이치, 다스리다 리 | 聽 듣다 청 | 政 정치 정 |

왕을 대신하여 그 후계자로 지정된 사람이 중요한 정무를 처리하는 정치 형태.

071 시파 時派·벽파 僻派

| 時 때 시 | 僻 후미지다 벽 | 派 갈래 파 |

조선 후기 정조 때 사도 세자의 잘못은 인정하면서도 죽음 자체는 지나치다는 입장을 가진 당파를 시파, 사도 세자의 죽음은 당연하고 영조의 처분은 정당하다는 입장을 가진 당파를 벽파라 함.

072 초계문신제 抄啓文臣制

| 抄 뽑다 초 | 啓 깨우치다, 위에 아뢰다 계 | 文 글 문 | 臣 신하 신 | 制 만들다, 제도 제 |

규장각에 특별히 마련된 제도로, 교육 및 연구 과정을 밟던 문신을 두는 제도.

073

수렴청정 垂簾聽政

| 垂 드리우다 **수** | 簾 발 **렴** | 聽 듣다 **청** | 政 정치 **정** |

어린 왕이 즉위했을 때 왕의 어머니나 할머니가 왕을 대신하여 정사를 살피면서, 신하들 앞에 얼굴을 보이지 않으려고, 앞에 발을 드리우고 정사에 임하는 정치 형태.

074

신유박해 辛酉迫害

| ⟨辛 맵다, 여덟째 천간 **신** | 酉 열째 지지 **유**⟩ 연도 | 迫 핍박하다 **박** | 害 해치다 **해** |

1801년(순조 1) 천주교도를 박해한 사건.

075

북학론 北學論

| 北 북쪽 **북** | 學 배우다 **학** | 論 논의하다, 견해 **론** |

17~8세기 우리나라 북쪽에 있는 청나라의 문물 제도를 배우자는 주장.

076

간도 협약 間島協約

| ⟨間 사이 **간** | 島 섬 **도**⟩ 지명 | 協 협력하다 **협** | 約 약속하다 **약** |

1909년 우리나라와 청나라 사이에 영토 분쟁이 일던 간도 땅을, 일본이 남만주 안봉선 철도 부설권 등 여러 이권을 청으로부터 얻는 대가로, 청淸에 넘겨 준 조약.

077

왜관 倭館

| 倭 일본 **왜** | 館 집 **관** |

조선 시대에 일본인과 통상을 하던 무역처·숙박처·접대처의 기능을 했던 곳.

3. 경제 구조와 경제 생활

078

진대법 賑貸法

| 賑 굶주린 사람을 먹이다 **진** | 貸 빌리다 **대** | 法 법 **법** |

흉년이나 춘궁기에 농민에게 곡식을 빌려주는 법.

079

식읍 食邑

| 食 먹다, 봉급 **식** | 邑 고을, 영지(領地) **읍** |

국가에서 왕족, 공신 등에게 준 토지와 가호家戶로써 조세를 수취하고 노동력을 징발할 권리를 부여하였다.

080

역 役

| 役 일하다, 국가가 백성에게 시키는 강제 노동 **역** |

국가가 필요에 따라 백성들의 노동력을 이용하는 제도.

081

군역 軍役

| 軍 군사 **군** | 役 일하다, 국가가 백성에게 시키

는 강제 노동 **역** |

양인 정남丁男이 일정 기간 국가를 위해 군대에 복무하는 것.

⓪⑧②
요역 徭役

| 徭 (대가없이) 일하다 **요** | 役 일하다, 국가가 백성에게 시키는 강제 노동 **역** |

국가가 백성을 징발하여 아무 대가를 주지 않고 시키는 일.

⓪⑧③
신라관 新羅館

| ⟨ 新 새롭다 **신** | 羅 나열하다, 그물 **라**⟩ 나라 이름 | 館 집 **관** |

신라의 유학승과 신라 사신들이 이용한 집.

⓪⑧④
시비법 施肥法

| 施 베풀다, 주다 **시** | 肥 살찌다, 거름 **비** | 法 법 **법** |

논·밭에 밑거름과 덧거름을 주는 방법.

⓪⑧⑤
의창 義倉

| 義 옳다, 대중과 일을 함께하다 **의** | 倉 창고 **창** |

평시에 곡물을 비축하였다가 흉년에 빈민을 구제하는 창고.

⓪⑧⑥
양안 量案

| 量 수량, 헤아리다 **양** | 案 의견, 관청의 서류

안 |

경작지의 소유자와 크기를 적은 토지 대장.

⓪⑧⑦
호적 戶籍

| 戶 집 **호** | 籍 문서 **적** |

부자父子를 중심으로 이루어진 가족 사항을 등재하는 장부.

⓪⑧⑧
여등회 燃燈會

| 燃 불 태우다 **연** | 燈 등불 **등** | 會 모이다 **회** |

정월 보름날 등불을 밝히고 임금과 신하가 먹고 춤추며 즐기는 가운데 부처님을 즐겁게 하여 국가의 평안을 바라는 행사.

⓪⑧⑨
팔관회 八關會

| 八 여덟 **팔** | 關 빗장, 잠그다 **관** | 會 모이다 **회** |

국가의 평화와 번영을 기원하는 고려 시대 대표적인 국가 행사.

⓪⑨⓪
조창 漕倉

| 漕 배로 실어 나르다 **조** | 倉 창고 **창** |

세稅로 거둔 쌀을 나르기 위해 물길 옆에 설치한 창고.

⓪⑨①
별공 別貢

| 別 다르다, 따로 **별** | 貢 바치다 **공** |

정기적으로 바치는 공물 외에 필요에 따라 거

두는 공물.

092

정남 丁男

| 丁 넷째 천간, 젊은 남자 **정** | 男 남자 **남** |

16~60세까지 역의 의무를 지닌 장정인 남자.

093

어염세 魚鹽稅

| 魚 물고기 **어** | 鹽 소금 **염** | 稅 세금 **세** |

어민들이 부담하는 세금.

094

상세 商稅

| 商 장사하다 **상** | 稅 세금 **세** |

상인들이 부담하는 세금.

095

역분전 役分田

| 役 일하다 **역** | 分 나누다 **분** | 田 밭 **전** |

고려 태조가 후삼국 통일 과정에서 공로를 세운 관료와 일부 군사들에게 나누어준 토지.

096

공복 제도 公服制度

| 公 여러 사람에 관계되는 일, 관청의 일 **공** | 服 옷 **복** | 制 만들다, 제도 **제** | 度 ~한 정도, 법도 **도** |

옷의 색깔을 다르게 하거나 장식을 다는 방법으로 관리의 등급 표시하는 제도.

097

전시과 田柴科

| 田 밭 **전** | 柴 땔나무 **시** | 科 조목, 등급 **과** |

문무 관리들을 18등급으로 나누어 차등 있게 나눠주는 제도.

098

한인전 閑人田

| 閑 한가하다 **한** | 人 사람 **인** | 田 밭 **전** |

하급 양반 출신으로 아직 벼슬하지 못한 한인에게 나누어준 토지.

099

군인전 軍人田

| 軍 군사 **군** | 人 사람 **인** | 田 밭 **전** |

군역을 치르는 백성에게 그 대가로 주는 토지.

100

내장전 內莊田

| 內 안, 궁궐 **내** | 莊 장중하다, 별장 **장** | 田 밭 **전** |

고려 왕실의 직할 토지.

101

공해전 公廨田

| 公 여러 사람에 관계되는 일, 관청의 일 **공** | 廨 관청 **해** | 田 밭 **전** |

고려 이후 관청 혹은 왕실이나 궁궐의 경비를 충당하기 위해 지급된 토지.

102

사원전 寺院田

| 寺절 사 | 院집 원 | 田밭 전 |

사원의 운영을 위해 국가에서 지급한 토지.

⑩③ 민전 民田

| 民백성 민 | 田밭 전 |

일반 농민들이 조상 대대로 물려받는 토지.

⑩④ 녹과전 祿科田

| 祿봉급 록 | 科조목, 등급 과 | 田밭 전 |

고려 중기 무신 정변 후 전시과 제도가 붕괴되면서 관리에게 토지를 지급할 수 없게 되자, 일시적으로 관리의 생계를 위하여 녹봉 대신 지급한 토지.

⑩⑤ 공신전 功臣田

| 功공로 공 | 臣신하 신 | 田밭 전 |

국가에 공로가 있는 신하에게 주는 토지.

⑩⑥ 녹패 祿牌

| 祿봉급 록 | 牌명찰, 문서 패 |

관원이 녹봉을 받기 위해 창고에 제시하는 문서.

⑩⑦ 외거 노비 外居奴婢

| 外바깥 외 | 居 (~에) 살다 거 | 奴노예, 남자 종 노 | 婢여자 종 비 |

집 밖에 거처하는 대신 주인에게 몸값(신공身貢)을 내는 노비.

⑩⑧ 신공 身貢

| 身몸 신 | 貢바치다 공 |

노비가 주인에게 제공하는 노동력이나 물품.

⑩⑨ 윤작법 輪作法

| 輪바퀴, 차례로 돌다 륜 | 作만들다, 농사를 짓다 작 | 法법 법 |

같은 경작지에 일정한 순서에 따라 해마다 여러 가지 작물을 돌려 가면서 재배하는 방법

⑪⑩ 직파법 直播法

| 直곧다, 바로 직 | 播뿌리다 파 | 法법 법 |

물을 채운 논에 미리 발아시킨 볍씨를 파종하는 방법.

⑪⑪ 이앙법 移秧法

| 移옮기다 이 | 秧모(벼의 싹) 앙 | 法법 법 |

못자리에 모를 먼저 기른 후 조금 자라면 논으로 옮겨 심는 법.

⑪⑫ 공장안 工匠案

| 工물건 만들다, 장인(물건 만드는 일을 직업으로 하는 사람) 공 | 匠장인 장 | 案의견, 관청의 서류 안 |

국가에서 필요한 물품 생산에 동원할 수 있는 기술자를 조사하여 기록한 장부.

⑪③ 시전 市廛

| 市 시장 **시** | 廛 가게 **전** |

관청의 수요품과 왕실 및 귀족층의 생활 용품을 공급하기 위하여 국가가 설치한 시장.

⑪④ 조운로 漕運路

| 漕 배로 실어 나르다 **조** | 運 움직이다, 옮기다 **운** | 路 길 **로** |

조선 시대 백성들에게 징수한 공물 등을 수로로 수송하여 하천의 강창江倉에 일시 보관했다가, 이를 다시 중앙의 경창京倉으로 운송하는 물길.

⑪⑤ 원 院

| 院 집 **원** |

관리들이 국가의 공무로 여행할 때 무료로 제공되는 곳.

⑪⑥ 보 寶

| 寶 보배, 돈 **보** |

어떤 목적을 위해 기금을 모은 뒤, 여기에서 생기는 이자를 이용해 불교 행사나 사회의 구제 사업에 쓰는 일을 맡아 하는 재단.

⑪⑦ 학보 學寶

| 學 배우다, 학교 **학** | 寶 보배, 돈 **보** |

학교를 운영하기 위한 재단.

⑪⑧ 경보 經寶

| 經 날실, 경전 **경** | 寶 보배, 돈 **보** |

불경 간행을 위한 재단.

⑪⑨ 팔관보 八關寶

| 八 여덟 **팔** | 關 빗장, 잠그다 **관** | 寶 보배, 돈 **보** |

팔관회 경비를 마련하기 위한 재단.

⑫⓪ 제위보 濟危寶

| 濟 구제하다 **제** | 危 위태하다 **위** | 寶 보배, 돈 **보** |

빈민을 구제하는 재단.

⑫① 대식국인 大食國人

| 〈大 크다 **대** | 食 먹다 **식**〉 음역 | 國 나라 **국** | 人 사람 **인** |

'大食'은 'Tazi의 음역'으로 중동 지방中東地方에 있었던 사라센 제국(Sarasen)을 당나라에서 부르던 이름.

⑫② 저화 楮貨

| 楮 종이 **저** | 貨 화폐 **화** |

고려 말에서 조선 초에 사용된 돈.

①②③ 수신전 守信田

| 守 지키다 **수** | 信 믿다 **신** | 田 밭 **전** |

관리였던 남편이 죽을 경우, 수절하는 부인이 물려받은 토지.

①②④ 휼양전 恤養田

| 恤 어려운 사람에게 금품을 주다 **휼** | 養 기르다 **양** | 田 밭 **전** |

관리였던 아버지와 그 부인이 죽고 자손이 어릴 경우, 자손이 먹고 살 수 있도록 물려받는 토지.

①②⑤ 직전법 職田法

| 職 벼슬 **직** | 田 밭 **전** | 法 법 **법** |

조선 전기 현직 관리에게만 수조지收租地를 분급한 토지 제도.

①②⑥ 공납 貢納

| 貢 바치다 **공** | 納 바치다 **납** |

농민이 포布나 토산물을 현물로 납부하는 제도.

①②⑦ 전분 6등법 田分六等法

| 田 밭 **전** | 分 나누다 **분** | 六 여섯 **륙** | 等 등급 **등** | 法 법 **법** |

토지의 질을 6등급으로 나누어 질에 따라 1결당 토지 면적을 다르게 정하여 세금을 거두는 방법.

①②⑧ 연분 9등법 年分九等法

| 年 해 **년** | 分 나누다 **분** | 九 아홉 **구** | 等 등급 **등** | 法 법 **법** |

풍작과 흉작이 든 지역에 따라 9등급으로 나누어 풍작인 곳에서는 세를 많이 거두고 흉작인 곳에서는 세를 적게 거두는 세법.

①②⑨ 경창 京倉

| 京 서울 **경** | 倉 창고 **창** |

조창에 보관했던 곡물을 다시 맡아 두던 서울에 설치한 조세 창고.

①③⑩ 병작 반수제 竝作半收制

| 竝 나란히 하다 **병** | 作 만들다, 농사를 짓다 **작** | 半 반쪽 **반** | 收 거두다 **수** | 制 만들다, 제도 **제** |

소작지에서 지주가 소작인으로부터 수확량의 반을 지대로 가져 가던 제도.

①③⑪ 육의전 六矣廛

| 六 여섯 **륙** | 矣 ～이다, 주비 **의** | 廛 가게 **전** |

국가가 필요로 하는 물품을 조달·공급하도록 하는 시전 중에, 비단 등 여섯 가지를 공급하는 시전.

➡ 주비는 성질과 종류가 같은 기관들이 한데 뭉치어 조직체가 된 것을 가리키는 말.

⑬㉜ 지주 전호제 地主佃戸制

| 地 땅 지 | 主 주인 주 | 佃 소작인 전 | 戸 집, 사람 호 | 制 만들다, 제도 제 |

소작농인 전호가 지주에게 생산량의 1/2을 주는 제도.

⑬㉝ 방납 防納

| 防 막다 방 | 納 바치다 납 |

공납을 담당하는 관리가 농민이 내는 공납을 못 내도록 막음.

⑬㉞ 수미법 收米法

| 收 거두다 수 | 米 쌀 미 | 法 법 법 |

공납을 쌀로 거두어들이는 법.

⑬㉟ 방군 수포제 放軍收布制

| 放 내놓다 방 | 軍 군사 군 | 收 거두다 수 | 布 베 포 | 制 만들다, 제도 제 |

장기간 평화가 지속되면서 군역이 잡역 등으로 전환되자, 지방의 군사를 돌려보내고 그 대가로 베를 거두어들인 제도.

⑬㊱ 공인 貢人

| 貢 바치다 공 | 人 사람 인 |

관아에서 공가貢價를 받아 필요한 물품을 산 뒤, 이를 관아에 납부하는 가운데 이윤을 남기는 사람.

⑬㊲ 납속책 納粟

| 納 바치다 납 | 粟 조, 곡식 속 |

국가에 곡식을 내면 벼슬을 내려 주거나, 노비의 신분에서 해방시켜 준다든지 세금을 면제시켜 주는 정책.

⑬㊳ 결작 結作

| 結 맺다, 토지 세는 단위 결 | 作 만들다, 농사를 짓다 작 |

조선 후기 광대한 토지를 소유하고 있던 지주들에게 부과한 세금.

⑬㊴ 선무군관 選武軍官

| 選 가려 뽑다 선 | 武 무기 무 | 軍 군사 군 | 官 벼슬 관 |

양반층이 아니나 양반 행세를 하는 지방의 토호나 부유한 집안의 자제들 가운데, 평상시에는 무예를 익히다가 유사시 소집되어 군관이 되는 사람.

⑭㊵ 광작 廣作

| 廣 넓다 광 | 作 만들다, 농사를 짓다 작 |

조선 후기 경작지의 규모를 확대하여 넓은 토지를 경작하던 새로운 농업 경영 방식.

⑭㊶ 지대 地代

| 地 땅 지 | 代 대신하다, 값 대 |

땅을 빌려 쓴 대신 국가와 땅 주인에게 내야 하는 곡물이나 돈.

⑭② 타조법 打租法

| 打 때리다 타 | 租 세금 조 | 法 법 법 |

지주와 소작인이 수확을 반씩 나누고 전세, 종자, 농기구는 소작인이 부담해야 하는 제도.

⑭③ 도조법 賭租法

| 賭 도박, 걸다 도 | 租 세금 조 | 法 법 법 |

농민들은 남의 밭을 빌려서 농사를 지을 때, 지대로 농사의 풍작·흉작에 관계없이 해마다 수확량의 1/3을 고정적으로 지주에게 바치는 제도.

⑭④ 점 店

| 店 가게 점 |

민간 수공업자의 작업장.

⑭⑤ 철점 鐵店

| 鐵 쇠 철 | 店 가게 점 |

철기 수공업체.

⑭⑥ 사기점 沙器店

| 沙 모래 사 | 器 그릇 기 | 店 가게 점 |

사기 수공업체.

⑭⑦ 선대제 先貸制

| 先 먼저 선 | 貸 빌리다 대 | 制 만들다, 제도 제 |

조선 시대 민간 수공업자들이 공인이나 상인들로부터 주문을 받으면서, 물건을 만드는 데 필요한 돈과 원료를 미리 받는 제도.

⑭⑧ 사상 私商

| 私 개인 사 | 商 장사하다 상 |

관청과 관계없이 혼자 버는 장사꾼.

⑭⑨ 송상 松商

| 松 소나무, 지명 송 | 商 장사하다 상 |

조선 후기 개성開城을 중심으로 전국 규모의 활동 및 대외 무역을 하던 사상私商.

⑮⓪ 경강 상인 京江商人

| 京 서울 경 | 江 강 강 | 商 장사하다 상 | 人 사람 인 |

사상 가운데 서울의 한강을 근거지로 하여 활동하는 상인.

⑮① 보부상 褓負商

| 褓 포대기(작은 이불) 보 | 負 (짐을) 지다 부 | 商 장사하다 상 |

등짐 장수와 봇짐 장수.

152

선상 船商

| 船 배 선 | 商 장사하다 상 |

선박을 이용해서 각 지방의 물품을 구입해 와 포구浦口에 처분하는 상인.

153

객주 客主

| 客 손님 객 | 主 주인 주 |

각지의 상품 집산지에서 상품을 위탁받아 팔아 주거나 매매를 주선하며, 그에 따르는 창고·수송·금융 등 여러 기능을 겸하는 중간 상인.

154

여각 旅閣

| 旅 나그네 려 | 閣 집 각 |

각 지방의 선상들이 물건을 싣고 포구에 들어오면 상품의 매매를 중개하고, 부수적으로 운송·보관·숙박·금융 등의 영업을 하는 집.

155

개시 開市

| 開 열다 개 | 市 시장 시 |

조선 시대 국경 지대를 중심으로 한 공적인 무역.

156

후시 後市

| 後 뒤 후 | 市 시장 시 |

국경에서 상인들에 의해 사적으로 행해지던 무역 시장.

157

만상 灣商

| 灣 육지로 굽어 들어온 바다, 지명 만 | 商 장사하다 상 |

조선 후기 중국과의 무역에서 중요한 역할을 담당한 의주義州의 사상.

158

내상 萊商

| 萊 묵은 밭, 지명 래 | 商 장사하다 상 |

조선 후기에 동래東萊(지금의 부산)를 중심으로 대외 무역을 하던 사상.

4. 사회 구조와 사회 생활

159

호민 豪民

| 豪 뛰어난 사람, 신분이 높거나 부자인 사람 호 | 民 백성 민 |

삼국 시대 이전 경제적으로 부유한 사람을 가리키는 말.

160

하호 下戶

| 下 아래 하 | 戶 집, 사람 호 |

삼국 시대 이전 일반 백성을 가리키는 말.

161

형사취수제 兄死娶嫂制

| 兄 형 형 | 死 죽다 사 | 娶 장가들다 취 | 嫂 형

수 수 | 制 만들다, 제도 제 |

형이 죽은 뒤에 동생이 형수와 결혼하여 같이 사는 혼인 제도.

⑯② 금입택 金入宅

| 金 쇠, 금 금 | 入 들어가다 입 | 宅 집 택 |

신라가 전성기를 누릴 당시 경주에 있던 귀족의 저택.

⑯③ 남반 南班

| 南 남쪽 남 | 班 나누다, 지위 반 |

궁중에서 임금의 명령을 받아 전달하거나 시중 드는 일을 맡은 관리.

⑯④ 군반 軍班

| 軍 군사 군 | 班 나누다, 지위 반 |

직업 군인.

⑯⑤ 잡류 雜類

| 雜 섞이다 잡 | 類 종류 류 |

고려 시대에 관청의 잡직雜職에 종사한 말단 관리.

⑯⑥ 역리 驛吏

| 驛 정거장, 말 갈아타는 곳 역 | 吏 관리 리 |

고려·조선 시대 역驛에 소속되어 역의 제반 업무를 신역身役의 형태로 부담하는 지방 관리.

⑯⑦ 백정 白丁

| 白 희다, 없다 백 | 丁 넷째 천간, 젊은 남자 정 |

고려 시대에 역役의 부담자를 정호丁戶라고 한 것에 대하여, 정호를 제외한 일반 농민을 지칭하는 말.

⑯⑧ 입역 노비 入役奴婢

| 入 들어가다 입 | 役 일하다 역 | 奴 노예, 남자 종 노 | 婢 여자 종 비 |

궁중과 중앙 관청이나 지방 관아에서 잡역에 종사하면서 급료를 받고 생활하는 노비.

⑯⑨ 솔거 노비 率居奴婢

| 率 비율 률 / 거느리다 솔 | 居 (~에) 살다 거 | 奴 노예, 남자 종 노 | 婢 여자 종 비 |

주인에게 의식주를 제공받으면서 무제한·무기한 노동을 제공하는 노비.

⑰⓪ 향도 香徒

| 香 향기, 향나무 향 | 徒 무리 도 |

향나무를 땅에 묻는 활동을 하던 무리로 마을에서 상을 당하였을 때나 어려운 일이 생겼을 때 서로 돕는 활동을 함.

⑰① 매향 埋香

| 埋 파묻다 **매** | 香 향기, 향나무 **향** |

향나무를 땅에 묻음.

⑰② 상평창 常平倉

| 常 항상 **상** | 平 평평하다 **평** | 倉 창고 **창** |

풍년에 곡식 가격이 내리면 조금 비싼 가격으로 사 두었다가, 흉년에 곡식이 모자라 값이 오르면 창고에 저장해 둔 쌀을 싼 가격으로 팔아 물가를 조절하는 기관.

⑰③ 태 笞

| 笞 볼기를 치다 **태** |

볼기를 치는 매질.

⑰④ 장 杖

| 杖 지팡이, 몽둥이 **장** |

곤장형.

⑰⑤ 도 徒

| 徒 무리, 고된 노동을 시키는 형벌 **도** |

징역형.

⑰⑥ 유 流

| 流 흐르다, 귀양 보내다 **류** |

멀리 유배 보내는 형벌.

⑰⑦ 사 死

| 死 죽다 **사** |

사형. 목을 죄어 죽이는 교수형絞首刑과 목을 베어 죽이는 참수형斬首刑이 있음.

⑰⑧ 부관참시 剖棺斬屍

| 剖 쪼개다 **부** | 棺 관 **관** | 斬 베다 **참** | 屍 시체 **시** |

죄를 짓고 죽은 사람을 나중에 다시 극형에 처하던 일.

⑰⑨ 공경대부 公卿大夫

| 公 여러 사람에 관계되는 일, 사람을 높이어 이르는 말 **공** | 卿 벼슬 **경** | 大 크다, 높다 **대** | 夫 남편, 사람 **부** |

삼공三公 · 구경九卿 · 대부를大夫 합한 말로, 고관대작高官大爵같이 벼슬이 높은 사람.

⑱⓪ 사농공상 士農工商

| 士 선비 **사** | 農 농사 **농** | 工 물건 만들다 **공** | 商 장사하다 **상** |

선비, 농부, 기술공, 상인. 예전에 백성을 가르던 네 계급.

⑱① 왕후장상 영유종호 王侯將相 寧有種乎

| 王 임금 **왕** | 侯 제후 **후** | 將 장군 **장** | 相 서로, 정승 **상** | 寧 편안하다, 어찌 **녕** | 有 있다 **유** | 種

씨 종 | 乎 ~인가? 호 |

왕후장상은 혈통이 따로 있는 것이 아니라 누구나 때를 만나면 왕후장상이 될 수 있다. 인간은 누구나 평등함.

①⑧② 양천 제도 良賤制度

| 良 어질다 량 | 賤 천하다 천 | 制 만들다, 제도 제 | 度 ~한정도, 법도 도 |

사회 신분을 양인과 천민으로 구분하는 제도.

①⑧③ 반상 제도 班常制度

| 班 나누다, 지위 반 | 常 항상, 보통 상 | 制 만들다, 제도 제 | 度 ~한정도, 법도 도 |

사회 신분을 양반과 상민으로 구분하는 제도.

①⑧④ 사족 士族

| 士 선비 사 | 族 겨레, 무리 족 |

문무 양반 관직을 받은 자들.

①⑧⑤ 역관 譯官

| 譯 번역하다 역 | 官 벼슬 관 |

통역하는 관리.

①⑧⑥ 신량역천 身良役賤

| 身 몸 신 | 良 어질다 량 | 役 일하다 역 | 賤 천하다 천 |

양인 중에 천한 일을 담당하는 계층.

①⑧⑦ 대명률 大明律

| 大 크다, 존경·찬미하는 말 대 | 明 밝다, 나라이름 명 | 律 법률 률 |

명나라의 기본 법전.

①⑧⑧ 강상죄 綱常罪

| 綱 사물의 주가 되는 것 강 | 常 항상, 마땅히 지켜야 할 도리 상 | 罪 죄 죄 |

삼강三綱과 오상五常(아버지는 의[父義], 어머니는 자애[母慈], 형은 우애[兄友], 아우는 공경[弟恭], 자식은 효도[子孝], 또는 인·의·예·지·신仁義禮智信), 즉 사람이 지켜야 할 근본적인 도리를 어긴 죄.

①⑧⑨ 연좌제 連坐制

| 連 잇다 련 | 坐 앉다, 죄를 입다 좌 | 制 만들다, 제도 제 |

범죄자와 특정한 관계에 있는 사람을 같이 처벌하는 제도.

①⑨⓪ 산송 山訟

| 山 산 산 | 訟 옳고 그름을 가리다 송 |

조상의 묘소를 좋은 산에 두려는 양반 사대부들 사이에서 일어난 소송.

①⑨① 종법 宗法

| 宗 근본, 성(姓)과 본(本)이 같은 사람 종 | 法

법법 |

대종大宗과 소종小宗의 계통을 밝히는 규칙.

⑱⑨② 향도계 香徒契

| 香 향기, 향나무 **향** | 徒 무리 **도** | 契 약속, 계 **계** |

향도 안에서 맺는 계.

⑱⑨③ 동린계 洞隣契

| 洞 마을 **동** | 隣 이웃 **린** | 契 약속, 계 **계** |

마을 사람끼리 맺는 계.

⑱⑨④ 명분론 名分論

| 名 이름 **명** | 分 나누다, 뜻 **분** | 論 논의하다, 견해 **론** |

신분의 소속에 따라 그에 따른 내용·직분이 맞아야 한다는 주장.

⑱⑨⑤ 삼강오륜 三綱五倫

| 三 셋 **삼** | 綱 사물의 주가 되는 것 **강** | 五 다섯 **오** | 倫 사람의 도리 **륜** |

유교의 세 가지 기본 강령과 다섯 가지 실천 사항.

⑱⑨⑥ 예학 禮學

| 禮 예절 **례** | 學 배우다, 학문 **학** |

예에 대하여 연구하는 학문.

⑱⑨⑦ 소학 小學

| 小 작다, 어린이 **소** | 學 배우다 **학** |

송宋나라의 주희朱熹(1130~1200)가 제자 유자징劉子澄에게 지시하여 편찬한 책으로, 8살 전후의 어린이들이 행할 바와 마음가짐 등을 기록한 유학의 입문서.

⑱⑨⑧ 가묘 家廟

| 家 집 **가** | 廟 사당(신주를 모신 집) **묘** |

한 집안의 사당祠堂.

⑱⑨⑨ 사당 祠堂

| 祠 제사 **사** | 堂 집 **당** |

조상의 신주神主를 모시는 곳.

⑳⑩⑩ 보학 譜學

| 譜 순서대로 적다 **보** | 學 배우다, 학문 **학** |

족보를 연구하는 학문.

⑳⑩① 토호 土豪

| 土 흙, 지방 **토** | 豪 뛰어난 사람, 신분이 높거나 부자인 사람 **호** |

지방의 호족.

⑳⑩② 향반 鄕班

| 鄕 시골 **향** | 土 흙, 지방 **토** | 班 나누다, 지위 **반** |

향촌의 양반.

⑳③
잔반 殘班

| 殘 해치다, (기운이) 쇠퇴하다 **잔** | 班 나누다, 지위 **반** |

붕당 정치가 진행되면서 권력에서 소외된 양반.

⑳④
청요직 淸要職

| 淸 맑다 **청** | 要 중요하다 **요** | 職 벼슬 **직** |

홍문관, 사간원, 사헌부 등의 관직으로 조선 시대 관리들이 선망하던 자리.

⑳⑤
소청 訴請

| 訴 하소연하다 **소** | 請 부탁하다 **청** |

포악한 정치를 중지하라고 요청하는 행위.

⑳⑥
납공 노비 納貢奴婢

| 納 바치다 **납** | 貢 바치다 **공** | 奴 노예, 남자 종 **노** | 婢 여자 종 **비** |

신공을 바치는 노비.

⑳⑦
친영 親迎

| 親 친하다, 몸소 **친** | 迎 맞이하다 **영** |

신랑이 신부의 집에 가서 신부를 맞이하는 의식.

⑳⑧
종중 宗中

| 宗 근본, 성(姓)과 본(本)이 같은 사람 **종** | 中 가운데, 어떤 범위의 안 **중** |

넓은 범위의 부계 혈연 집단. 이 종중에서 다시 갈라진 좁은 범위의 부계 혈연 집단을 문중門中이라 함.

⑳⑨
청금록 靑衿錄

| 靑 푸르다 **청** | 衿 옷깃 **금** | 錄 기록하다 **록** |

서원 및 향교에 출입하는 양반들이 사용한 출석부의 일종으로, 푸른색의 비단으로 치장을 한 데서 이름이 유래함.

㉑⓪
향안 鄕案

| 鄕 시골 **향** | 案 의견, 관청의 서류 **안** |

향반의 이름을 적어 놓은 장부.

㉑①
향임직 鄕任職

| 鄕 시골 **향** | 任 맡기다 **임** | 職 벼슬 **직** |

향촌에 있는 향청(유향소)에서 일을 보는 사람이나 그 직책.

㉑②
비기 秘記

| 秘 숨기다 **비** | 記 기록하다 **기** |

길흉화복 따위의 예언을 적은 비밀스러운 기록.

㉓ 도참설 圖讖說

| 圖 그림 도 | 讖 예언 참 | 說 밝히어 말하다 설 |

장래에 일어날 일을 예언하는 것.

㉔ 화적 火賊

| 火 불 화 | 賊 도적 적 |

횃불을 들고 부잣집을 습격하는 도적.

㉕ 정감록 鄭鑑錄

| 〈鄭 나라 이름 정 | 鑑 거울 감〉 사람 이름 | 錄 기록하다 록 |

정감이라는 사람으로부터 들은 이야기를 기록한 예언서.

㉖ 무격 신앙 巫覡信仰

| 巫 무당 무 | 覡 남자 무당 격 | 信 믿다 신 | 仰 우러러보다 앙 |

무당을 믿는 행위.

㉗ 시천주 侍天主

| 侍 모시다 시 | 天 하늘 천 | 主 주인 주 |

사람마다 '한울님(하느님)'을 모시고 있기 때문에, 사람 여기기를 한울님과 같이 여겨야 함.

㉘ 인내천 人乃天

| 人 사람 인 | 乃 이에, 곧 내 | 天 하늘, 하느님 천 |

'사람이 곧 하느님'이며 만물이 모두 하느님이라고 보는 동학[천도교天道教]의 중심 교리.

㉙ 벽서 壁書

| 壁 벽 벽 | 書 책, 글씨 쓰다 서 |

부정과 비리가 심한 관리를 폭로하기 위해 그 내용을 벽에 쓰는 것.

㉚ 괘서 掛書

| 掛 걸다 괘 | 書 책, 글씨 쓰다 서 |

자신의 생각을 여러 사람에게 알릴 목적으로 공공 장소에 걸어 붙인 익명의 게시물.

㉛ 임술 농민 봉기 壬戌農民蜂起

| 〈壬 아홉째 천간 임 | 戌 열한 번째 지지 술〉 연도 | 農 농사 농 | 民 백성 민 | 蜂 벌 봉 | 起 일어나다 기 |

1862년(철종 13)에 전국에서 일어난 수십여 건의 민란을 한꺼번에 부르는 말.

V. 민족 문화의 발달

㉜ 5경 박사 五經博士

| 五 다섯 오 | 經 날실, 경전 경 | 博 넓다 박 | 士

선비, 학문을 닦은 사람의 호칭 **士** |

백제 시대 5경에 능통한 사람에게 주었던 관직. 5경은 시경詩經, 서경書經, 역경易經(=주역周易), 예기禮記, 춘추春秋.

②②③

의박사 醫博士

| 醫 병 고치다 **의** | 博 넓다 **박** | 士 선비, 학문을 닦은 사람의 호칭 **사** |

의약 업무에 능통했던 사람에게 주는 관직.

②②④

역박사 曆博士

| 曆 달력 **력** | 博 넓다 **박** | 士 선비, 학문을 닦은 사람의 호칭 **사** |

역법曆法에 능통했던 사람에게 주는 관직.

②②⑤

국학 國學

| 國 나라 **국** | 學 배우다, 학교 **학** |

통일신라 시대의 신문왕 때에 설립한 유학 교육 기관.

②②⑥

독서삼품과 讀書三品科

| 讀 읽다 **독** | 書 책 **서** | 三 셋 **삼** | 品 물건, 벼슬의 등급 **품** | 科 조목, 과거 **과** |

합격 성적 순위에 따라 상上 · 중中 · 하下 3품으로 나누어 뽑는 관리 선발 제도.

②②⑦

빈공과 賓貢科

| 賓 손님 **빈** | 貢 바치다 **공** | 科 조목, 과거 **과** |

중국 당에서 외국 유학생들을 상대로 보는 과거 시험.

②②⑧

9산 선문 九山禪門

| 九 아홉 **구** | 山 산, 절 **산** | 禪 참선 **선** | 門 문, 집안 **문** |

신라 말기부터 고려 초기까지 중국 당唐나라에 들어가 수행 정진하여 구법求法한 스님들이 귀국하여 장대한 뜻으로 세운 선종의 9개 절.

②②⑨

4 · 6 변려체 四 · 六 駢儷體

| 四 넷 **사** | 六 여섯 **륙** | 駢 나란하다 **변** | 儷 짝 **려** | 體 몸, 모양 **체** |

형식을 소중히 여겨 주로 4자나 6자의 대구를 사용하여 문장을 구성하는 한문의 문체.

②③⓪

해동공자 海東孔子

| 〈海 바다 **해** | 東 동쪽 **동**〉 우리나라의 별칭 | 〈孔 구멍, 성씨 **공** | 子 아들, 학식과 덕행이 높은 사람 **자**〉 사람 이름 |

고려 문종 때의 학자 최충崔沖을 가리키는 말.

②③①

9재 九齋

| 九 아홉 **구** | 齋 깨끗하다, 공부하는 곳 **재** |

최충崔沖이 만든 사학私學으로, 반을 9개로 나누어 실시하였기 때문에 9재라고 함.

훈고학 訓詁學

| 訓 가르치다, 자구(字句)의 뜻을 해석하다 **훈** | 詁 옛말의 뜻을 풀다 **고** | 學 배우다, 학문 **학** |

중국 한대에서 당대까지 성행하였던 유학으로, 경전經典의 내용을 바르게 해석할 목적으로 붙이는 주석과 그 방법에 관한 학문.

문헌공도 文憲公徒

| 〈文 글 **문** | 憲 법 **헌** | 公 여러 사람에 관계되는 일, 사람을 높이어 이르는 말 **공**〉 시호(諡號) | 徒 무리 **도** |

문종 때 최충이 세운 9재 학당으로 12도 중에서 가장 번성하여 명성이 높았음.

사학 12도 私學十二徒

| 私 개인 **사** | 學 배우다, 학교 **학** | 十 열 **십** | 二 둘 **이** | 徒 무리 **도** |

12개의 유명 사학.

문묘 文廟

| 文 글 **문** | 廟 사당(신주를 모신 집) **묘** |

유교의 성인聖人인 공자를 모시는 사당. 중국 당唐나라 때 공자가 문선왕文宣王으로 봉해지면서 문묘라 불려짐.

삼국사기 三國史記

| 三 셋 **삼** | 國 나라 **국** | 史 역사 **사** | 記 기록하

다 **기** |

1145년 김부식金富軾 등이 인종의 명을 받아 고구려 · 백제 · 신라의 역사를 기술한 책.

삼국유사 三國遺事

| 三 셋 **삼** | 國 나라 **국** | 遺 남기다, 잃다 **유** | 事 일 **사** |

승려 일연一然(1206~1289)이 1281년 전후에 지은 책.

기전체 紀傳體

| 紀 법칙, 기록하다 **기** | 傳 전하다, 전기(인물에 대한 기록) **전** | 體 몸, 모양 **체** |

역사를 본기本紀, 세가世家, 지志, 열전列傳, 연표年表 등으로 나누어 편찬하는 형식.

국사 國師

| 國 나라 **국** | 師 스승 **사** |

국가로부터 받는 승려의 최고 직책으로 왕실의 고문 역할을 담당함.

왕사 王師

| 王 임금 **왕** | 師 스승 **사** |

국가로부터 받는 승려의 최고 직책으로 왕실의 고문 역할을 담당함.

교관 겸수 教觀兼修

| 敎 가르치다 교 | 觀 보다, 생각 관 | 兼 아우르다 겸 | 修 닦다 수 |

교학과 선을 함께 수행하되, 교학의 수련을 중심으로 선을 포용하려는 통합 이론.

㉔②

정혜 쌍수 定慧雙修

| 定 정하다 정 | 慧 슬기 혜 | 雙 짝이 되다 쌍 | 修 닦다 수 |

선과 교학을 나란히 수행하되, 선을 중심으로 교학을 포용하자는 이론.

㉔③

돈오 점수 頓悟漸修

| 頓 조아리다, 갑자기 돈 | 悟 깨닫다 오 | 漸 차츰 점 | 修 닦다 수 |

불교에서 돈오, 즉 문득 깨달음의 경지에 이르기까지는 반드시 점진적 수행 단계가 따른다는 말.

㉔④

백련결사 白蓮結社

| 白 희다 백 | 蓮 연꽃 련 | 結 맺다 결 | 社 단체 사 |

4세기 말~5세기 초 중국에서 결성된 불교의 비밀 결사인 백련사白蓮社의 정신을 본받는 모임을 결성하자는 주장.

㉔⑤

길지설 吉地說

| 吉 좋은 조짐 길 | 地 땅 지 | 說 밝히어 말하다 설 |

어떤 지역이 풍수지리적으로 좋은 땅이라는 주장.

㉔⑥

녹비법 綠肥法

| 綠 초록 록 | 肥 쌀찌다, 거름 비 | 法 법 법 |

녹색 식물의 줄기와 잎을 비료로 시용하는 법.

㉔⑦

패관 문학 稗官文學

| 稗 피(풀 종류), 잘다 패 | 官 벼슬 관 | 文 글 문 | 學 배우다, 학문 학 |

민간에 흩어져 있는 전설·설화 따위를 수집하는 일을 맡아 보던 패관이 민간에서 모은 이야기에 창의성을 보태 새로운 형태로 만든 문학 장르.

㉔⑧

화원 畵員

| 畵 그림 화 | 員 (어떤 구실을 가진) 사람 원 |

도화서에 소속되어 관의 지시에 따라 그림을 그리는 관원.

㉔⑨

사경화 寫經畵

| 寫 베끼다 사 | 經 날실, 경전 경 | 畵 그림 화 |

불교 경전을 널리 보급하기 위해 경전을 베껴 쓰거나 인쇄할 때, 맨 앞장에 그 경전의 내용을 알기 쉽게 미리 설명하는 그림.

㉔⑩

아악 雅樂

| 雅 우아하다 **아** | 樂 즐겁다 **락**/음악 **악** |

고려 때 송나라에서 수입된 대성악이 궁중 음악으로 발전된 것.

㉛ 향악 鄕樂

| 鄕 시골, 우리나라 고유의 **향** | 樂 즐겁다 **락**/음악 **악** |

우리 고유의 음악이 당악唐樂의 영향을 받아 발달한 것.

㉜ 대성악 大晟樂

| 大 크다, 존경·찬미하는 말 **대** | 晟 밝다 **성** | 樂 즐겁다 **락**/음악 **악** |

송나라에서 수입된 음악.

㉝ 속악 俗樂

| 俗 속세 **속** | 樂 즐겁다 **락**/음악 **악** |

고려 가요의 악곡인 향악鄕樂, 또는 잡가나 판소리와 같이 민간에서 발생하여 전해 내려오는 음악을 가리킴.

↔ 아악, 정악.

㉞ 당악 唐樂

| 唐 나라 이름 **당** | 樂 즐겁다 **락**/음악 **악** |

원래 중국 당나라 때의 음악이란 뜻으로, 넓게는 우리나라 고유의 음악인 향악鄕樂에 대하여 부른 중국 음악을 가리키고, 좁게는 송나라 때의 속악을 말하기도 함.

㉟ 왕조실록 王朝實錄

| 王 임금 **왕** | 朝 아침, 왕조 **조** | 實 실제 **실** | 錄 기록하다 **록** |

한 임금의 재위 기간에 일어났던 역사적인 사건들을 기록한 것.

㊱ 편년체 編年體

| 編 엮다 **편** | 年 해 **년** | 體 몸, 모양 **체** |

년年·월月·일日 순서로 엮어 역사를 서술하는 방식.

㊲ 주례 周禮

| 周 두루, 나라 이름 **주** | 禮 예절 **례** |

주나라의 제도를 기록한 유교 경전

㊳ 도첩제 度牒制

| 度 ~한 정도, 중이 되다 **도** | 牒 공문서 **첩** | 制 만들다, 제도 **제** |

새로 승려가 되었을 때 나라에서 '허가증'을 주는 제도.

㊴ 건경법 乾耕法

| 乾 마르다 **건** | 耕 밭 갈다 **경** | 法 법 **법** |

벼농사에서 물이 없는 마른 땅에 종자를 뿌려 일정한 정도 자란 다음에 물을 대 주는 방법.

= 건사리.

②⑥⓪ 수경법 水耕法

|水 물 수 | 耕 밭 갈다 경 | 法 법 법 |

벼농사에서 물이 있는 논에 종자를 직접 뿌리는 농사법.

= 물사리.

➼ 요즘의 수경법은 흙을 전혀 사용하지 않고, 생장에 필요한 양분을 녹인 배양액만으로 식물을 재배하는 방법.

②⑥① 가사 歌辭

| 歌 노래 가 | 辭 말씀 사 |

운문의 형식에 산문적인 내용을 담은 우리나라 전통 시가詩歌 문학 양식의 하나.

②⑥② 시조 時調

| 時 때 시 | 調 조절하다, 가락 조 |

고려 중기에 발생하여 고려 말엽에 완성된 시가 장르로, 시절가조時節歌調(때에 맞추어 부른 노랫가락)의 준말.

②⑥③ 동문선 東文選

| 東 동쪽, 우리나라를 가리키는 말 동 | 文 글 문 | 選 가려 뽑다 선 |

1478년(성종 9)에 서거정徐居正(1420~1488) 등이 편찬한 책으로, 삼국 시대 이래 조선 초까지의 시문詩文 중에서 뛰어난 것만을 뽑았음.

②⑥④ 금오신화 金鰲新話

| 〈金 쇠 금 | 鰲 자라 오〉 산 이름 | 新 새롭다 신 | 話 이야기 화 |

15세기 조선 세조 때 김시습金時習(1435~1493)이 경주의 남산에 속해 있는 금오산金鰲山에 칩거하면서 지은 한문 소설.

②⑥⑤ 정간보 井間譜

| 井 우물 정 | 間 사이, 칸 간 | 순서대로 적다, 악보 보 |

조선 세종이 창안한 악보.

②⑥⑥ 노장 사상 老莊思想

| 老 늙다, 노자(老子) 로 | 莊 장중하다, 장자(莊子) 장 | 思 생각하다 사 | 想 생각하다 상 |

도가道家의 중심 인물인 노자와 장자의 사상.

②⑥⑦ 사문난적 斯文亂賊

| 斯 이 사 | 文 글 문 | 亂 어지럽다 란 | 賊 도적 적 |

유교에서 교리를 어지럽히고 사상에 어긋나는 행동을 하는 사람.

②⑥⑧ 이기론 理氣論

| 理 이치 리 | 氣 기운 기 | 論 논의하다, 견해 론 |

우주의 모든 사물은 이理와 기氣로 이루어져 있으며, 또한 이와 기로 생겨난다는 이론.

㉖⑨

호락 논쟁 湖洛論爭

| 〈湖 호수 **호** | 洛 강이름 **락**〉 지역 명칭 | 論 논의하다 **론** | 爭 다투다 **쟁** |

인간과 사물의 본성이 다르다는 인물성이론人物性異論을 주장한 호서湖西(지금의 충청도 일대) 지역의 호론湖論과 인간과 사물의 본성이 같다는 인물성동론人物性同論을 주장한 낙하洛下(지금의 서울 일대) 지역의 낙론洛論 사이의 논쟁.

㉘⑦⓪

양명학 陽明學

| 〈陽 햇볕 **양** | 明 밝다 **명**〉 호(號) | 學 배우다, 학문 **학** |

명나라 때의 왕수인王守仁이 주장한 유학의 한 학풍으로, 성리학의 관념성을 비판하면서 지행합일知行合一의 실천성을 주장함.

➡ 陽明은 왕수인의 호號.

㉘⑦①

고증학 考證學

| 考 헤아리다, 고증(考證)한 글 **고** | 證 증명하다 **증** | 學 배우다, 학문 **학** |

중국 청나라 때 일어난 학풍學風으로, 경전의 해석을 정확히 살피고 증명하자는 주장을 함.

㉘⑦②

경세치용 經世致用

| 經 날실, 다스리다 **경** | 世 세상 **세** | 致 (~에) 이르다, 이루다 **치** | 用 (물건을) 쓰다 **용** |

나라를 다스릴 때 실제 쓸모 있는 제도를 만들어야 한다는 주장.

㉘⑦③

균전론 均田論

| 均 평평하다 **균** | 田 밭 **전** | 論 논의하다, 견해 **론** |

모든 토지를 국유지로 한 뒤, 관리·선비·농민 등에게 차등을 두어 토지를 고르게 재분배함으로써 자영농을 육성해야 한다는 유형원의 토지 개혁안.

㉘⑦④

한전론 限田論

| 限 한계 **한** | 田 밭 **전** | 論 논의하다, 견해 **론** |

한 가정이 생활을 유지하는 데 필요한 일정한 토지를 영업전永業田으로 정해 놓고 매매를 할 수 없게 한계를 지어 놓은 다음, 그 밖의 토지는 매매할 수 있게 하여 점진적으로 토지 소유의 평등을 이루자는 이익의 토지 개혁안.

㉘⑦⑤

목민심서 牧民心書

| 牧 기르다, 다스리다 **목** | 民 백성 **민** | 心 마음 **심** | 書 책 **서** |

정약용丁若鏞이 전라도 강진에 귀양살이를 하던 1818년(순조 18)에 완성한 것으로, 예로부터 있었던 지방 장관의 부정부패를 일일이 수록하고 올바른 도리를 지적한 책.

㉘⑦⑥

여전론 閭田論

| 閭 마을 **려** | 田 밭 **전** | 論 논의하다, 견해 **론** |

한 마을을 단위로 하여 토지를 공동 소유·경작하고, 그 수확량을 노동량에 따라 분배하는 일종의 공동 농장 제도로, 정약용이 주장한 토지 개혁안.

㉗⑦ 정전제 井田制

| 井 우물 **정** | 田 밭 **전** | 制 만들다, 제도 **제** |

전국의 토지를 국유화하여 우물 정(井)자 모양의 정전을 편성한 뒤, 그 중 9분의 1(井자에서 가운데 口)은 공전을 만들어 조세에 충당하고 나머지는 농민에게 분배하며, 공전은 토지를 분배받은 농민이 공동 노동으로 경작한다는 제도.

㉗⑧ 이용후생 利用厚生

| 利 이롭다 **리** | 用 (물건을) 쓰다 **용** | 厚 두텁다 **후** | 生 살다 **생** |

쓰임을 이롭게 하고 생활을 풍요롭게 하자는 조선 후기 실학의 한 경향.

㉗⑨ 실사구시 實事求是

| 實 실제 **실** | 事 일 **사** | 求 찾다 **구** | 是 옳다 **시** |

실질적인 일에서 옳음을 구함.

㉘⓪ 택리지 擇里志

| 擇 가려 내다 **택** | 里 마을 **리** | 志 뜻, 기록 **지** |

1714년 이중환이 지은 지리서.

㉘① 종두법 種痘法

| 種 씨 **종** | 痘 천연두 **두** | 法 법 **법** |

천연두天然痘 면역을 위하여 사람 몸에 우두牛痘를 접종하는 일.

㉘② 사상의학 四象醫學

| 四 넷 **사** | 象 코끼리, 모양 **상** | 醫 병 고치다 **의** | 學 배우다, 학문 **학** |

이제마李濟馬가 창안한 것으로, 사람의 체질을 네 가지 형태로 분류하여 병을 고치는 의학.

㉘③ 시사 詩社

| 詩 시 **시** | 社 단체 **사** |

중인층의 시인들이 서울 주변 지역에서 조직한 모임으로, 문학 활동을 전개하면서 자신들의 사회적 지위를 높였고, 역대 시인들의 시를 모아 시집을 간행하기도 함.

㉘④ 가곡 歌曲

| 歌 노래 **가** | 曲 휘다, 가락 **곡** |

관현악 반주에 맞추어 시조시를 노래하는 한국의 전통 성악곡.

㉘⑤ 산조 散調

| 散 흩어지다, 곡조 이름 **산** | 調 조절하다, 가락 **조** |

느린 장단으로부터 빠른 장단으로 연주하는 기악 독주의 민속 음악으로, 장구 반주가 따르며 무속 음악과 시나위에 기교가 확대되어 19

세기경에 탄생함.

②⑧⑥

잡가 雜歌

| 雜 섞이다 **잡** | 歌 노래 **가** |

조선 후기 평민들이 지어 부르던 노래의 총칭.

5. 근현대사의 흐름

②⑧⑦

최혜국 最惠國

| 最 가장 **최** | 惠 은혜 **혜** | 國 나라 **국** |

통상 · 항해 조약 등에서 여러 나라 중 가장 유리한 취급을 받는 나라.

②⑧⑧

별기군 別技軍

| 別 다르다, 따로 **별** | 技 재주 **기** | 軍 군사 **군** |

1881년에 개화 정책의 추진을 위해 설치된 신식 군대.

②⑧⑨

동도서기론 東道西器論

| 東 동쪽, 동양의 약칭 **동** | 道 길, 도리 **도** | 西 서쪽, 서양의 약칭 **서** | 器 그릇, 기구 **기** | 論 논의하다, 견해 **론** |

동양의 정신 문화는 지키고, 서양의 과학 기술을 받아들이자는 주장.

②⑨⑩

보국안민 輔國安民

| 輔 돕다 **보** | 國 나라 **국** | 安 편안하다 **안** | 民 백성 **민** |

국가를 돕고 백성을 편안하게 함.

②⑨①

제폭구민 除暴救民

| 除 없애 버리다 **제** | 暴 사납다 **폭** | 救 구원하다 **구** | 民 백성 **민** |

폭정을 제거하고 백성을 구원함.

②⑨②

독립협회 獨立協會

| 獨 홀로 **독** | 立 서다 **립** | 協 협력하다 **협** | 會 모이다 **회** |

1896년(고종 33) 7월에 조직된 사회 · 정치 단체.

②⑨③

관민공동회 官民共同會

| 官 벼슬 **관** | 民 백성 **민** | 共 함께 **공** | 同 같다, 함께하다 **동** | 會 모이다 **회** |

독립협회가 의회 설립에 의한 국민 참정 운동과 국정 개혁 운동을 전개하면서, 만민공동회에 정부 대신들을 참여시킨 대회.

②⑨④

헌의 6조 獻議六條

| 獻 바치다 **헌** | 議 의논하다 **의** | 六 여섯 **륙** | 條 조목 **조** |

독립협회가 1898년 10월 29일 열린 관민공동

회에서 결의한 6개항의 국정 개혁안.

구본신참 舊本新參

| 舊 옛 **구** | 本 근본 **본** | 新 새롭다 **신** | 參 참여하다, 대조하여 생각하다 **참** |

옛 제도를 근본으로 하고 새로운 제도를 참작함.

지계 地契

| 地 땅 **지** | 契 약속 **계** |

소유권을 법적으로 인정해 주는 문서.

한·일 의정서 韓日議定書

| 韓 나라 이름 **한** | 日 날, 나라 이름 **일** | 議 의논하다 **의** | 定 정하다 **정** | 書 책, 글 **서** |

1904년 한·일 사이에 교환된 의정서.

내선 일체 內鮮一體

| 內 안 **내** | 鮮 산뜻하다, 나라 이름 **선** | 一 하나 **일** | 體 몸 **체** |

내는 내지內地인 일본을, 선은 조선을 가리킴. 일제 강점기 때 일본과 조선은 한 몸이라는 주장.

일선 동조론 日鮮同祖論

| 日 날, 나라 이름 **일** | 鮮 산뜻하다, 나라 이름 **선** | 同 같다 **동** | 祖 조상 **조** | 論 논의하다, 견해 **론** |

일본인과 조선인은 조상이 같다는 주장으로, 한국인의 민족 정신을 근원적으로 말살하기 위한 것.

궁성 요배 宮城遙拜

| 宮 궁궐 **궁** | 城 성곽 **성** | 遙 멀다 **요** | 拜 절하다 **배** |

궁성을 바라보고 멀리서 절을 함.

신사 참배 神社參拜

| 神 귀신 **신** | 社 단체 **사** | 參 참여하다, 절하여 예를 갖추다 **참** | 拜 절하다 **배** |

신사에 가서 참배함.

➡ 神社는 일본 황실의 조상이나 국가에 공로가 큰 사람을 신으로 모신 사당으로, 이곳에서는 일본의 민간 종교인 신도神道(일본에서 발생한 고유의 민족 신앙)를 행함.

정신대 挺身隊

| 挺 뽑다 **정** | 身 몸 **신** | 隊 무리 **대** |

일제 때 일본군에 강제로 끌려가 성적 학대를 받았던 여성들을 가리키는 말.

간도 참변 間島慘變

| ⟨間 사이 **간** | 島 섬 **도**⟩ 지명 | 慘 비참하다 **참** | 變 변하다, 재앙 **변** |

독립군에 패한 일본군이 간도 일대에서 동포 1만여 명을 학살하고, 민가 2,500여 채와 학교 30여 채를 불태웠던 만행.

③④ 자유시 참변 自由市慘變

| < 自 스스로 **자** | 由 말미암다 **유** | 市 시장, 번화한 곳 **시** > 지명 | 慘 비참하다 **참** | 變 변하다, 재앙 **변** |

1921년 6월 28일, 자유시(알렉셰프스크)에서 3마일 떨어진 수라셰프카에 주둔중이던 한인 부대(사할린 의용대)의 무기를 러시아 적군 제29연대와 한인 보병 자유 대대가 빼앗으려는 과정에서, 서로 충돌하여 다수의 사상자를 낸 사건.

③⑤ 제헌 국회 制憲國會

| 制 만들다 **제** | 憲 법 **헌** | 國 나라 **국** | 會 모이다 **회** |

1948년 대한민국 최초의 선거인 5·10 총선에 의해 만들어진 최초의 국회로, 처음으로 헌법을 만듦.

③⑥ 사사오입 四捨五入

| 四 넷 **사** | 捨 버리다 **사** | 五 다섯 **오** | 入 들어가다, 들이다 **입** |

반올림의 방식으로 수의 근사치近似値를 구하기 위해 끝수가 4 이하인 숫자는 버리고, 5 이상인 숫자는 올리는 방법.

③⑦ 천리마 운동 千里馬運動

| 千 천 **천** | 里 마을, 길이 단위 **리** | 馬 말 **마** | 運 움직이다 **운** | 動 움직이다 **동** |

하루에 천 리를 달리는 천리마와 같은 속도로

사회주의 경제를 건설하자는 생산 증대 운동.

③⑧ 형평 운동 衡平運動

| 衡 저울 **형** | 平 평평하다 **평** | 運 움직이다 **운** | 動 움직이다 **동** |

1923년에 일어난 백정들의 신분 해방 운동으로, 그 조직인 형평사를 통하여 이 운동을 전개함.

③⑨ 천도교 天道教

| 天 하늘, 하느님 **천** | 道 길, 도리 **도** | 教 가르치다, 종교 **교** |

하늘과 사람이 하나의 도로 합해지는 것을 목적으로, 동학에서 만들어진 종교.

③⑩ 대종교 大倧教

| 大 크다, 존경·찬미하는 말 **대** | 倧 상고 신인(上古神人) **종** | 教 가르치다, 종교 **교** |

한말 구국 운동을 하던 나철羅喆이 창시한 것으로, 나철은 민족 종교에 뜻을 두고 1909년 단군교를 만든 뒤 교세를 확장하여 1910년에 지금의 대종교로 이름을 바꿈.

③⑪ 낭가 사상 郎家思想

| 郎 사나이 **랑** | 家 집, 무리 **가** | 思 생각하다 **사** | 想 생각하다 **상** |

신채호가 1920년대에 체계화한 전통적인 민족 고유의 사상.

문화 유산

1. 우리나라의 세계 문화 유산

◎◎1
종묘 宗廟

| 宗 근본, 사당 종 | 廟 사당(신주를 모신 집) 묘 |

조선 시대 역대 왕과 왕비, 그리고 추존追尊된 왕비의 신위神位를 모셔 놓은 사당으로, 현재 서울특별시 종로구 훈정동에 있음. 궁궐 건설 원칙인 좌묘우사左廟右社에 의해 궁궐(경복궁)의 왼쪽에 자리잡고 있으며, 오른쪽에는 사직단社稷壇을 배치함.

▶追尊 [追 뒤쫓아 가다 追 尊 높이다 존] 죽은 뒤에 높임.

▶神位 [神 귀신 신 位 지위, 자리 위] 죽은 사람의 영혼이[神] 의지할 자리[位]. 신주神主라고도 부름. 신위는 패牌 모양이며 보통 밤나무로 만들며 규격은 높이 1자 2치, 너비 3치, 두께 1치 2푼이며, 머리 부분의 5치 정도를 깎아서 둥글게 만듦.

▶社稷壇 [社 단체, 토지 신 社 稷 기장, 곡식 신 稷 壇 높고 평평한 곳 단] 종묘가 조상에게 제사를 드리는 곳이라면, 사직단은 토지 신과 곡식 신에게 제사를 드려 나라의 풍요를 비는 곳. 사社는 토신土神을 말하고, 직稷은 곡신穀神을 말함.

※ 종묘

종묘는 절제된 건축미와 엄숙한 분위기가 감도는 조선 시대 대표적인 건축물로, 조선 초기부터 현재까지 매년 종묘 제례가 이뤄지는 살아 있는 역사 현장입니다. 이에 대해 유네스코 세계 유산 위원회는 16세기 이래로 원형이 보존되어 있고, 제왕을 기리는 유교적 사당의 표본이 되며, 전통 의식과 행사가 현재까지 이어지고 있어 세계 유산으로 선정하였습니다.

◎◎2
정전 正殿

| 正 바르다, 주되다 정 | 殿 큰 집 전 |

영녕전永寧殿과 함께 조선 시대에 역대 국왕과 그 비妃의 신위神位를 모시는 건물.

◎◎3
영녕전 永寧殿

| 永 영원하다 영 | 寧 편안하다 녕 | 殿 큰 집 전 |

정전의 축소판으로 정전에 모신 왕들보다 격이 떨어지는 왕과 왕비의 신주를 모시는 건물.

◎◎4
종묘 제례 宗廟祭禮 · 종묘 제례악 宗廟祭禮樂

| 宗 근본, 사당 **종** | 廟 사당(신주를 모시는 곳) **묘** | 祭 제사 **제** | 禮 예절 **례** | 樂 즐겁다 **락**/음악 **악** |

조선 시대의 모든 제례 가운데 가장 격식이 높은 의식, 종묘 제례악은 종묘제례 의식중에 연주되는 음악과 춤.

※ 종묘 외의 유교(제사) 문화 유적

◎◎⑤
성균관 成均館

| 成 이루다 **성** | 均 평평하다 **균** | 館 집 **관** |

조선 시대 최고의 교육 기관.

◎◎⑥
대성전 大成殿

| 大 크다, 존경·찬미하는 말 **대** | 成 이루다 **성** | 殿 큰 집 **전** |

공자의 위패位牌를 모시는 사당祠堂.

◎◎⑦
명륜당 明倫堂

| 明 밝다, 밝히다 **명** | 倫 사람의 도리 **륜** | 堂 집 **당** |

성균관과 지방의 각 향교 안에 있던 건물로, 학생들이 모여서 공부하는 곳.

◎◎⑧
서원 書院

| 書 책 **서** | 院 집 **원** |

조선 중기 이후 지방 사림士林들이 학문을 연구하고, 훌륭한 선인들에게 제사를 지내기 위해 설치한 사립 교육 기관.

◎◎⑨
향교 鄕校

| 鄕 시골 **향** | 校 학교 **교** |

지방에 설치한 관립官立 교육 기관.

◎①◎
가묘 家廟

| 家 집 **가** | 廟 사당(신주를 모신 집) **묘** |

한 집안의 사당祠堂.

◎①①
사당 祠堂

| 祠 제사 **사** | 堂 집 **당** |

조상의 신주神主를 모시는 곳.

※ 석굴암石窟庵 과 불국사佛國寺

◎①②
석굴암 石窟庵

| 石 돌 **석** | 窟 굴 **굴** | 庵 암자 **암** |

경상북도 경주시 토함산吐含山에 있는 불국사佛國寺의 부속 암자로, 751년에 김대성金大城에 의하여 창건되었으며, 그 안에는 본존불상本尊佛像을 중심으로 보살상菩薩像, 나한상羅漢像, 인왕상仁王像 등이 배치되어 있음.

➥석굴암은 통일신라 시대의 불교 예술의 정수로 극동 아시

아 불교 예술의 걸작품이며, 불국사는 불교 교리가 사찰 건축물을 통해 잘 형상화된 대표적인 사례로 아시아에서도 그 유례를 찾기 어려운 독특한 건축미를 보여줍니다. 즉 불국사의 구조와 모든 조형물 하나 하나가 부처님 나라를 표현하는 상징과 의미가 담겨 있는 이상적인 피안彼岸의 세계입니다. 이러한 이유로 석굴암과 불국사는 세계 문화 유산으로 선정되었습니다.

⓪⓵⓷
불국사 佛國寺

| 佛 부처 불 | 國 나라 국 | 寺 절 사 |

경북 경주시 진현동進峴洞 토함산吐含山 기슭에 있는 절로, 佛國은 부처의 나라란 뜻.
경내에는 다보탑多寶塔(국보 제20호), 석가탑釋迦塔(국보 제21호), 연화교蓮華橋·칠보교七寶橋(국보 제22호), 청운교靑雲橋·백운교白雲橋(국보 제23호), 금동비로자나불좌상金銅毘盧遮那佛坐像(국보 제26호), 금동아미타여래좌상金銅阿彌陀如來坐像(국보 제27호), 사리탑舍利塔(국보 제61호) 등 많은 문화재가 있음.

⓪⓵⓸
연화교蓮華橋·칠보교七寶橋

| 蓮 연꽃 련 | 華 화려하다, 꽃 화 | 橋 다리 교 |
| 七 일곱 칠 | 寶 보배 보 | 橋 다리 교 |

아래쪽 계단인 연화교는 계단에 연꽃잎이 새겨져 있어 붙여진 이름이며, 칠보교는 일곱 가지 보석의 다리라는 의미.

⓪⓵⓹
안양문 安養門

| 安 편안하다 안 | 養 기르다 양 | 門 문 문 |

극락 세계로 들어가는 문.

⓪⓵⓺
청운교靑雲橋·백운교白雲橋

| 靑 푸르다 청 | 白 희다 백 | 雲 구름 운 | 橋 다리 교 |

정문의 돌계단.

⓪⓵⓻
자하문 紫霞門

| 紫 자주빛 자 | 霞 노을 하 | 門 문 문 |

부처님 몸에서 나오는 자줏빛 금색이 노을처럼 서려 있는 문.

⓪⓵⓼
다보탑多寶塔·석가탑釋迦塔

| 釋 풀다 석 | 迦 막다 가 | 범어 | 塔 탑 탑 | 多 많다 다 | 寶 보배 보 | 塔 탑 탑 |

대웅전 앞에 있는 탑.

⓪⓵⓽
무설전 無說殿

| 無 없다 무 | 說 밝히어 말하다 설 | 殿 큰집 전 |

불교 경론經論을 강술講述하는 장소.

⓪⓶⓪
범영루 泛影樓

| 泛 뜨다, 넘치다 범 | 影 그림자 영 | 樓 누각 루 |

불국사에 있는 범종각梵鐘閣의 이름.

⓪⓶⓵
좌경루 左經樓

| 左 왼쪽 좌 | 經 날실, 경전 경 | 樓 누각 루 |

원래 불경을 보관하던 장경각藏經閣이었으나, 지금은 운판雲版과 목어木魚만 남아 있음.

※ **수원 화성**

정조는 당시로선 가장 근대적인 신도시를 건설하고자, 당시 31세에 불과했던 신진학자 정약용에게 성곽 건설을 책임지게 했습니다. 그리고 2년 반 만인 1796년 여름에 완공되었습니다. 유네스코 세계 유산 위원회는 비록 18세기에 완공된 짧은 역사의 유산이지만 동서양의 군사 시설 이론을 잘 배합시킨 독특한 성으로 방어적 기능이 뛰어난 특징을 가지고 있으며, 약 6km에 달하는 성벽 안에는 4개의 성문이 있으며, 모든 건조물이 각기 모양과 디자인이 다른 다양성을 가지고 있음을 감안하여, 등록 기준 제2항(건축, 예술, 도시 계획, 디자인 등 분야에서 전 세계적으로 인류가치의 중요한 교류 현상을 보여주는 유산)과 제3항(고대 문명 또는 문화적 전통에 관한 독특하고 탁월한 증거가 되는 유산)을 적용하여 세계 유산으로 승인하였습니다.

⓪②② 수원 화성 水原華城

| 〈水 물 **수** | 原 근원 **원**〉 지명 | 〈華 화려하다, 지명 **화** | 城 성곽 **성**〉 성 이름 |

조선 시대 22대 왕인 정조의 명에 의해 조성된 신도시의 이름인 동시에 그 도시 외곽을 감싸는 성곽의 호칭.

⓪②③ 창룡문 蒼龍門

| 蒼 푸르다 **창** | 龍 용 **룡** | 門 문 **문** |

화성의 동쪽문.

⓪②④ 화서문 華西門

| 華 화려하다, 지명 **화** | 西 서쪽 **서** | 門 문 **문** |

화성의 서쪽문.

⓪②⑤ 팔달문 八達門

| 八 여덟 **팔** | 達 다다르다 **달** | 門 문 **문** |

화성의 남쪽문.

⓪②⑥ 장안문 長安門

| 長 길다 **장** | 安 편안하다 **안** | 門 문 **문** |

화성의 북쪽문.

⓪②⑦ 암문 暗門

| 暗 어둡다, 몰래 **암** | 門 문 **문** |

적에게 보이지 않게 양식이나 무기, 물자 등을 반입하거나 사람들이 은밀히 내왕하는 용도로 만들어진 문.

⓪②⑧ 수문 水門

| 水 물 **수** | 門 문 **문** |

성을 관통하는 하천이 흐르는 곳에 감시 초소를 두는 곳.

⓪②⑨ 적대 敵臺

| 敵 싸울 상대 **적** | 臺 높고 평평한 곳 **대** |

성문과 옹성에 접근하는 적을 쉽게 방어하기 위해 성문의 좌우에 설치한 시설물.

⓪③⓪
장대 將臺

| 將 장군 **장** | 臺 높고 평평한 곳 **대** |

성 안의 총 지휘 본부로, 성 주변을 살펴보면서 장병들을 지휘하는 곳.

⓪③①
노대 弩臺

| 弩 쇠뇌 **노** | 臺 높고 평평한 곳 **대** |

쇠뇌를 쏘는 시설물. 쇠뇌-여러 개의 화살을 잇달아 쏘게 된 활의 한 가지.

⓪③②
공심돈 空心墩

| 空 비다 **공** | 心 마음, 가운데 **심** | 墩 돈대, 평지보다 조금 높게 쌓은 곳 **돈** |

일종의 망루望樓로 수비와 공격을 할 수 있고 포를 쏠 수 있는 곳.

⓪③③
봉돈 烽墩

| 烽 봉화 **봉** | 墩 돈대, 평지보다 조금 높게 쌓은 곳 **돈** |

행궁行宮과 주변을 정찰하며 낮에는 연기, 밤에는 불빛을 통신 신호로 이용하는 시설.

⓪③④
각루 角樓

| 角 뿔 **각** | 樓 누각 **루** |

비교적 높은 위치에 누각을 세워 주변을 감시하기도 하고 때로는 휴식을 즐기는 곳.

⓪③⑤
포루 砲樓

| 砲 대포 **포** | 樓 누각 **루** |

대포를 설치하는 누각.

⓪③⑥
포루 鋪樓

| 鋪 깔다, 소식 전달하는 곳 **포** | 樓 누각 **루** |

군사들이 적에게 노출되지 않게 하기 위한 초소나 대기소와 같은 곳.

⓪③⑦
치성 雉城

| 雉 꿩 **치** | 城 성곽 **성** |

치는 성곽의 요소 요소에 성벽을 돌출시켜서 전방과 좌우 방향에서 성벽에 접근하는 적병을 방어하기 위한 시설.

⓪③⑧
포사 鋪舍

| 鋪 깔다, 소식 전달하는 곳 **포** | 舍 집 **사** |

공격 시설 없이 단지 군사가 머무르는 집으로, 성벽에 매복한 군사가 포를 쏘아 신호를 하면 성 안 포사에 있는 군사는 깃발이나 포로써 그 신호를 성 안 사람들에게 전달함.

※ 해인사 팔만대장경

총 8만 1,258판에 이르는 팔만대장경과 이를 봉안하고 있는 경판전은 고려 호국 불교의 대표적인 유산입니다. 이에 대해 유네스코 세계 유산 위원회는 해인사 팔만대장경은 전세계 불교 경전 중 가장 중요하고 완벽한 경전이며, 고도로 정교한 인쇄술의 극치에 달해 있으며, 경판전은 대장경의 부식을 방지하고 이를 온전히 보관하기 위해 15세기경 건축된 건물로 보존 과학의 예지를 잘 반영하므로, 해인사 일원과 경판전, 팔만대장경을 일괄적으로 세계 유산으로 등재하였습니다.

⓪③⑨
해인사 팔만대장경 海印寺八萬大藏經

| 海 바다 **해** | 印 도장 찍다 **인** | 寺 절 **사** 절 이름 | 八 여덟 **팔** | 萬 만 **만** | 大 크다, 존경 · 찬미하는 말 **대** | 藏 감추다, 광주리 **장** | 經 날실, 경전 **경** |

세계 목판 인쇄술 발달과 불교 사상의 중요한 근원지인 법보 사찰 해인사(사적 및 명승 제5호)는 팔만대장경으로 널리 알려진 한국의 대표적인 화엄 도량.

⓪④⓪
경판전 經板殿

| 經 날실, 경전 **경** | 板 널빤지 **판** | 殿 큰 집 **전** |

팔만대장경의 경판을 보관하는 건물.

⓪④①
대장경 大藏經

| 大 크다, 존경 · 찬미하는 말 **대** | 藏 감추다, 광주리 **장** | 經 날실, 경전 **경** |

불교 경전의 경장經藏 · 율장律藏 · 논장論藏을 총칭하는 말. 경은 부처가 설한 것으로 근본 교리이고, 율은 교단에서 지켜야 할 윤리 조항과 생활 규범이며, 논은 경과 율에 대한 승려나 학자들의 의론과 해석.

⓪④②
초조대장경 初雕大藏經

| 初 처음 **초** | 雕 새기다 **조** | 大 크다, 존경 · 찬 미하는 말 **대** | 藏 감추다, 광주리 **장** | 經 날실, 경전 **경** |

고려에서 처음으로 판각한 대장경이란 뜻으로, 고려 현종顯宗 때 거란의 침입을 물리치기 위하여 만듦.

⓪④③
속장경 續藏經

| 續 잇다 **속** | 藏 감추다, 광주리 **장** | 經 날실, 경전 **경** |

고려 문종 때 승려 의천義天이 송宋 · 요遼 · 일본日本 등에서 고려대장경高麗大藏經을 모을 때 빠졌던 것을 모아 만든 불경.

⓪④④
대장도감 大藏都監

| 大 크다, 존경 · 찬미하는 말 **대** | 藏 감추다, 광주리 **장** | 都 도읍, 임시 **도** | 監 살피다, 기관 **감** |

몽고의 침입으로 초조대장경이 불타 없어지자, 1236년 고종 때 강화도에 설치한 기관.

⓪④⑤
팔만대장경 八萬大藏經

| 八 여덟 **팔** | 萬 만 **만** | 大 크다, 존경 · 찬미하는 말 **대** | 藏 감추다, 광주리 **장** | 經 날실, 경전 **경** |

몽고의 침입으로 초조대장경이 불타 없어지자, 1236년 고종 때 강화도에 대장도감을 설치한 후 15년 만에 완성한 대장경.

※ 창덕궁

창덕궁은 조선 시대의 전통적인 건축으로 자연 경관을

배경으로 한 건축과 조경이 고도의 조화를 이루어 예술적 가치가 뛰어납니다. 특히 후원은 한국의 대표적인 전통 정원으로 손꼽히며 조경 예술의 아름다운 특성을 원형대로 잘 보존하고 있습니다. 그래서 동아시아 궁전 건축사에 있어 비정형적非定形的 조형미를 간직한 대표적인 궁으로, 주변 자연 환경과의 완벽한 조화와 배치가 탁월하다는 평가를 받아 유네스코에 의해 세계 유산으로 선정되었습니다.

⓪④⑥
창덕궁 昌德宮

| 昌 번창하다 **창** | 德 공정하고 포용성 있는 마음 **덕** | 宮 궁궐 **궁** |

서울 종로구 와룡동臥龍洞에 있는 궁궐.

⓪④⑦
돈화문 敦化門

| 敦 도탑다 **돈** | 化 변화하다, 덕화(德化) **화** | 門 문 **문** |

창덕궁의 정문으로 현존하는 궁궐의 대문 중 가장 오래되었음.

⓪④⑧
인정전 仁政殿

| 仁 어질다 **인** | 政 정치 **정** | 殿 큰 집 **전** |

창덕궁의 정전正殿으로 국왕의 즉위식, 군신의 조례 의식, 외국 사신의 접견 의식 및 나라의 중대한 의식을 거행하던 장소.

⓪④⑨
선정전 宣政殿

| 宣 널리 알리다, 베풀다 **선** | 政 정치 **정** | 殿 큰 집 **전** |

임금께서 평상시 신하들과 실질적인 국사를 논의하던 편전便殿.

⓪⑤⓪
희정당 熙政堂

| 熙 빛나다 **희** | 政 정치 **정** | 堂 집 **당** |

침전寢殿의 하나였지만, 순조 이후에는 편전으로 이용됨.

⓪⑤①
대조전 大造殿

| 大 크다, 훌륭하다 **대** | 造 만들다 **조** | 殿 큰 집 **전** |

왕과 왕비의 침전이며 왕과 가족들이 생활하던 중궁전中宮殿.

⓪⑤②
낙선재 樂善齋

| 樂 즐겁다 **락** | 善 착하다 **선** | 齋 깨끗이 하다, 집 **재** |

헌종 13년(1847) 후궁 김씨의 처소로 지은 것이라 함.

⓪⑤③
후원 後苑

| 後 뒤 **후** | 苑 나라 동산 **원** |

조선 시대의 궁궐 뒤쪽에 자리 잡은 정원으로 주로 왕가에서 휴식을 취하기 위해 만든 곳. 창덕궁의 후원은 북원北苑, 금원禁苑으로도 불리워졌는데, 1903년에 비원秘苑이라는 관장 기관이 생기면서 한동안 비원이라는 명칭을 쓰기도 했음.

➡ 秘苑 [秘 숨기다 비 苑 나라 동산 원]

054

부용정 芙蓉亭

| 芙 연꽃 **부** | 蓉 연꽃 **용** | 亭 정자 **정** |

연꽃의 의미를 담고 있는 부용지芙蓉池에 있는 정자.

055

주합루 宙合樓

| 宙 우주 **주** | 合 합하다 **합** | 樓 누각 **루** |

동서고금의 서적을 보관했던 건물.

056

어수문 魚水門

| 魚 물고기 **어** | 水 물 **수** | 門 문 **문** |

주합루로 오르는 언덕 첫머리에 있는 문.

※ 고인돌

1. 고창 고인돌 유적
전라북도 고창군高敞郡 일대에는 고인돌 447기가 있는데, 남방·북방식이 섞여 있고, 기원전 4~5세기경의 것으로 추정됩니다. 이 중 특히 아산면 운곡 서원 뒷산에 있는 고인돌은 길이 7m, 높이 5m, 폭 5.5m, 무게 2백 톤으로 국내에서 규모가 가장 큽니다.

2. 화순 고인돌 유적
전라남도 화순군和順郡 도곡면道谷面 일대에는 1천여 기의 고인돌 군이 좁은 지역에 밀집해 있으며, 바둑판 형태의 **기반식基盤式**이나 받침돌이 보이지 않는 **무지석형無支石形** 등 다양한 형태로 남아 있습니다.

3. 강화 고인돌 유적
인천시仁川市 강화군江華郡 내에는 66기의 고인돌이 있는데, 북방식으로 **탁자식卓子式**과 **개석식蓋石式**이 주류입니다. 동양에서 가장 완벽한 건축 조형미를 갖추었다고 평가받는 이 고인돌 군 중 강화 최북단 지역인 교산리 고인돌 군은 서북쪽 지역의 고인돌 문화가 강화에 전해진 것을 뒷받침하는 중요한 역사 자료로 평가되고

있습니다.

이러한 고인돌 유적은 선사 시대 기술 및 사회발전을 생생히 보여주고 있다는 평가를 받아 세계 문화 유산으로 등재되었습니다.

▶**基盤式** [基 기초 **기** 盤 쟁반, 받침 **반** 式 형식 **식**]
▶**無支石形** [無 없다 **무** 支 갈라져 나오다, 지탱하다 **지** 石 돌 **석** 形 모양 **형**]
▶**卓子式** [卓 뛰어나다, 책상 **탁** 子 아들, 접미사의 하나 **자** 式 형식 **식**]
▶**蓋石式** [蓋 덮다 **개** 石 돌 **석** 式 형식 **식**]

057

고인돌군 군群 = 지석묘 군 支石墓群

| 支 갈라져 나오다, 지탱하다 **지** | 石 돌 **석** | 墓 무덤 **묘** |

'고인' 은 '괴다' '고이다' 란 말로, '괴다' 는 '(세우려는 물건이 쓰러지거나 기울지 않도록) 아래를 받쳐 주다' 라는 뜻으로, 고인돌은 아래의 굄돌이 위에 얹는 돌을 지탱하도록 만든 무덤.

※ 경주

경주 역사 유적 지구는 경주의 남산 지구南山地區(사적 제311호), 월성 지구月城地區(첨성대, 계림 등 포함), 대능원 지구大陵園地區(미추왕릉 등), 황룡사 지구皇龍寺地區(황룡사 및 분황사 터), 산성 지구山城地區(명활산성 등) 등 5곳입니다. 총 2,880㏊에 문화재 52점의 불교 유물이 보존되어 있습니다. 이곳은 신라 천 년의 문화 업적과 불교 및 세속 건축의 발달을 보여주고 있다고 평가받아 세계 문화 유산으로 등재되었습니다.

058

경주 역사 유적 지구 慶州歷史遺蹟地區

| 〈慶 축하하다 **경**〉 | 州 고을 **주**〉 지명 | 歷 지내다 **력** | 史 역사 **사** | 遺 남기다 **유** | 蹟 자취 **적** |

| 地 땅 지 | 區 (행정) 구역 구 |

경주시는 구舊 경주시의 탑정 · 황남 · 불국 등 16개 동과 감포 등 4개 읍 및 내남 등 8개 면으로 이루어진 곳으로, 경주 역사 유적 지구는 경주 시내에 신라 천 년의 문화(특히 불교 문화)를 고스란히 간직하고 있는 곳.

⓪⑤⑨
포석정 鮑石亭

| 鮑 절인 고기 포 | 石 돌 석 | 亭 정자 정 |

경주시 배동에 있는 신라 임금의 놀이터 용도의 별궁.

⓪⑥⓪
안압지 雁鴨池

| 雁 기러기 안 | 鴨 오리 압 | 池 (연)못 지 |

경주시 인교동仁校洞에 있는 신라 때의 연못.

⓪⑥①
첨성대 瞻星臺

| 瞻 보다 첨 | 星 별 성 | 臺 높고 평평한 곳 대 |

신라 시대 경주에 있는 세계에서 가장 오래된 천문대.

⓪⑥②
계림 鷄林

| 鷄 닭 계 | 林 숲 림 |

경주시 교동校洞에 있으며, 첨성대瞻星臺와 반월성半月城 사이에 있는 숲.

⓪⑥③
천마총 天馬塚

| 天 하늘 천 | 馬 말 마 | 塚 무덤 총 |

경북 경주시 황남동 고분 군古墳群에 속하는 고분.

※ 무덤과 관련지어 알아 두어야 할 것.

⓪⑥④
토우 土偶

| 土 흙 토 | 偶 짝이 되다, 인형 우 |

흙으로 동물이나 사람 모양의 이형을 빚어 마드는 것.

⓪⑥⑤
패총 貝塚

| 貝 조개 패 | 塚 무덤 총 |

해안 · 강변 등에 살던 선사 시대인이 버린 조개 · 굴 등의 껍데기가 쌓여서 무덤처럼 이루어진 유적.

⓪⑥⑥
12지 신상 十二支神像

| 十 열 십 | 二 둘 이 | 支 갈라져 나오다, 지지(地支) 지 | 神 귀신 신 | 像 (사람을) 본뜬 모양 상 |

무덤 속에 땅을 지키는 일을 하는 열두 귀신 장군을 12동물에 맞추어 조각한 상.

⓪⑥⑦
호우총 壺杅塚

| 壺 병 호 | 杅 잔, 물그릇 우 | 塚 무덤 총 |

경상북도 경주시 노서동路西洞 고분 군古墳群에 속한 신라 때의 무덤.

⓪⑥⑧

호우명 壺杅銘

| 壺 병 **호** | 杅 잔, 물그릇 **우** | 銘 새기다 **명** |

경주의 호우총에서 발굴된 것으로, 그릇 밑바닥에 글씨가 새겨져 있음.

⓪⑥⑨

장군총 將軍塚

| 將 장군 **장** | 軍 군사 **군** | 塚 무덤 **총** |

압록강 유역 통구 지방에 있는 돌무지 무덤으로, 5세기 초에 만들어진 고구려의 왕릉으로 추정됨.

⓪⑦⓪

무용총 舞踊塚

| 舞 춤추다 **무** | 踊 뛰다 **용** | 塚 무덤 **총** |

중국 길림성 집안현에 있는 고구려의 벽화 고분으로 14명의 남녀가 열을 지어 춤추는 그림이 그려져 있음.

⓪⑦①

강서 고분 江西古墳

| 〈工 강 **강** | 西 서쪽 **서**〉 지명 | 古 옛 **고** | 墳 무덤 **분** | 大 크다 **대** | 墓 무덤 **묘** |

평안남도 강서군에 있는 고구려 시대의 굴식 돌방 무덤.

= 강서 대묘 江西大墓.

⓪⑦②

무령왕릉 武寧王陵

| 〈武 무기 **무** | 寧 편안하다 **녕** | 王 임금 **왕**〉 왕 이름 | 陵 큰 언덕, 무덤 **릉** |

충청남도 공주시 금성동錦城洞에 있는 백제 무령왕과 왕비의 능으로, 1971년에 발견됨.

---

2. 우리나라의 세계 기록 유산

※ 세계의 문화 유산

세계 기록 유산은 도서관 및 고문서 보관소 등에 보관된 위험에 처한 인류의 기록물을 보존하고 신기술 응용을 통하여 값진 소장 문서를 보존 공유하기 위하여 유네스코에서 1992년부터 추진하고 있는 국제 목록 작성 사업입니다. 현재 우리나라의 세계 기록 유산은 제3차 회의(1997)에서 훈민정음(국보 제70호), 조선왕조실록(국보 제151호), 제5차 회의(2001)에서 승정원일기(국보 제303호)와 직지심체요절이 등재되었습니다.

⓪⑦③

훈민정음 訓民正音

| 訓 가르치다 **훈** | 民 백성 **민** | 正 바르다 **정** | 音 소리 **음** |

문자로서의 훈민정음은 우리말 표기에 맞도록 1443년(세종 25)에 문자 체계를 완성하고, 이를 '훈민정음'이라 부름. 책으로서의 훈민정음은 1446년(세종 28)에 훈민정음의 해설서로 만들어진 《훈민정음해례본訓民正音解例本》을 말함.

⓪⑦④

조선왕조실록 朝鮮王朝實錄

| 〈朝 아침 **조** | 鮮 산뜻하다 **선**〉 나라 이름 | 王 임금 **왕** | 朝 아침, 조정 **조** | 實 실제 **실** | 錄 기록하다 **록** |

태조부터 철종까지 25대 472년간(1392~1863)의 역사를 편년체(연·월·일 순서에 따

라)로 기록한 책.

⓪⓭⓹
승정원일기 承政院日記

| 承 이어받다 **승** | 政 정치 **정** | 院 집, 관청 **원** | 日 날 **일** | 記 기록하다 **기** |

승정원에서 매일 취급한 문서와 사건을 기록한 일기로, **필사본**筆寫本이며, 원본 3,243권이 현재 서울대학교 규장각에 보관되어 있음.

➡ 筆寫本 [筆 붓 **필** 寫 베끼다 **사** 本 근본, 책 **본**] 붓으로 베껴 쓴 책.

⓪⓭⓺
직지심체요절 直指心體要節

| 直 곧다, 바로 **직** | 指 손가락, 가리키다 **지** | 心 마음 **심** | 體 몸 **체** | 要 중요하다 **요** | 節 마디 **절** |

1372년(공민왕 21)에 경한景閑이 부처와 **조사**祖師의 **게송**偈頌 · **법어**法語 · **문답**問答 등에서 선禪의 **요체**要諦를 깨닫는 데 필요한 내용을 뽑아 엮은 책으로, 상 · 하 2권의 금속 활자로 찍은 책.

▶祖師 [祖 조상, 개조(開祖) **조** 師 스승 **사**] 한 종파를 세운 사람.
▶偈頌 [偈 불경 글귀 **게** 頌 기리다, 문체의 하나 **송**] 부처의 공덕을 찬양하는 노래. 偈는 인도의 문학이나 불경佛經 중의 성가聖歌나 운문韻文. 頌은 성덕成德을 칭송하는 글.
▶法語 [法 법, 불교의 진리 **법** 語 말씀 **어**] 불법을 설명한 말.
▶要諦 [要 중요하다 **요** 諦 살피다, 깨닫다 **체**] 중요한 깨달음. 가장 중요한 점.

⓪⓭⓭
무구정광대다라니경 無垢淨光大陀羅尼經

| 無 없다 **무** | 垢 때 **구** | 淨 깨끗하다 **정** | 光 빛 **광** | 大 크다, 존경 · 찬미하는 말 **대** | 《陀 비탈지다 **타**→**다** | 羅 나열하다 **라** | 尼 승려 **니**〉 범어 | 經 날실, 경전 **경** |

751년 무렵에 신라에서 간행된 우리나라 최초의 목판 인쇄물로, 1966년 10월 경주 불국사의 석가탑을 보수하기 위해 해체하였을 때 발견됨.

⓪⓭⓼
상정고금예문 詳定古今禮文

| 詳 자세하다 **상** | 定 정하다 **정** | 古 옛 **고** | 今 지금 **금** | 禮 예절 **례** | 文 글 **문** |

고려 인종仁宗이(1122~1146) 최윤의崔允儀 등에게 명하여 법이나 도덕 규범을 모아 정리한 책. 이 책은 금속 활자로 인쇄하였으며, 이는 서양보다 200여 년이나 앞선 것이지만 현재 전해지지 않음.

⓪⓭⓽
계미자 癸未字

| 《癸 열째 천간 **계** | 未 아직 ~않다, 여덟째 지지 **미**〉 연도 | 字 글자 **자** |

1403년(태종 3)에 만든 조선 시대 최초의 구리 활자.

⓪⓼⓪
갑인자 甲寅字

| 〈甲 첫째 천간 **갑** | 寅 셋째 지지 **인**〉 연도 | 字 글자 **자** |

1434년(세종 16)에 만든 구리 활자.

3. 박물관에서 볼 수 있는 유물들

⓪⑧① 칠지도 七支刀

| 七 일곱 **칠** | 支 갈라져 나오다 **지** | 刀 칼 **도** |

곧은 중심 칼날 하나와 좌우에 가지 칼날이 세 개씩 뻗어 있어 칼날이 모두 7개인 칼.

⓪⑧② 백제 금동 용봉 봉래산 향로 百濟金銅龍鳳蓬萊山香爐 = 백제 금동 대향로 百濟金銅大香爐

| 〈百 백 **백** | 濟 구제하다 **제**〉 나라 이름 | 金 쇠, 금 **금** | 銅 구리 **동** | 龍 용 **룡** | 鳳 봉황 **봉** | 〈蓬 쑥 **봉** | 萊 풀 이름 **래** | 山 산 **산**〉 산 이름 | 香 향기 **향** | 爐 화로 **로** |

1993년 12월 충청남도 부여 능산리 절터에서 출토된 향로로, 윗부분에는 봉황, 아랫부분에는 용이 조각되어 있으며, 뚜껑에는 봉래산, 받침에는 연꽃 무늬가 새겨져 있음.

⓪⑧③ 혼천의 渾天儀

| 渾 흐리다, 둥근 공 **혼** | 天 하늘 **천** | 儀 거동, 본떠 만든 기계 **의** |

천체의 운행을 관측하던 공 모양의 기계.

⓪⑧④ 앙부일구 仰釜日晷

| 仰 우러러보다 **앙** | 釜 가마솥 **부** | 日 날, 해 **일** | 晷 그림자 **구** |

1434년(세종 16)에 장영실蔣英實이 세종의 명령으로 만든 해시계.

⓪⑧⑤ 자격루 自擊漏

| 自 스스로 **자** | 擊 치다 **격** | 漏 새 나가다, 물시계 **루** |

물의 힘으로 작동하는 자동 시보 장치로, 1438년(세종 20)에 장영실 등이 세종의 명령으로 만듦.

⓪⑧⑥ 측우기 測雨器

| 測 재다 **측** | 雨 비 **우** | 器 그릇, 기구 **기** |

1441년(세종 23)에 만들어진 세계 최초의 강우량降雨量 관측 장비.

※ 화폐

고조선 때 중국과의 교류가 있었음을 알게 하는 화폐 유물 – 명도전, 오수전, 반냥전.

⓪⑧⑦ 명도전 明刀錢

| 明 밝다 **명** | 刀 칼 **도** | 錢 돈 **전** |

중국 춘추 전국 시대에 연燕 나라와 제齊 나라에서 사용한 청동 화폐. 작은 칼 모양이며, '明' 자 비슷한 글자가 새겨져 있음.

⓪⑧⑧
오수전 五銖錢

| 五 다섯 **오** | 銖 무게 단위 **수** | 錢 돈 **전** |

중국 한대漢代에서 수대隋代에 걸쳐 사용된 화폐로, '五銖'라는 두 글자가 표시되어 있음.

⓪⑧⑨
반냥전 半兩錢

| 半 반쪽 **반** | 兩 둘, 화폐 단위 **량/ 냥** | 錢 돈 **전** |

중국 진秦·한漢 때 사용되던 청동 화폐로, 엽전 모양이고, '半兩'이라는 글자가 새겨져 있음.

⓪⑨⓪
건원중보 乾元重寶

| 〈乾 마르다, 하늘 **건** | 元 근본 **원**〉 연호 | 重 무겁다, 중요하다 **중** | 寶 보배, 돈 **보** |

996년(성종 15)에 만들어진 화폐로, 관官에서 만든 최초의 화폐.

⓪⑨①
해동통보 海東通寶

| 〈海 바다 **해** | 東 동쪽 **동**〉 우리나라의 별칭 | 通 통하다 **통** | 寶 보배, 돈 **보** |

1102년(숙종 7)에 만든 동전銅錢으로, 우리나라에서 처음 사용한 엽전.

⓪⑨②
삼한통보 三韓通寶

| 〈三 셋 **삼** | 韓 나라 이름 **한**〉 우리나라의 별칭 | 通 통하다 **통** | 寶 보배, 돈 **보** |

1102년(숙종 7)에 만들어진 화폐.

⓪⑨③
해동중보 海東重寶

| 〈海 바다 **해** | 東 동쪽 **동**〉 우리나라의 별칭 | 重 무겁다, 중요하다 **중** | 寶 보배, 돈 **보** |

고려 때 만들어진 화폐로, 정확한 제작 시기는 알 수 없음.

⓪⑨④
활구 闊口

| 闊 넓다 **활** | 口 입, 드나드는 곳 **구** |

우리나라의 지형을 본떠서 은 1근으로 만든 고가의 화폐.

⓪⑨⑤
상평통보 常平通寶

| 常 항상 **상** | 平 평평하다 **평** | 通 통하다 **통** | 寶 보배, 돈 **보** |

조선 후기에 사용되던 화폐로, 일반적으로 엽전葉錢이라고 함.

4. 기타

⓪⑨⑥
석봉체 石峰體

| 〈石 돌 **석** 峰 | 산봉우리 **봉**〉 호(號) | 體 몸, 모양 **체** |

조선 중기의 한호韓濩의 글씨체로, 그의 호號가 석봉石峯이기 때문에 석봉체라 함.

⓪⑨⑦
동국진체 東國眞體

| 〈東 동쪽 동 | 國 나라 국〉 우리나라의 별칭
| 眞 참 진 | 體 몸, 모양 체 |

조선 초기에 송설체松雪體 등 중국의 서체가 주류를 이루다가, 중기에 접어들면서 우리 것을 찾자는 의식이 팽배해지면서 나온 서체.

⓪⑨⑧ 추사체 秋史體

| 〈秋 가을 추 | 史 역사 사〉 호(號) | 體 몸, 모양 체 |

김정희金正喜(1786~1856)가 동국진체東國眞體의 전통 위에서 청의 고증학考證學을 수용하여 성립시킨 독특한 글씨체로, 그의 호號가 추사秋史(이 외에 완당阮堂이란 호도 있음)이기 때문에 추사체라고 함.

⓪⑨⑨ 송설체 松雪體

| 〈松 소나무 송 | 雪 눈 설〉 호(號) | 體 몸, 모양 체 |

중국 원元나라 조맹부趙孟頫(1254~1322)의 글씨체로, 그의 호號가 송설도인松雪道人이고, 서실書室 이름이 송설재松雪齋였다 하여 송설체라 부름.

①⓪⓪ 집자 비문 集字碑文

| 集 모으다 집 | 字 글자 자 | 碑 비석 비 | 文 글 문 |

선인이 쓴 글자나 혹은 다른 비석의 글자를 종이에 모양 그대로 옮긴 뒤, 그 글자 중 필요한 것만 모아 비석에 그대로 새긴 글.

①⓪① 암각화 巖刻畵

| 巖 바위 암 | 刻 새기다 각 | 畵 그림 화 |

바위에 새긴 그림으로 주로 풍요로운 사냥을 기원하며 동물을 그림.

①⓪② 고분 벽화 古墳壁畵

| 古 옛 고 | 墳 무덤 분 | 壁 벽 벽 | 畵 그림 화 |

옛 무덤 안의 벽에 그려져 있는 그림.

①⓪③ 산수화 山水畵

| 山 산 산 | 水 물 수 | 畵 그림 화 |

자연의 경치를 그린 그림.

①⓪④ 진경 산수화 眞景山水畵

| 眞 참 진 | 景 경치 경 | 山 산 산 | 水 물 수 | 畵 그림 화 |

조선 후기 18세기에 실학의 유행과 함께, 화단에서도 관념적인 문인화를 비판하면서 유행한 화풍.

①⓪⑤ 풍속화 風俗畵

| 風 바람, 풍습 풍 | 俗 속세, 풍습 속 | 畵 그림 화 |

조선 후기에 유행한 그림으로, 왕실이나 조정의 각종 행사를 비롯하여 일반 백성들의 생활상과 풍속 등 모든 삶의 모습을 묘사함.

민화 民畵 ①⓪⑥

| 民 백성 **민** | 畵 그림 **화** |

예술적 감상보다는 생활 공간을 장식하기 위한 그림.

사신도 四神圖 ①⓪⑦

| 四 넷 **사** | 神 귀신 **신** | 圖 그림 **도** |

동서남북의 방위를 나타내고 우주의 질서를 수호하는 상징적인 동물을 그린 그림.

東(左) - 청룡靑龍

| 靑 푸르다 **청** | 龍 용 **룡** |

몸에 뱀의 비늘로 무늬를 넣고, 눈을 부리부리하게 뜨고 머리에 뿔이 한 개 혹은 두 개 돋아 있으며, 화염을 뿜고 있는 것이 통례.

西(右) - 백호白虎

| 白 희다 **백** | 虎 호랑이 **호** |

혀를 내밀어 위용을 과시하는 모습을 하고 있음.

南 - 주작朱雀

| 朱 붉다 **주** | 雀 참새, 봉황과 비슷한 모양의 새 **작** |

봉황의 모습과 비슷하며 보통 한 쌍으로 등장함.

北 - 현무玄武

| 玄 검다 **현** | 武 무기, 뱀의 비늘과 거북이의 두꺼운 껍질을 가리키는 말 **무** |

거북과 뱀이 몸을 휘감고 엉켜져 그려지며, 다른 것과는 달리 실존하는 동물로 구성되어 있음.

주작 대로 朱雀大路

| 朱 붉다 **주** | 雀 참새, 봉황과 비슷한 모양의 새 **작** | 大 크다 **대** | 路 길 **로** |

발해의 수도인 상경용천부上京龍泉府에 있던 중앙 대형 도로.

천마도 天馬圖 ①⓪⑧

| 天 하늘 **천** | 馬 말 **마** | 圖 그림 **도** |

경주 황남동 천마총에서 나온 천마 그림.

천산대렵도 天山大獵圖 ①⓪⑨

| 天 하늘 **천** | 山 산 **산** | 大 크다 **대** | 獵 사냥하다 **렵** | 圖 그림 **도** |

고려 공민왕恭愍王(1330~1374)이 그린 그림.

몽유도원도 夢遊桃園圖 ①①⓪

| 夢 꿈 **몽** | 遊 놀다 **유** | 桃 복숭아 **도** | 園 동산 **원** | 圖 그림 **도** |

조선 초기 안견安堅의 대표적인 산수화로 1447년에 만들어짐.

고사관수도 高士觀水圖 ①①①

| 高 높다 **고** | 士 선비 **사** | 觀 보다 **관** | 水 물 **수** | 圖 그림 **도** |

조선 시대 초기에 강희안姜希顔(1417~1464)이 그린 산수인물화.

송하보월도 松下步月圖 ①①②

| 松 소나무 **송** | 下 아래 **하** | 步 걷다 **보** | 月 달

조선 초기의 화가 이상좌李上佐의 그림이라고 알려졌으나 확실한 작가는 알 수 없는 산수화.

①①③
인왕제색도 仁王霽色圖

| 〈仁 어질다 **인** | 王 임금 **왕**〉 산 이름 | 霽 개다 **제** | 色 색깔 **색** | 圖 그림 **도** |

1751년 정선鄭敾(1676~1759)이 그린 산수화.

①①④
금강전도 金剛全圖

| 〈金 쇠 **금** | 剛 굳세다 **강**〉 산 이름 | 全 온전하다, 모두 **전** | 圖 그림 **도** |

1734년 정선鄭敾이 금강산金剛山의 만폭동 萬瀑洞을 중심으로 내금강의 풍경을 그린 산수화.

1. 문학

ⓞⓞ1
고대 가요 古代歌謠
| 古 옛 고 | 代 대신하다, 시대 대 | 歌 노래 가 |
謠 노래 요 |

고대 부족국가 시대로부터 삼국 시대 초기 즉, 향가가 성립되기 이전에 불리던 노래들을 일컫는 명칭.

ⓞⓞ2
유동 문학 流動文學
| 流 흐르다 류 | 動 움직이다 동 | 文 글 문 | 學 배우다, 학문 학 |

여러 사람에 의해 오랫동안 입으로 전해져 내용이 가감加減되어 끊임없이 변형된 문학.
= 적층 문학.

ⓞⓞ3
적층 문학 積層文學
| 積 쌓다 적 | 層 층 층 | 文 글 문 | 學 배우다, 학문 학 |

= 유동 문학.

ⓞⓞ4
보은 설화 報恩說話
| 報 갚다 보 | 恩 은혜 은 | 說 밝히어 말하다, 이야기 설 | 話 이야기 화 |

은혜에 보답한다는 내용을 담은 설화의 한 유형으로, 동물 보은담이 주를 이룬다.

ⓞⓞ5
야담 野談
| 野 들판, 민간 야 | 談 이야기 담 |

예로부터 민간에 전해져 내려오는 역사적 사건이나 인물담을 흥미 있게 꾸민 이야기.

ⓞⓞ6
망부석 설화 望夫石說話
| 望 바라다, 바라보다 망 | 夫 남편 부 | 石 돌 석 | 說 밝히어 말하다, 이야기 설 | 話 이야기 화 |

절개 있는 부인이 멀리 나간 남편을 고개나 산마루, 바닷가에서 기다리다가 돌이 되었다는 이야기.

ⓞⓞ7
풍자 문학 諷刺文學

| 諷 사물에 비유하여 간하다 **풍** | 刺 찌르다, 헐뜯다 **자** | 文 글 **문** | 學 배우다, 학문 **학** |

사회의 모순과 불합리함을 조롱하거나 멸시함으로써 비판·고발하는 문학 양식.

ⓞⓞⓧ
패관 기서 稗官奇書

| 稗 피(풀 이름) **패** | 官 벼슬, 벼슬아치 **관** | 奇 기이하다 **기** | 書 책 **서** |

고려 시대 이후 문인·학자들이 항간에 떠도는 이야기를 한문으로 옮겨 적은 것.

ⓞⓞⓨ
시화 詩話

| 詩 시 **시** | 話 이야기 **화** |

한문학에서 시·시인들과 관련된 고사故事나 특이한 행적들의 기록, 또는 작품 비평을 일컫는 말.

ⓞⓐⓞ
위항 문학 委巷文學

| 委 맡기다, 굽이지다 **위** | 巷 길거리 **항** | 文 글 **문** | 學 배우다, 학문 **학** |

조선 후기 양반 사대부가 아닌 중인층이 서울에서 전개한 문학 활동

= 여항 문학閭巷文學.

ⓞⓐⓐ
여음 餘音

| 餘 남다 **여** | 音 소리 **음** |

구전되는 시가 문학의 가사 사이에서 의미 표현보다는 율조와 감흥을 일으키는 어절이나 구절을 말함.

ⓞⓐⓨ
월령체시가 月令體詩歌

| 月 달 **월** | 令 명령하다, 때 **령** | 體 몸, 모양 **체** | 詩 시 **시** | 歌 노래 **가** |

달거리 민요풍의 격조로 각 달의 세시歲時와 절일節日에 해당하는 풍속을 노래한 시가.

= 달거리 노래.

➡ 月令은 한 해 동안의 정례적인 정사·의식이나 농가 행사를 월별로 구별하여 기록하던 표.

ⓞⓐⓧ
연장체 聯章體

| 聯 이어 달다, 대구(對句)가 되는 두 구의 한 짝을 이르는 말 **련** | 章 글, 단락 **장** | 體 몸, 모양 **체** |

한 작품이 단일한 글이 아닌, 몇 개의 연이나 장으로 이루어진 시가 문학의 형식.

↔비련시.

ⓞⓐ④
비련시 非聯詩

| 非 아니다 **비** | 聯 이어 달다, 대구(對句)가 되는 두 구의 한 짝을 이르는 말 **련** | 詩 시 **시** |

여러 개의 연으로 구별되어 쓰여지지 않은 시.

ⓞⓐⓢ
남녀상열지사 男女相悅之詞

| 男 남자 **남** | 女 여자 **녀** | 相 서로 **상** | 悅 기쁘다 **열** | 之 ~의 **지** | 詞 말씀 **사** |

조선 전기 유학자들이 남녀간의 음사淫事를 노래하였다 하여 책에 실을 수 없다[사리부재詞俚不載]고 판정한 가사.

사리부재 詞俚不載

| 詞 말씀 **사** | 俚 속되다 **리** | 不 ~하지 않다 **불** /
부 | 載 싣다 **재** |

글이 저속하여 책에 싣지 않음.

경기체가 景幾體歌

| 景 경치 **경** | 幾 몇 **기** | 體 몸, 모양 **체** | 歌 노래
가 |

고려 시대의 귀족 시가 문학으로, 고려 고종 때
부터 조선 선조 때까지 약 350년간 창작, 향유
되었음.

= 경기하여가景幾何如歌.

교술 문학 教述文學

| 教 가르치다 **교** | 述 글 짓다, 펴다 **술** | 文 글 **문**
| 學 배우다, 학문 **학** |

작가가 직접 경험한 사실을 전달하는 내용의
문학 장르로, 고려 시대 경기체가, 조선 시대
가사 등이 있음.

가전체 假傳體

| 假 거짓, 빌리다 **가** | 傳 전하다, 전기(인물에
대한 기록) **전** | 體 몸, 모양 **체** |

사물을 의인화하여 쓴 전기 형식의 글로, 사람
들을 경계하고 선을 권면하기 위해 쓰여진 고
려 후기 문학 장르.

단형 시조 短形時調

| 短 짧다 **단** | 形 모양 **형** | 時 때 **시** | 調 조절하
다, 가락 **조** |

평시조平時調를 가리키는 말로, 분량이 긴 중
형 시조나 장형 시조와 구별해서 부르는 명칭.

엇시조 旕時調

| 旕 어긋나게 **엇** | 時 때 **시** | 調 조절하다, 가락
조 |

종장 첫 구를 제외한 어느 한 구(句)가 평시조
보다 길어진 형태의 시조.

중형 시조 中形時調

| 中 가운데 **중** | 形 모양 **형** | 時 때 **시** | 調 조절
하다, 가락 **조** |

평시조와 사설 시조의 중간 형태의 시조.

장형 시조 長形時調

| 長 길다 **장** | 形 모양 **형** | 時 때 **시** | 調 조절하
다, 가락 **조** |

= 사설 시조.

단형 시조 單形時調

| 單 혼자 **단** | 形 모양 **형** | 時 때 **시** | 調 조절하
다, 가락 **조** |

연聯의 구별이 없는 형태의 시조.

025

연시조 聯時調

| 聯 이어 달다, 대구(對句)가 되는 두 구의 한 짝을 이르는 말 련 | 時 때 시 | 調 조절하다, 가락 조 |

둘 이상의 연으로 이루어진 형태의 시조.

026

양장 시조 兩章時調

| 兩 둘 량 | 章 글, 단락 장 | 時 때 시 | 調 조절하다, 가락 조 |

시조의 초·중·종 3장에서 중장이 생략되고 초장과 종장으로만 쓰여진 시조.

027

정격 가사 正格歌辭

| 正 바르다 정 | 格 바로잡다, 법 격 | 歌 노래 가 | 辭 말씀 사 |

마지막 행인 낙구落句가 시조의 종장과 같은 3·5·4·3의 음수율을 지니는 가사.

028

변격 가사 變格歌辭

| 變 변하다 변 | 格 바로잡다, 법 격 | 歌 노래 가 | 辭 말씀 사 |

정격 가사와 달리 마지막 행인 낙구가 음수율의 제한을 받지 않는 가사.

029

충신연주지사 忠臣戀主之詞

| 忠 충성 충 | 臣 신하 신 | 戀 그리워하다 련 | 主 주인, 임금 주 | 之 ~의 지 | 詞 말씀, 문체의 하나 사 |

임금을 사모하는 내용을 담은 가사.

030

규방 가사 閨房歌詞

| 閨 (여자가 거처하는) 방 규 | 房 방 방 | 歌 노래 가 | 詞 말씀, 문체의 하나 사 |

양반집 안방에 거처하는 여인이 부른 노래 가사.

031

유배 가사 流配歌辭

| 流 흐르다, 귀양 보내다 류 | 配 짝짓다, 귀양 보내다 배 | 歌 노래 가 | 辭 말씀 사 |

귀양지에서 지었거나 귀양지를 소재로 한 가사 작품을 두루 일컫는 말.

032

군담 소설 軍談小說

| 軍 군사 군 | 談 이야기 담 | 小 작다 소 | 說 밝히어 말하다, 이야기 설 |

주로 임진왜란과 병자호란을 겪은 후인 조선 후기에 전쟁에 대한 보상 심리에서 쓰여진 소설들.

033

영웅 소설 英雄小說

| 英 영웅 영 | 雄 웅장하다, 뛰어나다 웅 | 小 작다 소 | 說 밝히어 말하다, 이야기 설 |

영웅적인 주인공의 일대기를 그린 고전 소설의 한 장르.

034

동편제 東便制

| 東 동쪽 동 | 便 편하다, 방향 편 | 制 만들다, 법도 제 |

전라도 동쪽 지방(전북 운봉·구례·순창·흥덕 등)의 판소리로, 장중하고 우렁차며 호방하고 남성적인 것이 특징임.

035

서편제 西便制

| 西 서쪽 서 | 便 편하다, 방향 편 | 制 만들다, 법도 제 |

전라도 서쪽 지방(전남 광주·나주·보성·해남 등)의 판소리로, 정교하고 감칠맛이 있으며, 부드럽고 여성적인 것이 특징임.

036

근원 설화 根源說話

| 根 뿌리, 근본 근 | 源 근원 원 | 說 밝히어 말하다, 이야기 설 | 話 이야기 화 |

후대 판소리와 소설, 신소설의 바탕이 된 설화를 가리킴.

037

타령 打令 = 타령 打鈴

| 打 때리다 타 | 令 명령하다 령 | 鈴 방울 령 |

판소리나 잡가雜歌를 두루 일컫는 말.

038

창극 唱劇

| 唱 노래하다 창 | 劇 연극 극 |

민속 악극의 하나로 배역을 나누어 인물간의 대화 대신 판소리 연창演唱으로 진행되는 극.

039

가면극 假面劇

| 假 거짓 가 | 面 얼굴, 탈이나 얼굴을 가리는 도구 면 | 劇 연극 극 |

가면으로 얼굴 또는 머리 전체를 가리고, 노래와 춤 등을 섞어 극적인 장면을 연출하는 연극. = 탈놀이.

040

해학 諧謔

| 諧 농지거리 해 | 謔 농 학 |

익살스러우면서 풍자적인 말이나 행동.

041

골계 滑稽

| 滑 미끄럽다 활/어지럽다 골 | 稽 머무르다 계 |

남을 웃기려고 일부러 하는 우스운 말이나 익살스러운 행동.

042

언어 유희 言語遊戲

| 言 말씀 언 | 語 말씀 어 | 遊 놀다 유 | 戲 놀다 희 |

말이나 문자를 소재로 한 놀이, 또는 장난.

043

잡가 雜歌

| 雜 섞이다 잡 | 歌 노래 가 |

조선 후기에 발생하여 개화기까지 서민 계층에 의해 불리던 창곡唱曲의 한 형태.

044

산대극 山臺劇

| 山 산 산 | 臺 높고 평평한 곳 대 | 劇 연극 극 |

고려 때 시작되어 오늘날까지 전해 오는 가면 극으로, 양반이나 파계승을 조롱, 풍자하였음. = 산대놀이.

045

무가 巫歌

| 巫 무당 무 | 歌 노래 가 |

주술성呪術性을 지닌 무격巫覡(무당과 박수) 의 노래.

046

내간 內簡

| 內 안, 아내 내 | 簡 간단하다, 편지 간 |

집안에서만 살아야 했던 양반층 부녀자들이 주로 주고 받았던 편지로 대부분 순 한글로 쓰 여졌음.

047

행장 行狀

| 行 다니다, 행하다 행 | 狀 상황 상 / 문서 장 |

한문체의 하나로, 죽은 사람의 성명, 벼슬, 조 상과 자손, 언행 및 행적 등을 쓴 글.

048

소화 笑話

| 笑 웃다 소 | 話 이야기 화 |

우스운 이야기를 가리키는 말로, 설화의 하위 장르 중 하나.

049

개화 가사 開化歌辭

| 開 열다 개 | 化 변화하다 화 | 歌 노래 가 | 辭 말씀 사 |

19세기 후반 개항開港과 함께 문명 개화와 진 보·발전·부국강병 등을 주제로 한 가사.

050

권학가 勸學歌

| 勸 권하다 권 | 學 배우다, 학문 학 | 歌 노래 가 |

학문을 권면하는 노래를 두루 일컫는 말.

051

번안 소설 飜案小說

| 飜 번역하다 번 | 案 의견 안 | 小 작다 소 | 說 밝히어 말하다, 이야기 설 |

외국 소설의 원작 내용은 그대로 유지하면서, 인명·지명 등을 전통 유형에 맞게 바꾸어 번 역한 소설.

052

서경시 敍景詩

| 敍 차례대로 설명하다 서 | 景 경치 경 | 詩 시 시 |

아름다운 자연의 풍경을 마치 한 폭의 그림을 그리듯이 읊은 시.

053

어조 語調

| 語 말씀 어 | 調 조절하다, 가락 조 |

문학 작품의 화자가 독자에게 말하는 태도.

054

객관적 상관물 客觀的 相關物

| 客 손님 객 | 觀 보다, 생각 관 | 的 ~한 성질을 띤 적 | 相 서로 상 | 關 빗장, 관계하다 관 | 物 사물 물 |

시에서 정서와 사상을 표현하기 위하여 찾아 낸 사물, 정황, 사건을 이르는 말

055

수미 상관 首尾相關

| 首 머리, 첫째 수 | 尾 꼬리, 끝 미 | 相 서로 상 | 關 빗장, 관계하다 관 |

시에서 첫 연의 내용을 끝 연에 다시 반복하는 구성 방법.

= 수미 쌍관首尾雙關.

056

목가적 牧歌的

| 牧 기르다 목 | 歌 노래 가 | 的 ~한 성질을 띤 적 |

'목동이 부르는 노래처럼 소박하고 평화로운' 이란 뜻.

057

재구성 再構成

| 再 다시 재 | 構 얽어매다 구 | 成 이루다 성 |

이미 구성되어 있는 것을 의도적으로 다시 구성하는 것.

058

서술자 敍述者

| 敍 차례대로 설명하다 서 | 述 글 짓다, 말하다

술 | 者 사람 자 |

대개 소설에서 인물의 대화와 행동 등의 이야기를 독자에게 전달하는 사람.

059

세계관 世界觀

| 世 세상 세 | 界 (땅의) 경계, 범위 계 | 觀 보다, 생각 관 |

문학 작품에 나타난 작가의 사상과 관점을 일컫는 말.

060

세태 소설 世態小說

| 世 세상 세 | 態 모양 태 | 小 작다 소 | 說 밝히어 말하다, 이야기 설 |

인간 사회의 인정·유행·풍속·제도 따위의 세태를 묘사한 소설.

061

관념 소설 觀念小說

| 觀 보다, 생각 관 | 念 생각하다 념 | 小 작다 소 | 說 밝히어 말하다, 이야기 설 |

작가의 사상이나 의식을 주제로 설정하여 작품 속에 분명하고 상세하게 드러내는 소설.

062

본격 소설 本格小說

| 本 근본 본 | 格 바로잡다, 법 격 | 小 작다 소 | 說 밝히어 말하다, 이야기 설 |

인생의 본질을 보다 넓고 깊게 다루는 소설.

대중 소설 大衆小說

(0)(6)(3)

| 大 크다, 많다 **대** | 衆 많은 사람 **중** | 小 작다 **소** | 說 밝히어 말하다, 이야기 **설** |

문학성과 예술성을 중시하는 본격 문학이나 순수 문학과 구별되는 흥미 위주의 소설.

(0)(6)(4)

통속 소설 通俗小說

| 通 통하다 **통** | 俗 속세 **속** | 小 작다 **소** | 說 밝히어 말하다, 이야기 **설** |

당시의 풍속과 관련되어 사람들이 관심을 가질 만한 흥미 있는 소재를 취해 쓰여진 소설.

(0)(6)(5)

대하 소설 大河小說

| 大 크다 **대** | 河 강물 **하** | 小 작다 **소** | 說 밝히어 말하다, 이야기 **설** |

몇 대代에 걸친 장대한 시간을 설정한 가운데 많은 인물을 등장시키는 소설.

(0)(6)(6)

액자 소설 額子小說

| 額 이마, 현판 **액** | 子 아들, 접미사의 하나 **자** | 小 작다 **소** | 說 밝히어 말하다, 이야기 **설** |

액자 안에 그림을 넣듯이 이야기 안에 이야기를 담은 소설.

(0)(6)(7)

내재적 비평 內在的 批評

| 內 안 **내** | 在 (~에) 있다 **재** | 的 ~한 성질을 띤 **적** | 批 (좋고 나쁨을) 평가하다 **비** | 評 평가

하다 **평** |

문학 작품의 외적 조건을 배제하고 작품 자체의 내용적 요소에만 주목하여 작품을 이해하려는 비평.

↔ 외재적 비평.

(0)(6)(8)

외재적 비평 外在的 批評

| 外 바깥 **외** | 在 (~에) 있다 **재** | 的 ~한 성질을 띤 **적** | 批 (좋고 나쁨을) 평가하다 **비** | 評 평가하다 **평** |

문학 작품을 이해할 수 있는 요소를 작품 내에서 찾지 않고, 작품 밖에서 찾으려는 태도를 취하는 비평.

↔ 내재적 비평(형식주의 비평).

(0)(6)(9)

모방론 模倣論

| 模 본뜨다 **모** | 倣 본뜨다 **방** | 論 논의하다, 견해 **론** |

문학 작품은 현실 세계의 모방이라는 고대 희랍의 아리스토텔레스의 문학 이론을 토대로 한 문학 비평.

(0)(7)(0)

반영론 反映論

| 反 되돌리다 **반** | 映 비추다 **영** | 論 논의하다, 견해 **론** |

문학 작품을 바르게 이해하기 위해 작품에 반영된 시대 현실, 사회 등을 탐구해야 한다는 문학 비평.

071

수용론 受容論

| 受 받다 **수** | 容 받아들이다 **용** | 論 논의하다, 견해 **론** |

문학 작품을 수용하는 독자가 어떤 기능을 발휘하며 어떤 가치를 지니고 있는지를 살피는 일련의 논의.

= 수용 미학.

072

교시적 기능 教示的 機能

| 教 가르치다 **교** | 示 보이다, 지시하다 **시** | 的 ~한 성질을 띤 **적** | 機 기계, 구실 **기** | 能 잘하다, 능력 **능** |

독자들에게 교훈을 주고 인생의 진실을 보여 주어 삶의 의미를 깨닫게 한다는 문학의 기능.

073

교훈주의 教訓主義

| 教 가르치다 **교** | 訓 가르치다 **훈** | 主 주인, 주되다 **주** | 義 옳다, 의견 **의** |

문학 작품을 통해 인생의 진실에 대한 가르침을 독자들에게 주는 것을 중요하게 여기는 문학 사상.

074

계몽주의 啓蒙主義

| 啓 깨우치다 **계** | 蒙 어리다, 어리석다 **몽** | 主 주인, 주되다 **주** | 義 옳다, 의견 **의** |

일제 침략 초기 근대 문명의 수용과 애국 의식의 고취를 주제로 한 문학 경향.

075

낭만주의 浪漫主義

| 〈浪 물결 **랑** 漫 생각나는 대로 하다 **만**〉 음역 | 主 주인, 주되다 **주** | 義 옳다, 의견 **의** |

이성보다는 감성, 형식보다는 내용, 획일적인 틀보다는 개성과 자유를 중시한 문예 사조.

➥ 浪漫은 'romance'의 음역音譯.

076

감상주의 感傷主義

| 感 느끼다 **감** | 傷 다치다, 애태우다 **상** | 主 주인, 주되다 **주** | 義 옳다, 의견 **의** |

이성이나 의지보다 감정, 특히 슬픔의 감정을 주제로 표현하려는 낭만주의적 문학 경향.

= 센티멘탈리즘(sentimentalism).

077

퇴폐주의 頹廢主義

| 頹 무너뜨리다 **퇴** | 廢 못쓰게 되다 **폐** | 主 주인, 주되다 **주** | 義 옳다, 의견 **의** |

현실 사회에 대한 반감으로 사회는 물론 모순된 자기 모습에 대한 냉소적 시각을 드러내는 문학 경향.

078

허무주의 虛無主義

| 虛 비다, 헛되다 **허** | 無 없다 **무** | 主 주인, 주되다 **주** | 義 옳다, 의견 **의** |

기존의 모든 제도나 가치를 부정하는 의식을 주제로 표출하는 문학적 경향.

= 니힐리즘(nihilism).

079

예술지상주의 藝術至上主義

| 藝 예술 **예** | 術 재주 **술** | 至 지극하다 **지** | 上 위, 높다 **상** | 主 주인, 주되다 **주** | 義 옳다, 의견 **의** |

'예술'은 오직 아름다움만을 절대적 가치로 추구해야 한다는 문학적 관점.

= 탐미주의, 유미주의.

080

탐미주의 耽美主義

| 耽 즐기다 **탐** | 美 아름답다 **미** | 主 주인, 주되다 **주** | 義 옳다, 의견 **의** |

19세기 후반 유럽에 나타난 문예사조로 아름다움만을 최고의 목적으로 생각하여 이를 추구하는 문학적 경향.

=유미주의.

081

유미주의 唯美主義

| 唯 오직 **유** | 美 아름답다 **미** | 主 주인, 주되다 **주** | 義 옳다, 의견 **의** |

=탐미주의.

082

경향 문학 傾向文學

| 傾 기울다 **경** | 向 향하다 **향** | 文 글 **문** | 學 배우다, 학문 **학** |

1920년대 이후 사회주의 이념을 배경으로 한 정치적 목적성이 강한 문학.

= 계급 문학, 프롤레타리아(proletariat) 문학.

083

계급 문학 階級文學

| 階 층계 **계** | 級 등급 **급** | 文 글 **문** | 學 배우다, 학문 **학** |

무산 계급, 또는 노동자의 이익을 대변하는 이념을 표방하는 문학.

=경향 문학, 프롤레타리아 문학.

084

상징주의 象徵主義

| 象 코끼리, 모양 **상** | 徵 불러들이다, 조짐 **징** | 主 주인, 주되다 **주** | 義 옳다, 의견 **의** |

분석에 의해 포착할 수 없는 주관적 정서를 상징적으로 형상화하여 파악하려는 문예 사조.

= 표상주의表象主義, 심벌리즘symbolism.

085

기교파 技巧派

| 技 재주 **기** | 巧 교묘하다 **교** | 派 갈래 **파** |

언어의 조탁과 음악적 율격, 순화된 정서 표현을 강조한 순수시파의 경향.

086

사실주의 寫實主義

| 寫 베끼다 **사** | 實 실제 **실** | 主 주인, 주되다 **주** | 義 옳다, 의견 **의** |

현실 사회를 객관적이고 과학적인 태도로 냉정하고 엄격하게 인식하고 그려 내야 한다는 문예 사조.

≒ 리얼리즘(realism).

087

자연주의 自然主義

| 自 스스로 **자** | 然 그러하다 **연** | 主 주인, 주되다 **주** | 義 옳다, 의견 **의** |

특정 대상이나 현실의 모습을 자연 과학자와 같은 눈으로 관찰, 분석하도록 해야 한다는 문예 사조.

088

고전주의 古典主義

| 古 옛 **고** | 典 책 **전** | 主 주인, 주되다 **주** | 義 옳다, 의견 **의** |

그리스 · 로마 시대 고전 작가의 작품을 창작 기준으로 삼고 따르려는 문학 정신.

089

인상주의 印象主義

| 印 도장 찍다, 찍히다 **인** | 象 코끼리, 모양 **상** | 主 주인, 주되다 **주** | 義 옳다, 의견 **의** |

개인의 주관적이고 감각적인 인상을 작품으로 형상화하는 데 주력하는 문학적 경향.

090

초현실주의 超現實主義

| 超 뛰어넘다 **초** | 現 나타나다, 지금 **현** | 實 실제 **실** | 主 주인, 주되다 **주** | 義 옳다, 의견 **의** |

프로이트의 정신분석학의 영향으로 인간의 잠재 의식을 표현하는 데 치중한 문예 사조.

091

자동 기술법 自動記述法

| 自 스스로 **자** | 動 움직이다 **동** | 記 기록하다 기 | 述 글 짓다 **술** | 法 법 **법** |

꿈과 무의식의 내면 세계에서 떠오르는 이미지를 이성이나 논리의 규제 없이 그대로 기술하는 방법.

092

저항 문학 抵抗文學

| 抵 막다 **저** | 抗 대항하다 **항** | 文 글 **문** | 學 배우다, 학문 **학** |

부당한 지배 권력에 대한 저항 의지, 부조리한 사회 현실에 대한 고발 등을 내용으로 담은 문학.

≒ 참여 문학參與文學.

093

고발 문학 告發文學

| 告 알리다, 고발하다 **고** | 發 드러내다 **발** | 文 글 **문** | 學 배우다, 학문 **학** |

주로 정치 · 사회적인 문제를 널리 알려 대중들의 공감을 얻을 목적으로 쓰여진 문학 작품.

094

실존주의 實存主義

| 實 실제 **실** | 存 있다 **존** | 主 주인, 주되다 **주** | 義 옳다, 의견 **의** |

추상적인 본질보다 구체적인 실존, 개인이 처해 있는 체험적 상황이 중요하다고 여긴 문예 사조.

095

전후 문학 戰後文學

| 戰 싸우다 **전** | 後 뒤 **후** | 文 글 **문** | 學 배우다,

학문 **학** |

6·25 전쟁 뒤에, 전쟁의 상흔과 비극, 사회적 부조리, 불안 의식 등을 주제로 한 일련의 문학.

2. 언어·문법

⓪⑨⑥
첨가어 添加語

| 添 더하다 **첨** | 加 더하다 **가** | 語 말씀 **어** |

체언 뒤에 조사를, 용언의 어간 뒤에 어미를 더하여 문법적 관계를 나타내는 언어.

= 교착어, 부착어.

⓪⑨⑦
교착어 膠着語

| 膠 붙이다 **교** | 着 붙다 **착** | 語 말씀 **어** |

= 첨가어, 부착어.

⓪⑨⑧
부착어 附着語

| 附 붙이다 **부** | 着 붙다 **착** | 語 말씀 **어** |

= 첨가어, 교착어.

⓪⑨⑨
굴절어 屈折語

| 屈 굽히다 **굴** | 折 꺾이다 **절** | 語 말씀 **어** |

체언이나 어미의 형태 변화를 통해 성性, 수數, 격格 등의 문법적 관계를 나타내는 언어.
= 굴곡어.

①⓪⓪
굴곡어 屈曲語

| 屈 굽히다 **굴** | 曲 휘다 **곡** | 語 말씀 **어** |

= 굴절어.

①⓪①
고립어 孤立語

| 孤 외롭다, 홀로 **고** | 立 서다 **립** | 語 말씀 **어** |

단어는 실질적 의미를 나타낼 뿐, 문법적 기능은 주로 어순語順에 의해서 나타내는 언어.

①⓪②
음성상징어 音聲象徵語

| 音 소리 **음** | 聲 소리 **성** | 象 코끼리, 모양 **상** | 徵 불러들이다, 조짐 **징** | 語 말씀 **어** |

어떤 특정한 뜻이나 인상을 상징적인 음성으로 나타내어, 듣는 이에게 그 뜻을 짐작하도록 하는 말.

①⓪③
발화 發話

| 發 드러내다 **발** | 話 이야기, 말하다 **화** |

입을 열어 말하는 것.

①⓪④
실질 형태소 實質形態素

| 實 실제 **실** | 質 바탕 **질** | 形 모양 **형** | 態 모양 **태** | 素 바탕 **소** |

실질적인 의미를 가진 형태소.

①⓪⑤
형식 형태소 形式形態素

|形 모양 **형**|式 형식 **식**|形 모양 **형**|態 모양 **태**|素 바탕 **소**|

형식적인 역할만 하는 형태소.

⑩⑥
불완전 명사 不完全名詞

|不 ~하지 않다 **불**|完 완전하다 **완**|全 온전하다 **전**|名 이름 **명**|詞 말씀 **사**|

단독으로 쓰이지 못하고 다른 말 밑에서만 쓰이는 명사.

⑩⑦
재귀 대명사 再歸代名詞

|再 다시 **재**|歸 돌아가다 **귀**|代 대신하다 **대**|名 이름 **명**|詞 말씀 **사**|

한 문장 앞에서 앞에 나온 주어가 되풀이됨을 피하기 위하여 인칭 대명사로 바꾸어 쓰는 대명사.

⑩⑧
양수사 量數詞

|量 수량 **량**|數 숫자 **수**|詞 말씀 **사**|

사물의 수량을 나타내는 말.

⑩⑨
서수사 序數詞

|序 차례 **서**|數 숫자 **수**|詞 말씀 **사**|

사물의 차례를 나타내는 수사.

⑩⑩
격조사 格助詞

|格 바로잡다, 문장 성분을 결정하는 말 **격**|助 돕다 **조**|詞 말씀 **사**|

체언 뒤에 붙어서 체언의 문장 성분을 결정하는 조사.

⑪⑪
격변화 格變化

|格 바로잡다, 문장 성분을 결정하는 말 **격**|變 변하다 **변**|化 변화하다 **화**|

체언에 여러 가지 격조사를 붙여 체언의 성분을 바꾸어 주는 것.

⑪⑫
접속 조사 接續助詞

|接 닿다 **접**|續 잇다 **속**|助 돕다 **조**|詞 말씀 **사**|

두 단어를 같은 자격으로 이어 주는 조사.

⑪⑬
관계언 關係言

|關 빗장, 관계하다 **관**|係 매다, 관계되다 **계**|言 말씀 **언**|

문장에서, 자립 형태소에 붙어서 그 말과 다른 말과의 관계를 나타내거나 뜻을 더하는 의존 형태소.

⑪⑭
규칙 용언 規則用言

|規 규칙 **규**|則 법칙 **칙**|用 (물건을) 쓰다 **용**|言 말씀 **언**|

활용할 때, 어간의 형태가 변하지 않거나 변하더라도 음운 규칙으로 설명할 수 있는 용언.

⑪⑮ 불규칙 용언 不規則用言

| 不 ~하지 않다 **불** | 規 규칙 **규** | 則 법칙 **칙** | 用 (물건을) 쓰다 **용** | 言 말씀 **언** |

활용할 때, 어간의 형태 일부가 변하거나, 특정한 어미가 붙거나, 어간과 어미가 함께 변하는 용언.

⑪⑯ 변칙 용언 變則用言

| 變 변하다 **변** | 則 법칙 **칙** | 用 (물건을) 쓰다 **용** | 言 말씀 **언** |

규칙에 어긋나는 용언

⑪⑰ 본용언 本用言

| 本 근본, 주되다 **본** | 用 (물건을) 쓰다 **용** | 言 말씀 **언** |

보조 용언의 도움을 받아 주체를 서술하는 동사나 형용사.

⑪⑱ 보조 용언 補助用言

| 補 보태다 **보** | 助 돕다 **조** | 用 (물건을) 쓰다 **용** | 言 말씀 **언** |

혼자서는 문장의 주체를 서술하기 어려워 본용언 아래에서 그 뜻을 돕는 동사나 형용사.

⑪⑲ 존대법 尊待法

| 尊 높이다 **존** | 待 기다리다, 대접하다 **대** | 法 법 **법** |

문장의 주체나 말을 듣는 상대, 문장의 객체가 되는 부사어 등을 높이는 표현법.

①②⓪ 겸양법 謙讓法

| 謙 겸손하다 **겸** | 讓 사양하다 **양** | 法 법 **법** |

말하는 이가 자신을 겸손히 낮추어 듣는 이를 높이는 방법.

①②① 공손법 恭遜法

| 恭 공손하다 **공** | 遜 겸손하다 **손** | 法 법 **법** |

'-잡-', '-삽-', '-옵-', '-사옵-' 등의 공손 선어말 어미를 사용하여 상대를 높이는 방법.

①②② 압존법 壓尊法

| 壓 누르다 **압** | 尊 높이다 **존** | 法 법 **법** |

어른에 대한 존대를 더 높은 어른 앞에서 쓰지 못하는 법.

①②③ 주체 존대법 主體尊待法

| 主 주인, 주인되다 **주** | 體 몸 **체** | 尊 높이다 **존** | 待 기다리다, 대접하다 **대** | 法 법 **법** |

문장에서, 주어를 높이는 법을 말함. 대개 서술어에 높임의 선어말 어미 '-시-'를 사용함.

①②④ 상대 존대법 相對尊待法

| 相 서로 **상** | 對 마주 대하다 **대** | 尊 높이다 **존** | 待 기다리다, 대접하다 **대** | 法 법 **법** |

듣는 이를 신분이나 나이에 따라 높이거나 낮추는 높임법으로, 일정한 종결 어미와 어휘로 표현함.

①②⑤
객체 존대법 客體尊待法

| 客 손님 **객** | 體 몸 **체** | 尊 높이다 **존** | 待 기다리다, 대접하다 **대** | 法 법 **법** |

높임의 대상에 따라 구별되는 국어의 높임법 중의 하나로, 문장의 목적어나 부사어를 높여 주는 방법.

①②⑥
시제 時制

| 時 때 **시** | 制 만들다, 판가름하다 **제** |

말한 시간을 기준으로 하여 사건이나 동작이 일어난 시간을 현재·과거·미래 등으로 구별하는 것.

①②⑦
어말 어미 語末語尾

| 語 말씀 **어** | 末 끝 **말** | 語 말씀 **어** | 尾 꼬리, 끝 **미** |

어간이나 선어말 어미에 이어지는 형식 형태소.

①②⑧
감탄사 感歎詞

| 感 느끼다 **감** | 歎 탄식하다 **탄** | 詞 말씀 **사** |

말하는 이가 자신의 느낌이나 의지를 다른 단어에 의지함이 없이 직접적으로 나타내는 말.

①②⑨
독립언 獨立言

| 獨 홀로 **독** | 立 서다 **립** | 言 말씀 **언** |

문장에서, 주성분이나 부속 성분과 직접적인 관계없이 따로 떨어져 문장 전체나 절을 이루는 단어.

①③⓪
변별적 자질 辨別的 資質

| 辨 분별하다 **변** | 別 다르다, 나누다 **별** | 的 ～한 성질을 띤 **적** | 資 재물, 바탕 **자** | 質 바탕 **질** |

한 음성 형식을 다른 음성 형식과 구별시켜 주는 음적 특성.

①③①
최소 대립어 最小對立語

| 最 가장 **최** | 小 작다 **소** | 對 마주 대하다 **대** | 立 서다 **립** | 語 말씀 **어** |

변별적 특질辨別的 特質의 유무에 따라 낱말의 뜻이 구별되는 것.

①③②
양순음 兩脣音

| 兩 둘 **량** | 脣 입술 **순** | 音 소리 **음** |

두 입술 사이에서 나는 소리. 'ㅁ, ㅂ, ㅃ, ㅍ'이 이에 해당함.

①③③
설단음 舌端音

| 舌 혀 **설** | 端 바르다, 끝 **단** | 音 소리 **음** |

혀 끝과 윗 잇몸 사이에서 나는 소리로, 'ㄷ, ㄸ, ㅌ, ㅅ, ㅆ, ㄴ, ㄹ'이 이에 해당함.

⑴③④
설전음 舌顫音

|舌 혀 설|顫 떨다 전|音 소리 음|

혀 끝을 떨어 굴리듯 하여 내는 소리로, 모음과 모음 사이에서 나는 'ㄹ' 소리가 이에 해당함.

⑴③⑤
설타음 舌打音

|舌 혀 설|打 때리다 타|音 소리 음|

혀 끝으로 입천장을 쳐서 내는 소리.

⑴③⑥
설측음 舌側音

|舌 혀 설|側 옆 측|音 소리 음|

혀 끝을 윗 잇몸에 댄 채 혀의 양쪽 트인 곳으로 내는 소리나, 그 혀를 떼면서 내는 소리.

⑴③⑦
비음 鼻音

|鼻 코 비|音 소리 음|

입 안의 통로를 막고 코로 공기를 내보내면서 내는 소리로, 'ㅁ, ㅇ, ㄴ'이 이에 해당함.

⑴③⑧
성문음 聲門音

|聲 소리 성|門 문 문|音 소리 음|

목청이 진동하여 나는 소리로, 'ㅇ, ㅎ'이 이에 해당함.

⑴③⑨
경구개음 硬口蓋音

|硬 굳다, 딱딱하다 경|口 입 구|蓋 덮다, 천장 개|音 소리 음|

혓바닥과 딱딱한 입천장 사이에서 나는 소리로, 'ㅈ, ㅉ, ㅊ'을 말함.

⑴④⓪
연구개음 軟口蓋音

|軟 부드럽다 연|口 입 구|蓋 덮다, 천장 개|音 소리 음|

혀의 뒷부분과 연구개에서 나는 소리로, 'ㄱ, ㄲ, ㅋ, ㅇ'이 이에 해당함.

⑴④①
파열음 破裂音

|破 깨뜨리다 파|裂 찢다 렬|音 소리 음|

허파에서 나오는 날숨을 막았다가 터뜨리며 내는 소리.

⑴④②
마찰음 摩擦音

|摩 비비다 마|擦 비비다 찰|音 소리 음|

자음의 한 갈래로, 입 안이나, 목청 사이의 통로를 좁혀서 날숨을 마찰하여 내는 소리.

⑴④③
파찰음 破擦音

|破 깨뜨리다 파|擦 비비다 찰|音 소리 음|

허파에서 나오는 날숨을 막았다가 터뜨리며 입 안을 좁혀 마찰하여 내는 소리.

⑴④④
유음 流音

| 流 흐르다 **류** | 音 소리 **음** |

혀 끝을 잇몸에 대었다가 떼거나, 혀 끝을 잇몸에 댄 채 날숨을 그 양 옆으로 흘려 보내면서 내는 소리.

⑭⑤
반모음 半母音

| 半 반쪽 **반** | 母 어머니 **모** | 音 소리 **음** |

이중모음을 이루는 요소가 되는 모음으로, 'ㅣ[j], ㅗ/ㅜ[w]'가 이에 해당함.

⑭⑥
고모음 高母音

| 高 높다 **고** | 母 어머니 **모** | 音 소리 **음** |

단모음의 하나로, 입을 조금 벌려 혀의 위치가 입천장에 가장 가까운 상태에서 발음되는 모음.

⑭⑦
중모음 中母音

| 中 가운데 **중** | 母 어머니 **모** | 音 소리 **음** |

단모음의 하나로, 입을 중간 크기로 벌려 혀의 높낮이가 가운데에 있는 상태에서 발음되는 모음.

⑭⑧
저모음 低母音

| 低 낮다 **저** | 母 어머니 **모** | 音 소리 **음** |

단모음의 하나로, 입을 크게 벌려 혀의 위치가 가장 낮은 상태에서 발음되는 모음.

⑭⑨
전설 모음 前舌母音

| 前 앞 **전** | 舌 혀 **설** | 母 어머니 **모** | 音 소리 **음** |

혀의 앞쪽에서 발음되는 모음. 단모음의 한 종류로, 'ㅣ, ㅔ, ㅐ, ㅟ, ㅚ'가 이에 해당함.

⑮⓪
후설 모음 後舌母音

| 後 뒤 **후** | 舌 혀 **설** | 母 어머니 **모** | 音 소리 **음** |

혀의 뒤쪽에서 발음되는 모음. 단모음의 한 종류로, 'ㅡ, ㅓ, ㅏ, ㅜ, ㅗ'기 이에 해당힘.

⑮①
원순 모음 圓脣母音

| 圓 둥글다 **원** | 脣 입술 **순** | 母 어머니 **모** | 音 소리 **음** |

단모음의 한 종류로, 입술을 둥글게 하여 소리 내는 모음.

⑮②
평순 모음 平脣母音

| 平 평평하다 **평** | 脣 입술 **순** | 母 어머니 **모** | 音 소리 **음** |

단모음의 한 종류로, 입술을 둥글게 하지 않고 소리 내는 모음.

⑮③
어두음 語頭音

| 語 말씀 **어** | 頭 머리, 첫머리 **두** | 音 소리 **음** |

단어의 첫머리에 오는 소리.

⑤⑤④

음운 변화 音韻變化

| 音 소리 음 | 韻 울림 운 | 變 변하다 변 | 化 변화하다 화 |

말소리가 변하는 현상.

⑤⑤⑤

동화 同化

| 同 같다 동 | 化 변화하다 화 |

음운이 서로 이어질 때, 어느 한쪽이나 양쪽이 영향을 받아 비슷해지거나 같은 소리로 바뀌는 현상.

⑤⑤⑥

비음화 鼻音化

| 鼻 코 비 | 音 소리 음 | 化 변화하다 화 |

콧소리가 아닌 자음이 콧소리인 자음과 만나 같은 콧소리로 변화하는 현상.

⑤⑤⑦

설측음화 舌側音化

| 舌 혀 설 | 側 옆 측 | 音 소리 음 | 化 변화하다 화 |

설측음이 아닌 자음이 설측음과 만나 설측음으로 변화하는 현상.

⑤⑤⑧

순행 동화 順行同化

| 順 차례, 따르다 순 | 行 다니다 행 | 同 같다 동 | 化 변화하다 화 |

자음 동화의 하나로, 앞에 있는 자음의 영향을 받아 뒤의 자음이 비슷하거나 같은 소리로 바

뀌는 현상.

⑤⑤⑨

역행 동화 逆行同化

| 逆 거스르다 역 | 行 다니다 행 | 同 같다 동 | 化 변화하다 화 |

두 자음이 이어 소리가 날 때 앞의 자음이 뒤의 자음을 닮아 소리 나는 현상.

⑤⑥⓪

완전 동화 完全同化

| 完 완전하다 완 | 全 온전하다 전 | 同 같다 동 | 化 변화하다 화 |

자음끼리 만나 동화할 때 완전히 같은 소리로 변하는 것.

⑤⑥①

불완전 동화 不完全同化

| 不 ~하지 않다 불 | 完 완전하다 완 | 全 온전하다 전 | 同 같다 동 | 化 변화하다 화 |

서로 다른 음운이 만나 완전히 같은 소리가 아닌 비슷한 소리로 바뀌는 음운 현상.

⑤⑥②

말음 법칙 末音法則

| 末 끝 말 | 音 소리 음 | 法 법 법 | 則 법칙 칙 |

실질 형태소의 받침이 특정한 경우 본디 음가대로 소리 나지 않고, 다른 소리로 바뀌어 나는 현상.

⑤⑥③

모음 조화 母音調和

| 母 어머니 **모** | 音 소리 **음** | 調 조절하다 **조**
| 和 사이가 좋다 **화** |

양성 모음은 양성 모음끼리, 음성 모음은 음성 모음끼리 어울리려는 음운 현상.

⑯④

매개 모음 媒介母音

| 媒 매개 **매** | 介 끼이다 **개** | 母 어머니 **모** | 音 소리 **음** |

자음으로 끝나는 형태소와 자음으로 시작되는 형태소 사이에 끼여 소리를 고르는 구실을 하는 모음.

⑯⑤

중화 中和

| 中 가운데 **중** | 和 사이가 좋다 **화** |

서로 구별되는 음운들이 특별한 환경에서 변별 기능을 상실하여 구별되지 않는 현상.

⑯⑥

활음조 滑音調

| 滑 미끄럽다, 부드럽게 하다 **활** | 音 소리 **음**
| 調 조절하다, 가락 **조** |

어중語中에 유음 '르'이 끼여 발음을 부드럽게 만드는 현상.

⑯⑦

언해 諺解

| 諺 속된 말 **언** | 解 풀다 **해** |

한문을 언문, 즉 한글로 풀이(해석)하는 것.

⑯⑧

어원 語源

| 語 말씀 **어** | 源 근원 **원** |

어떤 말이 오늘날의 형태나 뜻으로 되기 전의 본디 형태나 뜻.

3. 독서 · 작문

⑯⑨

국주 한종체 國主漢從體

| 國 나라 **국** | 主 주인, 주되다 **주** | 漢 나라 이름 **한** | 從 따라가다 **종** | 體 몸, 모양 **체** |

주로 한글을 쓰면서 필요에 따라 한문을 조금씩 섞어 쓴 문체.

⑰⓪

한주 국종체 漢主國從體

| 漢 나라 이름 **한** | 主 주인, 주되다 **주** | 國 나라 **국** | 從 따라가다 **종** | 體 몸, 모양 **체** |

주로 한문을 쓰면서 필요에 따라 한글을 조금씩 섞어 쓴 문체.

⑰①

억양법 抑揚法

| 抑 억누르다 **억** | 揚 드날리다 **양** | 法 법 **법** |

앞에서 깎아 내렸다가 뒤에서 추켜 올리거나, 먼저 나무라고 나중에 칭찬하는 등의 표현 방법.

⑰②

언어 유희 言語遊戲

| 言 말씀 **언** | 語 말씀 **어** | 遊 놀다 **유** | 戲 놀다 **희** |

말이나 문자를 소재로 한 놀이.

⑴⑺③

상투어 常套語

| 常 항상 **상** | 套 버릇이 되다 **투** | 語 말씀 **어** |

자주 사용되어 신선한 느낌을 잃어 버린 말.

⑴⑺④

경칭 敬稱

| 敬 공경하다 **경** | 稱 부르다 **칭** |

이름이나 관직명官職名 등에 붙여 대상자에 대한 경의를 표시하는 말.

⑴⑺⑤

일반어 一般語

| 一 하나 **일** | 般 일반 **반** | 語 말씀 **어** |

가리키는 바나 의미하는 내용의 범위가 넓고 일반적인 단어.

⑴⑺⑥

특수어 特殊語

| 特 특별하다 **특** | 殊 다르다 **수** | 語 말씀 **어** |

가리키는 바나 의미하는 내용의 범위가 한정적이고 좁은 단어.

⑴⑺⑦

핵심어 核心語

| 核 사물의 가장 중심 **핵** | 心 마음, 가운데 **심** | 語 말씀 **어** |

글의 내용을 이해하는 데 열쇠가 되는 가장 중

요한 말.

⑴⑺⑧

원관념 元觀念

| 元 근본, 처음 **원** | 觀 보다, 생각 **관** | 念 생각하다 **념** |

비유적 표현(보조 관념)이 함축하고 있는 본래의 의미.

⑴⑺⑨

보조 관념 補助觀念

| 補 보태다 **보** | 助 돕다 **조** | 觀 보다, 생각 **관** | 念 생각하다 **념** |

어떤 사물이나 의미를 정서적인 측면에서 잘 드러나도록 돕는 비유적 표현.

⑴⑻⓪

사전적 의미 辭典的 意味

| 辭 말씀 **사** | 典 책 **전** | 的 ~한성질을 띤 **적** | 意 뜻 **의** | 味 맛 **미** |

누구에게나 같은 뜻으로 받아들여지는 개념적 의미, 또는 외연적 의미라고도 함.

⑴⑻①

지시적 의미 指示的 意味

| 指 손가락, 가리키다 **지** | 示 보이다, 지시하다 **시** | 的 ~한성질을 띤 **적** | 意 뜻 **의** | 味 맛 **미** |

단어가 본래 갖고 있는 의미로, 모든 사람들에게 같은 뜻으로 인식되는 의미.

⑴⑻②

함축적 의미 含蓄的 意味

| 숨 머금다 **함** | 蓄 쌓다 **축** | 的 ~한 성질을 띤 **적** | 意 뜻 **의** | 味 맛 **미** |

속에 간직하여 드러나지 않는 깊은 뜻으로, 문맥에 따라서만 파악됨.

⑱⑧③

유개념 類槪念

| 類 종류 **류** | 槪 대개 **개** | 念 생각하다 **념** |

다른 개념이 지시하는 범위를 포괄하는 범위가 큰 개념.

⑱⑧④

종개념 種槪念

| 種 씨, 종류 **종** | 槪 대개 **개** | 念 생각하다 **념** |

하나의 개념 속에 포괄되어 있는 여러 개의 개별 개념

⑱⑧⑤

종차 種差

| 種 씨, 종류 **종** | 差 차이 **차** |

사물의 종류를 뜻하는 같은 위치의 다른 개념과 구별되는 특징.

⑱⑧⑥

객수심 客愁心

| 客 손님, 나그네 **객** | 愁 근심하다 **수** | 心 마음 **심** |

여행자가 여행지(객지)에서 흔히 느끼는 쓸쓸한 마음.

⑱⑧⑦

가주제 假主題

| 假 거짓, 임시 **가** | 主 주인, 주되다 **주** | 題 제목 **제** |

추상적이고 넓은 범위에서 제재와 내용만을 생각하고 임시로 정한 글의 제목.

⑱⑧⑧

가진술 假陳述

| 假 거짓 **가** | 陳 벌려 놓다 **진** | 述 글 짓다, 말하다 **술** |

사실에 부합하지 않는 거짓 진술. 대개 비유·상징적 의미를 갖는 시의 표현에서 많이 사용됨.

⑱⑧⑨

부기 附記

| 附 붙이다 **부** | 記 기록하다 **기** |

본문에 덧붙여 적음, 또는 그 기록.

⑲⑨⓪

비교 比較

| 比 비교하다 **비** | 較 비교하다 **교** |

둘 이상의 대상에서 그 비슷한 점을 찾아 설명하는 방법.

⑲⑨①

대조 對照

| 對 마주 대하다 **대** | 照 비추다 **조** |

둘 이상의 대상에서 차이점을 찾아 설명하는 방법.

⑲⑨②

설득 說得

| 說 밝히어 말하다 **설** | 得 얻다, 알다 **득** |

상대방의 생각이나 행동의 변화를 목적으로 어떤 문제를 잘 설명하거나 타일러 이해시키는 것.

⑲③

설명 說明

| 說 밝히어 말하다 **설** | 明 밝다, 밝히다 **명** |

어떤 대상에 대한 상대방의 이해를 목적으로 그에 대한 내용이나, 이유·의의 등을 말하는 것.

⑲④

주석 註釋

| 註 뜻을 풀어 밝히다 **주** | 釋 풀다 **석** |

낱말이나 문장의 뜻을 알기 쉽게 풀이하는 것.

⑲⑤

교정 校正

| 校 학교, 본받다 **교** | 正 바르다, 바르게 하다 **정** |

교정지와 원고를 대조하여 틀린 글자나 빠진 글자를 바로잡는 일.

⑲⑥

교정 校訂

| 校 학교, 본받다 **교** | 訂 바로잡다 **정** |

책의 잘못된 글자나 어구 따위를 바로잡는 일.

⑲⑦

퇴고 推敲

| 推 밀다 **추/퇴** | 敲 두드리다 **고** |

시나 글을 지을 때, 자구字句를 여러 번 생각하여 수정하는 것.

⑲⑧

구두점 句讀點

| 句 구절 **구** | 讀 읽다 **독**/구절 **두** | 點 점 **점** |

마침표와 쉼표를 가리키는 말이지만, 문장부호 전체를 가리키기도 함.

⑲⑨

표제 標題

| 標 표시하다 **표** | 題 제목 **제** |

책의 표지에 쓰는 제목, 연설이나 강연의 제목, 기사의 제목 등을 말함.

②⓪⓪

해제 解題

| 解 풀다 **해** | 題 제목 **제** |

어떤 제목을 가진 작품의 작가·내용·체재 등에 대해 중요한 점을 풀이하는 것.

| 사회 − 지리 |

1. 국토의 이해

⓪⓪①
등질 지역 等質地域

| 等 등급, 같다 등 | 質 바탕 질 | 地 땅 지 | 域 지역 역 |

유사한 특성이 공통적으로 분포하는 지리적인 범위. 기후·지형·식생과 같은 자연 지역, 농업 지역, 문화 지역 등이 있음.

⓪⓪②
점이 지대 漸移地帶

| 漸 차츰 점 | 移 옮기다 이 | 地 땅 지 | 帶 띠, 근처 대 |

한 개의 지리적 특색을 나타내는 지역과 또 다른 특색을 나타내는 지역과의 사이에 위치하여, 그 중간적 형태를 나타내는 지역.

⓪⓪③
배산 임수 背山臨水

| 背 등지다 배 | 山 산 산 | 臨 임하다 림 | 水 물 수 |

촌락이 산을 등지고, 냇물 가까운 곳에 들어섬.

⓪⓪④
지지 地誌

| 地 땅 지 | 誌 기록하다 지 |

특정 지역의 자연과 인문에 관한 사항을 기술한 지리서.

⓪⓪⑤
택리지 擇里志

| 擇 가려 내다 택 | 里 마을 리 | 志 뜻, 기록 지 |

조선 시대 1751년(영조 27)에 실학자 청담淸潭 이중환李重煥이 저술한 지리서로, 우리나라 최초의 현대적 의미의 인문 지리서.

⓪⓪⑥
독도 讀圖

| 讀 읽다 독 | 圖 그림 도 |

어떤 지점의 위치, 지점간의 거리, 상대적 위치, 기타 단순한 자연·인문 현상의 지리적 사실을 찾기 위한 행동.

⓪⓪⑦
해도 海圖

| 海 바다 해 | 圖 그림 도 |

바다의 광범위한 정보를 기재記載하여 만든 지도. 일반 항해용.

◎◎⑧
도북 圖北

| 圖 그림 도 | 北 북쪽 북 |

지도 제작에 쓰인 **좌표**座標의 북쪽 방향, 즉 지도의 세로 선이 가리키는 북쪽.

➥ 座標는 점으로 표시되는 지도의 위치를 찾는 데 표준이 되는 축이라는 뜻.[座 자리 좌 標 표시하다 표]

◎◎⑨
진북 眞北

| 眞 참 진 | 北 북쪽 북 |

경선經線으로 본 북쪽 방향, 즉 지구상의 북극 방향.

◎①◎
등치선 等值線

| 等 등급, 같다 등 | 值 값 치 | 線 줄 선 |

같은 값을 가지고 있는 곳을 연결한 선으로, 등고선等高線 · 등온선等溫線 · 등압선等壓線 등이 있음.

◎①①
등고선 等高線

| 等 등급, 같다 등 | 高 높다 고 | 線 줄 선 |

평균 해수면으로부터의 높이가 같은 지점을 연결한 선.

※ 등고선의 종류

종류	간격
등고선	1:50,000~1:25,000
계곡선計曲線	100m~50m
주곡선主曲線	20m~10m
간곡선間曲線	10m~5m
조곡선助曲線	5m~2.5m

계곡선 計曲線

| 計 (수를) 세다 계 | 曲 휘다 곡 | 線 줄 선 |

1:50,000 지형도에서 100m를 표현한 가장 굵은 선.

주곡선 主曲線

| 主 주인, 주되다 주 | 曲 휘다 곡 | 線 줄 선 |

등고선에서 가장 주가 되는 곡선이란 뜻으로, 1:50,000 지형도에서는 20m 간격으로 표시함.

간곡선 間曲線

| 間 사이 간 | 曲 휘다 곡 | 線 줄 선 |

주곡선의 사이를 표시하는 곡선이란 뜻으로, 1:50,000 지형도에서 주곡선 사이에 10m를 표현함.

조곡선 助曲線

| 助 돕다 조 | 曲 휘다 곡 | 線 줄 선 |

간곡선을 도와주는 곡선이란 뜻으로, 간곡선을 1/2로 다시 구분한 선.

◎①②
유선도 流線圖

| 流 흐르다 류 | 線 줄 선 | 圖 그림 도 |

인구나 물자의 흐름, 문화의 전파 방향 등을 화살표로, 선의 굵기를 달리하여 표현한 지도.

점묘도 點描圖

(013)

|點 점 점 | 描 그리다 묘 | 圖 그림 도 |

통계 자료에서 얻은 일정한 양을 점으로 표시한 지도.

원통 도법 圓筒圖法

(014)

|圓 둥글다 원 | 筒 대통 통 | 圖 그림 도 | 法 법법 |

지구에 하나의 원통을 엇갈리게 히여 그 원통의 표면에 경위선을 투영한 다음, 이것을 평면으로 펼쳐 놓았다고 생각하는 도법.

대권 항로 大圈航路

(015)

|大 크다 대 | 圈 범위 권 | 航 배로 건너다, 날다 항 | 路 길 로 |

지구 지표상의 2점간의 최단 코스를 이으면 원의 호弧가 만들어지는데, 이를 대권大圈이라 하며, 이 코스를 대권 항로라 함.

수치 지도 數値地圖

(016)

|數 숫자 수 | 値 값 치 | 地 땅 지 | 圖 그림 도 |

지리 정보 체계에서 지리 정보의 수집·저장·분석·종합에 이르기까지 전 과정에 걸쳐 수치로 처리한 지도.

인지 지도 認知地圖

(017)

|認 알다 인 | 知 알다 지 | 地 땅 지 | 圖 그림 도 |

자신의 머릿속에 있는 지리적 정보를 지도로 표현해 보는 것.

2. 자연 환경과 생활

수리적 위치 數理的 位置

(018)

|數 숫자 수 | 理 이치 리 | 的 ~한성질을 띤 적 | 位 위치 위 | 置 두다 치 |

지표상의 공간을 위선緯線과 경선經線으로 나타내는 위치.

지리적 위치 地理的 位置

(019)

|地 땅 지 | 理 이치 리 | 的 ~한성질을 띤 적 | 位 위치 위 | 置 두다 치 |

일정 지역의 위치를 지형 지물地形地物의 관점에서 파악한 것.

관계적 위치 關係的 位置

(020)

|關 빗장, 관계하다 관 | 係 매다, 관계되다 계 | 的 ~한성질을 띤 적 | 位 위치 위 | 置 두다 치 |

국가간의 정치·경제·사회 면에서 인접 지역 혹은 주변 국가와의 관계를 살펴본 위치.

본초자오선 本初子午線

(021)

|本 근본 본 | 初 처음 초 | 子 아들, 북쪽 자 | 午 일곱째 지지, 남쪽 오 | 線 줄 선 |

경도의 기준이 되는, 즉 경도 0°의 자오선.

(022)

표준 경선 標準經線

| 標 표시하다 **표** | 準 법도 **준** | 經 날실, 세로 **경** | 線 줄 **선** |

표준시를 정하기 위하여 기준으로 삼는 경선.

(023)

적도 赤道

| 赤 붉다 **적** | 道 길 **도** |

위도의 기준이 되는 위도 0°인 선.

(024)

육반구 陸半球 · 수반구 水半球

| 陸 땅 **륙** | 水 물 **수** | 半 반쪽 **반** | 球 공 **구** |

수반구는 지구를 수륙 분포에 의하여 양분하였을 경우에 해양의 넓이가 최대가 되도록 구분한 반구. 육반구는 육지의 면적이 가장 많이 포함되도록 그려진 지구의 반구.

(025)

영공 領空

| 領 우두머리, 거느리다 **령** | 空 비다, 하늘 **공** |

영토와 영해 위의 대기권까지 한 국가의 통치권이 미치는 상공.

(026)

영해 領海

| 領 우두머리, 거느리다 **령** | 海 바다 **해** |

해안선을 기선基線으로 하고 그 기선 바깥쪽에 설정되는 수역水域으로 연안국沿岸國의

주권이 미치는 수역水域.

(027)

최저 간조선 最低干潮線

| 最 가장 **최** | 低 낮다 **저** | 干 방패, 물을 빼다 **간** | 潮 (아침에 들어왔다 나가는) 바닷물 **조** | 線 줄 **선** |

해수면의 높이가 가장 낮을 때의 해안선. 간조 때 해수면이 가장 낮음.

(028)

직선 기선 直線基線

| 直 곧다 **직** | 線 줄 **선** | 基 기초 **기** | 線 줄 **선** |

영해 측정의 기준이 되는 직선.

(029)

통상 기선 通常基線

| 通 통하다 **통** | 常 항상 **상** | 基 기초 **기** | 線 줄 **선** |

직선 기선과는 달리 해안선 자체가 기준이 되는 선.

(030)

경제 수역 經濟水域

| 經 날실, 다스리다 **경** | 濟 구제하다 **제** | 水 물 **수** | 域 지역 **역** |

해안선이 썰물일 때로부터 200해리까지며, 바다에서의 수산 자원 및 해저 광물 자원에 대한 관할권과 해양 오염을 규제할 수 있는 권한을 연안국에 인정하는 수역.

(031)

기후 인자 氣候因子

| 氣 기운, 공기 **기** | 候 기후 **후** | 因 원인 **인** | 子 아들, 작은 것 **자** |

기후 요소의 분포에 지역적 차이가 나타나게 하는 요인으로, 위도·해발 고도·수륙 분포·지리적 위치·지형·해류·지표의 피복상태 등 지리적 기후 인자와 대기 대순환·기단·전선 등의 동적動的 기후 인자로 나누어짐.

⓪③②
간빙기 間氷期

| 間 사이 **간** | 氷 얼음 **빙** | 期 기간 **기** |

빙하기 사이에 한때 기후가 온화해져서 빙하가 고위도 지방까지 퇴각하였던 시기.

⓪③③
후빙기 後氷期

| 後 뒤 **후** | 氷 얼음 **빙** | 期 기간 **기** |

최후 빙기의 절정기(약 3.5만 년 전) 또는 현세(약 1만 년 전) 이후부터 현재까지의 기간.

⓪③④
기후대 氣候帶

| 氣 기운, 공기 **기** | 候 기후 **후** | 帶 띠, 근처 **대** |

다른 지역과 달리 기온의 분포가 일정하게 나타나는 지역.

⓪③⑤
온대 하계 건조 기후 溫帶夏季乾燥氣候

| 溫 따뜻하다 **온** | 帶 띠, 근처 **대** | 夏 여름 **하** | 季 계절 **계** | 乾 마르다 **건** | 燥 (물기가) 마르다 **조** | 氣 기운, 공기 **기** | 候 기후 **후** |

남·북위 30 ~ 40°의 대륙 서안에 분포하는 기후.

⓪③⑥
동안 기후 東岸氣候

| 東 동녘 **동** | 岸 언덕 **안** | 氣 기운, 공기 **기** | 候 기후 **후** |

대륙의 동안 지방에서 보이는 기후.

⓪③⑦
서안 기후 西岸氣候

| 西 서쪽 **서** | 岸 언덕 **안** | 氣 기운, 공기 **기** | 候 기후 **후** |

대륙 서안에 발달하는 온화한 해양성 특성을 갖는 기후.

⓪③⑧
서극 暑極

| 暑 덥다 **서** | 極 끝, 지극하다 **극** |

가장 무더운 곳. 우리나라에서는 대구.

⓪③⑨
한극 寒極

| 寒 (온도가) 차다 **한** | 極 끝, 지극하다 **극** |

가장 추운 곳. 우리나라에서는 중강진.

⓪④⓪
열섬 현상 熱섬(heart island)現象

| 熱 뜨겁다 **열** | 現 나타나다 **현** | 象 코끼리, 모양 **상** |

도심都心 지역의 기온이 변두리 지역의 기온보다 높은 기후 현상.

⓪④①
집중 호우 集中豪雨

| 集 모으다 **집** | 中 가운데 **중** | 豪 뛰어난 사람, 성하다 **호** | 雨 비 **우** |

좁은 지역에 많은 비가 집중하여 내리는 것으로, 100mm 이상이 보통 3~4 시간 정도에 내리게 되면 호우라 함.

◎④②

홍수 洪水

| 洪 큰물 **홍** | 水 물 **수** |

집중 호우로 인해 하천의 자연·인공 제방을 넘어 범람하는 물이나 그로 인하여 재해가 일어나거나 재해를 일으킬 위험이 있을 정도로 하천의 수위 또는 유량이 증대되는 현상.

◎④③

삼한 사온 三寒四溫

| 三 셋 **삼** | 寒 (온도가) 차다 **한** | 四 넷 **사** | 溫 따뜻하다 **온** |

우리나라·중국의 동부 및 북부 지방에서 겨울의 기온이 7일간(3일 가량 추운 날씨가 계속되다가, 다음 4일 가량은 따뜻한 날씨가 이어짐)의 주기로 변화하는 현상.

◎④④

한파 寒波

| 寒 (온도가) 차다 **한** | 波 물결 **파** |

매우 낮은 저온의 찬 기단이 저위도 지방으로 몰아 닥쳐 급격한 기온 하강을 일으키는 현상.

◎④⑤

풍수해 風水害

| 風 바람 **풍** | 水 물 **수** | 害 해치다 **해** |

강한 바람과 큰 비가 동시에 일어남에 따라 나

타나는 재해.

◎④⑥

무상 일수 無霜日數

| 無 없다 **무** | 霜 서리 **상** | 日 날 **일** | 數 숫자 **수** |

봄에 서리가 끝날 때부터 가을에 첫서리가 내릴 때까지, 서리가 내리지 않는 기간.

◎④⑦

불쾌 지수 不快指數

| 不 ~하지 않다 **불** | 快 상쾌하다 **쾌** | 指 손가락, 가리키다 **지** | 數 숫자 **수** |

기온이 높고 습기가 많은 기후 조건에서는 사람들이 쾌적한 느낌을 가지지 못하게 되는데, 그 정도를 지수로 나타낸 것.

◎④⑧

온량 지수 溫量指數

| 溫 따뜻하다 **온** | 量 수량 **량** | 指 손가락, 가리키다 **지** | 數 숫자 **수** |

월평균 기온 5℃ 이상인 각 달의 평균 기온과 5℃와의 차이 값을 1년간 합산한 수치.

◎④⑨

탁월풍 卓越風

| 卓 뛰어나다 **탁** | 越 뛰어넘다 **월** | 風 바람 **풍** |

어느 지점에 나타나는 여러 방향의 바람 중 그 풍향이 가장 자주 나타나는 바람.

◎⑤◎

지방풍 地方風

| 地 땅 **지** | 方 방향, 지역 **방** | 風 바람 **풍** |

특수한 지역에서 특수한 조건에 의해 발생하는 바람.

051

토양 土壤

|土 흙 토|壤 부드러운 흙 양|

장기간에 걸쳐 토양 생성 작용을 받아 형성된 지표면을 덮고 있는 흙.

052

성대 토양 成帶土壤

|成 이루다 성|帶 띠, 근처 대|土 흙 토|壤 부드러운 흙 양|

기후와 식생처럼 위도에 따라서 띠 모양으로 분포하는 요인에 의해 분류한 토양.

053

간대 토양 間帶土壤

|間 사이 간|帶 띠, 근처 대|土 흙 토|壤 부드러운 흙 양|

기후나 식생의 인자因子보다도 국지적인 환경 인자의 영향을 받아 띠를 이루지 않는 형태의 토양.

054

염류성 토양 鹽類性土壤

|鹽 소금 염|類 종류 류|性 성품, 성질 성|土 흙 토|壤 부드러운 흙 양|

염분이 섞여 있는 간척지의 토양.

055

영구 동토층 永久凍土層

|永 영원하다 영|久 오래되다 구|凍 얼다 동|

|土 흙 토|層 층 층|

북위 50° 이북의 지층의 주빙하 지역에 분포하는 연평균 기온 −1℃~−5℃가 되어야 잘 발달하는 토양.

056

운적토 運積土

|運 움직이다, 옮기다 운|積 쌓다 적|土 흙 토|

암석의 풍화로 형성된 부스러기가 중력, 바람, 물 등의 운반 작용에 의해 다른 장소에 퇴적되고 이것을 모재母材로 하여 발달한 토양.

057

정적토 定積土

|定 정하다 정|積 쌓다 적|土 흙 토|

기반암基盤巖이 그 자리에서 오랜 시일에 걸쳐 풍화되어 형성된 토양.

058

토양 침식 土壤浸蝕

|土 흙 토|壤 부드러운 흙 양|浸 스며들다, 점점 침|蝕 좀먹다 식|

강수降水 또는 바람 등의 작용에 의해서 표면의 흙이 유실流失되는 현상.

※ 영력의 구분

내적 영력(대지형 형성) – 조산 운동(습곡, 요곡, 단층), 조륙 운동(융기, 침강), 화산활동(지진)
외적 영력(소지형 형성) – 침식, 운반, 퇴적, 풍화

059

내적 영력 內的營力

| 內 안 내 | 的 ~한 성질을 띤 적 | 營 경영하다
영 | 力 힘 력 |

지구 내부로부터의 어떤 활동에 의해 지형을
변화시키는 요인.

0060

지각 운동 地殼運動

| 地 땅 지 | 殼 껍질 각 | 運 움직이다 운 | 動 움
직이다 동 |

지각 내부에서 오는 작용에 의해 지층의 위치
가 바뀌면서, 지형의 내부 조직을 변화시키는
운동.

0061

배사 구조 背斜構造

| 背 등지다, 등 배 | 斜 비스듬하다 사 | 構 얽어
매다 구 | 造 만들다 조 |

퇴적 당시의 수평 지층이 지각 변동으로 밀리
고 구부러져 아치(arch) 모양의 구조를 가지게
된 지층 구조.

0062

조산대 造山帶

| 造 만들다 조 | 山 산 산 | 帶 띠, 근처 대 |

과거에 조산 운동이 활발했던, 또는 현재에도
그 가능성이 큰 지역.

0063

습곡 褶曲

| 褶 주름 습 | 曲 휘다 곡 |

수평으로 퇴적된 지층이 횡압력을 받으면서
물결 모양으로 주름이 지는 현상.

0064

요곡 撓曲

| 撓 휘어지다 요 | 曲 휘다 곡 |

지층이 횡압력에 의해 가볍게 휘어지는 운동.

0065

융기 隆起 · 침강 沈降

| 隆 솟다 륭 | 起 일어나다 기 | 沈 가라앉다 침
| 降 내려오다 강 |

땅이 기준면에 대하여 상대적으로 높아지거나
밑으로 가라앉는 현상.

0066

절리 節理

| 節 마디 절 | 理 이치, 결 리 |

암석이 갈라져서 생긴 틈.

0067

지구대 地溝帶

| 地 땅 지 | 溝 도랑 구 | 帶 띠, 근처 대 |

단층 운동의 결과, 지각의 일부는 융기하고 일
부는 하강하여 생긴 길쭉한 요지대凹地帶.

0068

구조선 構造線

| 構 얽어매다 구 | 造 만들다 조 | 線 줄 선 |

지질 구조가 서로 다른 두 지역의 경계선이나
단층선.

0069

구조곡 構造谷

| 構 얽어매다 구 | 造 만들다 조 | 谷 골짜기 곡 |

구조 운동의 직접적인 결과에 의해 지표에 생긴 계곡.

⑦⓪ 안정 육괴 安定陸塊

| 安 편안하다 **안** | 定 정하다 **정** | 陸 땅 **륙** | 塊 덩어리 **괴** |

선先 캄브리아기의 지각 변동이나 **화성 작용**化成作用을 받은 후, 고생대에서 현재에 이르기까지 심한 지각 변동을 받지 않은 대륙의 지각.

☛化成作用은 미그미가 지각을 뚫고 지표로 올라오는 작용.[化 변화하다 **화** 成 이루다 **성** 作 만들다, 일하다 **작** 用 (물건을) 쓰다, 작용 **용**]

⑦① 영남 지괴 嶺南地塊

| 嶺 산봉우리 **령** | 南 남쪽 **남** | 地 땅 **지** | 塊 덩어리 **괴** |

한반도 지층 중에서 영남 지역의 시 · 원생대부터 육지로 존재하는 가장 오래된 땅덩어리.

⑦② 풍화 작용 風化作用

| 風 바람 **풍** | 化 변화하다 **화** | 作 만들다, 일하다 **작** | 用 (물건을) 쓰다, 작용 **용** |

지표의 암석이 공기 · 물 등의 작용으로 제자리에서 차차 부서져 흙으로 변하는 일련의 과정.

⑦③ 건조 지형 乾燥地形

| 乾 마르다 **건** | 燥 (물기가) 마르다 **조** | 地 땅 **지** | 形 모양 **형** |

강수량이 적고 증발량이 큰 건조 기후에서 발달한 지형.

※ 산지와 고원

⑦④ 경동 지형 傾動地形

| 傾 기울다 **경** | 動 움직이다 **동** | 地 땅 **지** | 形 모양 **형** |

한쪽이 급경사인 단층애斷層崖로 이루어져 있고, 그 반대쪽은 완만한 경사면을 가지는 비대칭적인 산지.

⑦⑤ 잔구 殘丘

| 殘 해치다, 남다 **잔** | 丘 언덕 **구** |

준평원 위에 외따로 남아 고립하여 돌출되어 있는 산.

⑦⑥ 산록완사면 山麓緩斜面

| 山 산 **산** | 麓 기슭 **록** | 緩 느리다 **완** | 斜 비스듬하다 **사** | 面 얼굴, 겉 **면** |

산의 비스듬한 면이 풍화로 후퇴하고, 여기서 생긴 물질이 중력에 의해 쌓인 면.

⑦⑦ 유황 流況

| 流 흐르다 **류** | 況 상황 **황** |

하천의 한 지점에서 일어나는 유량의 연간 변동 상황.

078

하상 계수 河狀係數

| 河 강물 **하** | 狀 모양 **상** | 係 매다, 관계되다 **계** |
| 數 숫자 **수** |

갈수기渴水期의 최소 유량과 홍수기의 최대 유량의 비율.

079

감입 곡류 하도 嵌入曲流河道

| 嵌 산 깊다, 파다 **감** | 入 들어가다 **입** | 曲 휘다 **곡** |
| 流 흐르다 **류** | 河 강물 **하** | 道 길 **도** |

신생대 이전에 형성된 자유 곡류 하천이 신생대 제3기의 비대칭적 요곡 운동에 의하여 융기될 때, 원래의 유로를 따라 깊이 하곡을 파서 형성된 하도.

080

감조 하천 感潮河川

| 感 느끼다 **감** | 潮 (아침에 들어왔다 나가는) 바닷물 **조** | 河 강물 **하** | 川 내 **천** |

바닷물의 수위가 주기적으로 상승·하강할 때 하천의 하구에서 역류 현상이 일어나는 하천. 밀물과 썰물의 영향을 받는 하천 및 그 부근.

081

자유곡류천 自由曲流川

| 自 스스로 **자** | 由 말미암다 **유** | 曲 휘다 **곡** |
| 流 흐르다 **류** | 川 내 **천** |

평야 지역을 흐르는 하천이 유속流速의 감소로 조금만 장애를 받아도 침식을 하지 못하고, 장애물을 피하면서 굽어 흐르는 하천.

082

배후 습지 背後濕地

| 背 등지다, 뒤 **배** | 後 뒤 **후** | 濕 축축하다 **습** |
| 地 땅 **지** |

자연 제방 뒤에 나타나는 늪과 못.

083

피수대 避水臺

| 避 피하다 **피** | 水 물 **수** | 臺 높고 평평한 곳 **대** |

범람원에서 홍수 때의 침수 피해를 막기 위해 주변보다 높게 만들어 놓은 **돈대**墩臺 모양의 터.

➡ 墩臺 [墩 돈대 **돈** 臺 높고 평평한 곳 **대**] 평지보다 조금 높직하고 평평한 땅.

084

호소 湖沼

| 湖 호수 **호** | 沼 늪 **소** |

사방 육지로 둘러싸인 凹 모양의 땅에 고여 있는 물.

085

하중도 河中島

| 河 강물 **하** | 中 가운데 **중** | 島 섬 **도** |

자유곡류천 주변의 퇴적지가 물길 변경으로 인하여 하천 가운데가 절단됨으로써 형성된 퇴적 지형.

086

천정천 天井川

| 天 하늘 **천** | 井 우물 **정** | 川 내 **천** |

여름철 집중 호우로 인하여 하천 밑바닥에 토

사가 쌓여 하천 밑바닥이 주변의 평야보다 높아진 하천.

⑧⑦

복류천 伏流川

| 伏 엎드리다, 숨다 **복** | 流 흐르다 **류** | 川 내 **천** |

하천의 바닥을 구성하는 토양층의 입자가 굵은 모래 · 자갈과 같은 조립질 물질로 구성되어 있을 경우, 하천수가 바닥으로 스며들어 땅속으로 숨어 흐르는 하천.

⑧⑧

하안 단구 河岸段丘

| 河 강물 **하** | 岸 언덕 **안** | 段 부분, 계단 **단** | 丘 언덕 **구** |

하천 중 · 상류의 양 언덕 약간 높은 곳에 계단 모양으로 나타나는 평탄한 지형.

⑧⑨

하구언 河口堰

| 河 강물 **하** | 口 입, 드나드는 곳 **구** | 堰 방죽 **언** |

하구 가까운 곳의 제방.

⑨⓪

범람원 汎濫原

| 汎 널리 **범** | 濫 넘치다 **람** | 原 근원, 벌판 **원** |

하천이 넘쳐 흐르면 물에 잠기는 낮은 땅. 즉 하천 유역의 충적 평야沖積平野로, 자연 제방 · 배후 습지 · 우각호 등의 지형으로 구성되어 있음.

⑨①

충적 평야 沖積平野

| 沖 비다, 흘려 보내다 **충** | 積 쌓다 **적** | 平 평평하다 **평** | 野 들판 **야** |

하천의 퇴적 작용으로 형성된 평야 지형.

⑨②

침식 평야 浸蝕平野

| 浸 스며들다, 점점 **침** | 蝕 좀먹다 **식** | 平 평평하다 **평** | 野 들판 **야** |

장기간의 침식 작용에 의해서 낮아진 파도 형태의 평야.

⑨③

침식 분지 浸蝕盆地

| 浸 스며들다, 점점 **침** | 蝕 좀먹다 **식** | 盆 동이 **분** | 地 땅 **지** |

화강암의 국지적局地的 분포 지역이나 하천의 합류 지점에서 암석의 차별 침식으로 형성된 凹 모양의 지형.

⑨④

용식 溶蝕

| 溶 녹다 **용** | 蝕 좀먹다 **식** |

탄산칼슘($CaCO_3$)과 같은 **가용성 광물**可溶性 鑛物이 화학적으로 용해溶解되고, 흐르는 물에 의하여 제거되는 현상.

➠ 可溶性 鑛物은 물에 잘 녹는 광물.[可 옳다, ~할 수 있다 **가** 溶 녹다 **용** 性 성품, 성질 **성** 鑛 쇳돌 **광** 物 사물, 물질 **물**]

석회화 단구 石灰華段丘

| 石 돌 석 | 灰 재 회 | 華 화려하다, 침전물(沈澱物) 화 | 段 부분, 계단 단 | 丘 언덕 구 |

석회암 지방에서 솟아 나오는 온천의 압력이 감소되고 온도가 내려가면서 물 대신 탄산칼슘이 집적集積되어 계단식 논처럼 형성되는 지형.

⑩⑨⑥

종유석 鍾乳石

| 鍾 종 종 | 乳 젖 유 | 石 돌 석 |

석회 동굴 속 천장에서부터 아래로 드리워져 있는 젖 모양의 돌.

⑩⑨⑦

석순 石筍

| 石 돌 석 | 筍 죽순 순 |

석회 동굴 안의 천장에 있는 종유석에서 떨어진 탄산석회의 용액이 굳어 죽순 모양으로 된 돌기물.

⑩⑨⑧

석주 石柱

| 石 돌 석 | 柱 기둥 주 |

석회 동굴 천장이나 벽면을 타고 흘러 내리는 탄산칼슘이 침전 혹은 쌓여 발달된 것.

⑩⑨⑨

화산대 火山帶

| 火 불 화 | 山 산 산 | 帶 띠, 근처 대 |

환태평양 조산대, 알프스 · 히말라야 조산대처럼 화산이 띠 모양으로 열 지어 있는 지역.

⑩⑩⑩

열하 분출 裂罅噴出

| 裂 찢다 렬 | 罅 틈 하 | 噴 뿜다 분 | 出 나가다, 나오다 출 |

지각 운동의 결과로 생긴 지각의 좁고 가느다란 틈을 따라 유동성流動性이 큰 현무암질 용암이 분출하는 것.

⑩⑩①

종상 화산 鐘狀火山

| 鐘 종 종 | 狀 모양 상 | 火 불 화 | 山 산 산 |

용암이 분출구 위로 솟아 올라서 산의 꼭대기가 종 모양으로 된 화산.

⑩⑩②

순상 화산 楯狀火山

| 楯 방패 순 | 狀 모양 상 | 火 불 화 | 山 산 산 |

유동성이 큰 **염기성 용암**鹽基性 鎔巖이 분출하여 형성되며, 경사가 완만한 방패 모양의 화산.

➡ 鹽基性 鎔巖은 화성암火成巖의 종류로, 광물 조성에서 SiO_2의 함량이 52% 이하인 것으로 현무암 · 휘록암 · 반려암 등을 말함.[鹽 소금 염 基 기초 기 性 성품, 성질 성 鎔 녹이다 용 巖 바위 암].

⑩⑩③

용암 대지 鎔巖臺地

| 鎔 녹이다 용 | 巖 바위 암 | 臺 높고 평평한 곳 대 | 地 땅 지 |

유동성이 큰 현무암질 용암(화산의 분화구로부터 분출한 마그마가 냉각 · 응고된 암석)이

땅이 갈라진 틈을 따라 분출하여 형성된 높고 평탄한 고원의 지형.

⑩④ 주상 절리 柱狀節理

| 柱 기둥 주 | 狀 모양 상 | 節 마디 절 | 理 이치, 결 리 |

현무암이 식을 때, 수축하면서 5각형 내지 6각형의 기둥 모양으로 갈라져서 마디마디 결을 따라 생긴 틈.

⑩⑤ 중앙 분화구 中央噴火口

| 中 가운데 중 | 央 가운데 앙 | 噴 뿜다 분 | 火 불 화 | 口 입 구 |

큰 화구 내부에 형성된 작은 화산체의 분화구.

⑩⑥ 침수 해안 沈水海岸

| 沈 가라앉다 침 | 水 물 수 | 海 바다 해 | 岸 언덕, 기슭 안 |

지반이 침강하거나 해수면이 높아져 육지가 해수면 아래로 잠겨서 이루어진 해안.

⑩⑦ 이수 해안 離水海岸

| 離 떠나다 리 | 水 물 수 | 海 바다 해 | 岸 언덕 안 |

지반이 융기하거나 해수면이 낮아진 해안.

⑩⑧ 방풍림 防風林

| 防 막다 방 | 風 바람 풍 | 林 숲 림 |

경지·가옥 등을 폭풍·탁월풍卓越風의 풍해風害로부터 보호하기 위하여 심어 놓은 인공 보안림.

⑩⑨ 사빈 砂濱 = 沙濱

| 砂=沙 모래 사 | 濱 물가 빈 |

해안에 모래가 쌓여서 형성된 해안 퇴적 지형.

⑪⓪ 사주 砂洲 = 沙洲

| 砂=沙 모래 사 | 洲 섬 주 |

파식波蝕에 의해 생긴 작은 자갈이나 하천에 의해 운반된 모래가 곶이나 해안의 돌출부에서 바다 쪽으로 가늘고 길게 돌출한 지형.

➡波蝕은 물결이 육지를 침식한다는 뜻. [波 물결 **파** 蝕 좀 먹다 식]

⑪① 사취 砂嘴 = 沙嘴

| 砂=沙 모래 사 | 嘴 부리 취 |

연안류沿岸流에 의해서 운반된 모래가 만 입구의 한쪽 육지에서 제방이 되어 길게 돌출한 사주沙洲.

⑪② 육계 사주 陸繫砂洲

| 陸 땅 륙 | 繫 묶다 계 | 砂 모래 사 | 洲 섬 주 |

육지로부터 돌출 성장하여 가까운 섬에 연결된 사주.

⑪⑬

육계도 陸繫島

| 陸 땅 **륙** | 繫 묶다 **계** | 島 섬 **도** |

해안의 가까운 섬이 육계 사주에 의하여 육지
와 연결된 섬.

⑪⑭

해식애 海蝕崖

| 海 바다 **해** | 蝕 좀먹다 **식** | 崖 벼랑 **애** |

산지와 바다가 접한 암석 해안에 파도의 침식
작용으로 인하여 생긴 암석 절벽.

⑪⑮

파식대 波蝕臺

| 波 물결 **파** | 蝕 좀먹다 **식** | 臺 높고 평평한 곳
대 |

해식애 밑에 형성되는 기반암의 평평한 침식면.

⑪⑯

해안 단구 海岸段丘

| 海 바다 **해** | 岸 언덕 **안** | 段 부분, 계단 **단** | 丘
언덕 **구** |

해식대海蝕臺의 바닥면이나 **천해저**淺海底가
융기하여 해안선을 따라 계단 모양으로 분포
되어 있는 지형.

➥ 海蝕臺는 파도의 침식 작용에 의해 형성된 암석 해안의
  평탄한 침식면이라는 뜻.[海 바다 **해** 蝕 좀먹다 **식** 臺 높
  고 평평한 곳 **대**]

➥ 淺海底는 얕은 바다의 밑바닥이라는 뜻.[淺 얕다 **천** 海
  바다 **해** 底 밑 **저**]

⑪⑰

간석지 干潟地

| 干 방패, 물을 빼다 **간** | 潟 개펄 **석** | 地 땅 **지** |

밀물과 썰물의 차이가 크고, 섬으로 가로막힌
잔잔한 해안이나 만灣의 안쪽에 조류의 운반
물질이 쌓여 이루어지는 평탄한 퇴적 지형.

⑪⑱

연안류 沿岸流

| 沿 물을 따라 내려가다 **연** | 岸 언덕 **안** | 流 흐
르다 **류** |

물가를 따라 흐르는 해류.

⑪⑨

해류 海流

| 海 바다 **해** | 流 흐르다 **류** |

넓은 범위에 걸쳐 일정한 방향으로 순환하는
바닷물의 흐름.

⑫⓪

조류 潮流

| 潮 (아침에 들어왔다 나가는) 바닷물 **조** | 流 흐
르다 **류** |

조석潮汐에 의해서 일어나는 만조와 간조에
의하여 바닷물이 주기적으로 움직이는 해수의
흐름.

⑫①

조차 潮差

| 潮 (아침에 들어왔다 나가는) 바닷물 **조** | 差 차
이 **차** |

밀물 때의 해수면 수위와 썰물 때의 해수면 수

위의 수직적인 높이 차이.

①②② 평균 해면 平均海面

| 平 평평하다 **평** | 均 평평하다 **균** | 海 바다 **해** | 面 얼굴, 겉 **면** |

어느 기간(예를 들면 1일·1개월·1개년) 동안 해면의 평균 높이에 해당되는 수면의 높이.

①②③ 대륙 사면 大陸斜面

| 大 크다 **대** | 陸 땅 **륙** | 斜 비스듬하다 **사** | 面 얼굴, 겉 **면** |

대륙붕 끝에서부터 해저海底로 급하게 경사진 지형.

①②④ 해구 海溝

| 海 바다 **해** | 溝 도랑 **구** |

큰 바다의 바닥에 발달한 좁고 긴, 길이 6,000km 이상의 움푹 패인 곳.

①②⑤ 해령 海嶺

| 海 바다 **해** | 嶺 산봉우리, 잇닿아 뻗어 있는 산줄기 **령** |

해저 산맥.

①②⑥ 해연 海淵

| 海 바다 **해** | 淵 (연)못, 깊다 **연** |

깊이 6,000m를 넘는 해저에서 가장 깊은 지점.

①②⑦ 해분 海盆

| 海 바다 **해** | 盆 동이 **분** |

해령海嶺으로 둘러싸여 있으며 수심 3,000~5,000m에 위치하는 원형 또는 타원형의 지형.

3. 생활 공간의 변화

①②⑧ 집촌 集村

| 集 모으다 **집** | 村 마을 **촌** |

많은 가옥이 한곳에 밀집하여 이루어진 촌락.

※**집촌의 종류** – 괴촌, 가촌, 노촌, 열촌

①②⑨ 괴촌 塊村

| 塊 덩어리 **괴** | 村 마을 **촌** |

가옥이 불규칙적으로 무질서하게 모여 있는 집단 형태의 촌락.

①③⓪ 가촌 街村

| 街 거리 **가** | 村 마을 **촌** |

지형적 제한이 크거나 교통로에 대한 의존도가 큰 지역에서 볼 수 있는 열촌列村의 일종.

①③① 노촌 路村

| 路 길 로 | 村 마을 촌 |

가로街路를 따라 양쪽 또는 한쪽에 가옥이 늘어서 있는 마을.

⑬② 열촌 列村

| 列 줄지어 놓다 렬 | 村 마을 촌 |

자연 제방, 해안 단구 등의 지형이나 물과 같은 관련된 조건에 따라 가옥이 열을 지어 나타나는 촌락.

⑬③ 산촌 散村

| 散 흩어지다 산 | 村 마을 촌 |

가옥이 한곳에 모여 있지 않고 한 집씩 떨어져 있는 촌락.

⑬④ 근교촌 近郊村

| 近 가깝다 근 | 郊 시외(市外) 교 | 村 마을 촌 |

대도시 주변에서 채소, 화초, 과일, 낙농업 등을 공급할 목적으로 형성된 상업적 농촌.

⑬⑤ 산지촌 山地村

| 山 산 산 | 地 땅 지 | 村 마을 촌 |

농업적 생산 기반이 취약하고 접근성이 낮은 산간 지역에 입지하는 산촌散村.

⑬⑥ 광산촌 鑛山村

| 鑛 쇳돌 광 | 山 산 산 | 村 마을 촌 |

광업에 종사하는 사람들의 거주지로 이루어진 마을.

⑬⑦ 산성 취락 山城聚落

| 山 산 산 | 城 성곽 성 | 聚 모으다, 마을 취 | 落 떨어지다, 마을 락 |

산성을 중심으로 발달된 취락.

⑬⑧ 사하촌 寺下村

| 寺 절 사 | 下 아래 하 | 村 마을 촌 |

절에 참배하러 오는 사람을 상대로 하는 상가·휴게소·여관 등이 모여 이루어진 촌락.

⑬⑨ 도진 취락 渡津聚落

| 渡 건너다, 나루 도 | 津 배로 건너다니는 곳 진 | 聚 모으다, 마을 취 | 落 떨어지다, 마을 락 |

육로陸路와 수로水路가 교차하는 경우에 수로의 나루터를 중심으로 하여 발달하는 취락.

⑭⓪ 역원 취락 驛院聚落

| 驛 정거장, 역말 역 | 院 집 원 | 聚 모으다, 마을 취 | 落 떨어지다, 마을 락 |

주요 역로驛路를 따라서 분포하던 취락.

⑭① 하안 취락 河岸聚落

| 河 강물 하 | 岸 언덕 안 | 聚 모으다, 마을 취 | 落 떨어지다, 마을 락 |

강이 수운 교통로水運交通路로 이용될 때, 여객과 화물을 싣고 내리는 곳에 발달한 취락.

⑴⑷② 영하 취락 嶺下聚落

| 嶺 산봉우리 령 | 下 아래 하 | 聚 모으다, 마을 취 | 落 떨어지다, 마을 락 |

교통량이 많은 고개의 양쪽 산록에 발달한 취락.

⑴⑷③ 진촌 鎭村

| 鎭 누르다, 진영 진 | 村 마을 촌 |

군사상의 목적인 방어를 위한 촌락.

⑴⑷④ 어촌 漁村

| 漁 고기 잡다 어 | 村 마을 촌 |

고기잡이, 양식업, 수산 가공업 등을 생산 활동으로 하는 촌락.

⑴⑷⑤ 동족촌 同族村

| 同 같다 동 | 族 겨레 족 | 村 마을 촌 |

동성 동본同姓同本의 씨족들이 한 지역에 모여 상부상조하면서 생활을 영위해 가는 촌락.

⑴⑷⑥ 너와집 너瓦집

| 瓦 기와 와 |

너와로 지붕을 이은 집.

⑴⑷⑦ 농공 단지 農工團地

| 農 농사 농 | 工 물건 만들다 공 | 團 모임 단 | 地 땅 지 |

1984년부터 시행된 농어촌 소득원 개발 촉진법에 의하여, 일정 인구 규모(1만~3만 명)의 공업 지역을 조성하여 입주 업체에게 금융·기술적 지원을 제공하는 농어촌 지역의 공업 지역.

⑴⑷⑧ 관문 도시 關門都市

| 關 빗장, 관문 관 | 門 문 문 | 都 도읍 도 | 市 시장, 번화한 곳 시 |

국경이나 적을 방어하기에 좋은 도시.

⑴⑷⑨ 약령시 藥令市

| 藥 약 약 | 令 명령하다, 시장 령 | 市 시장 시 |

한약재를 거래하던 시장.

⑴⑤⓪ 이심 현상 離心現象

| 離 떠나다 리 | 心 마음, 가운데 심 | 現 나타나다 현 | 象 코끼리, 모양 상 |

도시의 시설물이나 인간 활동이 중심 지점에서 덜 복잡한 도시의 외부 지역으로 분산되는 현상.

⑴⑤① 집심 현상 集心現象

| 集 모으다 집 | 心 마음, 가운데 심 | 現 나타나다 현 | 象 코끼리, 모양 상 |

도시 기능상 접근성과 지대地代(토지를 사용하고 내는 임대료)가 높은 도심 지역에 입지하려는 현상.

⑤②

병목 현상 瓶목 現象

| 瓶 병 **병** | 現 나타나다 **현** | 象 코끼리, 모양 **상** |

병의 목 부분 처럼, 도로의 폭이 넓은 곳에서 좁은 곳(즉 다리나 터널 입구)에서 교통 신호 대기 시간으로 인하여 차량의 소통이 정체되는 현상.

⑤③

역 도시화 逆都市化

| 逆 거스르다 **역** | 都 도읍 **도** | 市 시장, 번화한 곳 **시** | 化 변화하다 **화** |

인구가 도시로 집중되던 상태에서 인구가 농촌으로 분산되는 상태로의 변화.

⑤④

종주 도시화 宗主都市化

| 宗 근본 **종** | 主 주인 **주** | 都 도읍 **도** | 市 시장, 번화한 곳 **시** | 化 변화하다 **화** |

한 국가의 가장 큰 도시가 다른 도시들보다 인구 규모나 기능 면에서 월등히 커서 지역 발전의 불균형을 초래하는 현상.

⑤⑤

거대 대상 도시 巨大帶狀都市

| 巨 크다 **거** | 大 크다 **대** | 帶 띠 **대** | 狀 모양 **상** | 都 도읍 **도** | 市 시장, 번화한 곳 **시** |

크고 작은 도시들이 계속 연이어 있어서 마치 하나의 거대한 띠 모양으로 도시화된 지역.

⑤⑥

배후지 背後地

| 背 등지다, 뒤 **배** | 後 뒤 **후** | 地 땅 **지** |

경제적 중심지에 대한 세력 범위가 되는 주변 지역.

⑤⑦

과잉 인구 過剩人口

| 過 지나가다, 지나치다 **과** | 剩 남다 **잉** | 人 사람 **인** | 口 입 **구** |

일반적으로 인구 밀도가 높은 것.

⑤⑧

성비 性比

| 性 성품, 남녀 **성** | 比 비교하다 **비** |

여자 100명에 대한 남자의 비율.

⑤⑨

남초 현상 男超現象

| 男 남자 **남** | 超 뛰어넘다 **초** | 現 나타나다 **현** | 象 코끼리, 모양 **상** |

여자 100에 대한 남자의 인구 비율이 100을 넘는 현상.

⑥⓪

여초 현상 女超現象

| 女 계집 **녀** | 超 뛰어넘다 **초** | 現 나타나다 **현** | 象 코끼리, 모양 **상** |

남자 100에 대한 여자의 인구 비율이 100을 넘는 현상.

⑯① 인구 공동화 현상 人口空洞化現象

| 人 사람 **인** | 口 입 **구** | 空 비다 **공** | 洞 마을, 굴 **동** | 化 변화하다 **화** | 現 나타나다 **현** | 象 코끼리, 모양 **상** |

도시의 중심부에서 주간 인구에 비해 야간 인구는 감소하는 현상.

4. 경제 활동의 지역 구조

⑯② 경종 조직 耕種組織

| 耕 밭 갈다 **경** | 種 씨 **종** | 組 조직하다 **조** | 織 (옷감을) 짜다 **직** |

작물을 결합시키는 방법으로 논 농사에는 그루갈이, 밭 농사에는 혼작·간작·윤작 등이 있음.

⑯③ 윤작 輪作

| 輪 바퀴, 차례로 돌다 **륜** | 作 만들다, 농사를 짓다 **작** |

한 경지에서 성장 시기가 다른 작물을 일정한 순서에 따라 규칙적으로 반복해 돌려 짓는 것.

⑯④ 양잠업 養蠶業

| 養 기르다 **양** | 蠶 누에 **잠** | 業 일 **업** |

뽕나무를 재배하여 누에를 치고, 고치를 생산하는 일.

⑯⑤ 특용 작물 特用作物

| 特 특별하다 **특** | 用 (물건을) 쓰다 **용** | 作 만들다, 농사를 짓다 **작** | 物 사물 **물** |

식용食用 이외의 특별한 용도에 이용할 목적으로 재배하는 작물.

⑯⑥ 수경 水耕

| 水 물 **수** | 耕 밭 갈다 **경** |

자라는 데 필요한 영양분을 녹인 액체로 식물을 키우는 방법.

⑯⑦ 연해 어업 沿海漁業

| 沿 물을 따라 내려가다 **연** | 海 바다 **해** | 漁 고기 잡다 **어** | 業 일 **업** |

해안에 인접한 해역에서 행해지는 어업.

⑯⑧ 안강망 어업 鮟鱇網漁業

| 鮟 아귀 **안** | 鱇 아귀 **강** | 網 그물 **망** | 漁 고기 잡다 **어** | 業 일 **업** |

아귀를 잡는 데 쓰는, 눈이 굵은 그물로 고기를 잡는 일.

⑯⑨ 원양 어업 遠洋漁業

| 遠 멀다 **원** | 洋 큰 바다 **양** | 漁 고기 잡다 **어** | 業 일 **업** |

근거지로부터 며칠 또는 수십 일 걸리는 먼 바다에서 하는 어업.

170

파시 波市

| 波 물결 파 | 市 시장 시 |

성어기盛魚期에 어획물을 해상에서 직접 판매하는 어시장.

171

어업 전진 기지 漁業前進基地

| 漁 고기 잡다 어 | 業 일 업 | 前 앞 전 | 進 나아가다 진 | 基 기초 기 | 地 땅, 장소 지 |

어민들이 육지로부터 더 멀리 나아가 어업을 할 수 있도록 도움을 주는 장소.

172

어업 전관 수역 漁業專管水域

| 漁 고기 잡다 어 | 業 일 업 | 專 오로지 전 | 管 대롱, 관리하다 관 | 水 물 수 | 域 지역 역 |

어업권이 인정되는 연안국沿岸國의 수역.

173

가채 년수 可採年數

| 可 옳다, ~할 수 있다 가 | 採 캐다 채 | 年 해 년 | 數 숫자 수 |

가채 매장량(확인 매장량의 80% 정도)을 현재의 산출 수준으로 채굴할 경우 소요되는 년수.

174

조력 발전 潮力發電

| 潮 (아침에 들어왔다 나가는) 바닷물 조 | 力 힘 력 | 發 드러내다, 일어나다 발 | 電 전기 전 |

조석 간만潮汐干滿의 차이를 이용하여 행하는 발전發電 방법.

175

탄전 炭田

| 炭 숯 탄 | 田 밭 전 |

지표면 또는 지표면 가까운 곳에 석탄층이 있는 지대.

176

입지 立地

| 立 서다 립 | 地 땅 지 |

사람들이 행하는 다양한 활동이 특정한 장소를 선택하여 자리잡게 되는 과정.

177

입지 인자 立地因子

| 立 서다 립 | 地 땅 지 | 因 원인 인 | 子 아들, 작은것 자 |

공업의 생산비 중 수송비나 노동비, 집적 이익처럼 입지의 결정에 직접 작용하는 것.

178

집적 이익 集積利益

| 集 모으다 집 | 積 쌓다 적 | 利 이롭다 리 | 益 이롭다 익 |

같은 종류 또는 여러 종류가 근접해 있으면서 사회 간접 자본의 이용, 원료의 공동 구입, 제품의 판매, 기술 정보의 교류, 노동력 확보 등에 있어서 집적으로 인해 발생하는 이익.

179

재래 공업 在來工業

| 在 (~에) 있다 재 | 來 오다 래 | 工 물건 만들다 공 | 業 일 업 |

옛날부터 해 오던 원시적인 공업.

⑱⓪ 수송적환지 輸送積換地

| 輸 실어 나르다 **수** | 送 보내다 **송** | 積 쌓다 **적** | 換 바꾸다 **환** | 地 땅, 장소 **지** |

화물을 운송할 때 운송 수단이 바뀌는 곳.

⑱① 상권 商圈

| 商 장사하다 **상** | 圈 범위 **권** |

어떤 도시나 시장의 상업 기능이 영향을 미치는 지역적 범위.

⑱② 수운 水運

| 水 물 **수** | 運 움직이다, 옮기다 **운** |

하천에 배를 띄우는 내륙 수로 교통(하천 교통)과 해상 교통.

⑱③ 종착지 비용 終着地費用

| 終 끝나다 **종** | 着 붙다 **착** | 地 땅 **지** | 費 (돈을) 쓰다 **비** | 用 (물건을) 쓰다 **용** |

물자를 싣고 내리는 데 드는 비용 및 창고·사무실 운영비 등 종착지에서 드는 모든 비용을 합친 비용.

5. 환경 오염

⑱④ 용존 산소량 溶存 酸素量

| 溶 녹다 **용** | 存 있다 **존** | 酸 산소 **산** | 素 바탕 **소** | 量 수량 **량** |

물 또는 용액(바닷물 등) 속에 녹아 있는 산소 기체의 양.

= DO.

⑱⑤ 부영양화 富營養化

| 富 넉넉하다 **부** | 營 경영하다 **영** | 養 기르다 **양** | 化 변화하다 **화** |

강·바다·호수 등에 영양 물질을 과대 공급함으로써 조류와 수생 식물이 번성해져 유기물 총량이 증가되는 현상.

⑱⑥ 호기성 세균 好氣性 細菌

| 好 좋다 **호** | 氣 기운, 공기 **기** | 性 성품, 성질 **성** | 細 가늘다 **세** | 菌 버섯, 세균 **균** |

공기 중의 산소를 흡수하여 생활하는 세균류.

6. 각 지역의 생활

⑱⑦ 정주 생활권 定住生活圈

| 定 정하다 **정** | 住 (~에) 살다 **주** | 生 살다 **생** | 活 살다 **활** | 圈 범위 **권** |

하나의 중심 도시와 그 배후 지역을 이루는 농촌의 군 지역을 단위로 하는 농촌 주민들의 일상 생활권.

1. 동양사

※중국의 나라(시대) 순서

하夏 → 은殷 → 서주西周 · 동주東周 / 춘추전국 시대
春秋戰國時代 → 진秦 → 전한前漢 · 신新 · 후한後漢 →
삼국 시대三國時代(위魏, 촉蜀, 오吳) → 서진西晉 · 동
진東晉 / 5호胡 16국國 → 남북조 시대南北朝時代 →
수隋 → 당唐 → 5대代 10국國 → 북송北宋 · 남송南宋
→ 원元 → 명明 → 청淸 → 중화민국中華民國 / 대만
臺灣.

⓪⓪➀

한전법 限田法

| 限 한계 **한** | 田 밭 **전** | 法 법 **법** |

전한 시대 말기에 대토지와 노비를 소유한 호
족 때문에 국가와 농민이 큰 피해를 입자, 이들
의 횡포를 막기 위해 토지를 일정 한도 이상 갖
지 못하도록 만든 법.

⓪⓪➁

향거리선 제도 鄕擧里選制度

| 鄕 시골 **향** | 擧 들다, 가려 뽑다 **거** | 里 마을 **리**
| 選 가려 뽑다 **선** | 制 만들다, 제도 **제** | 度 ~한
정도, 법도 **도** |

전한 시대에 행해졌던 것으로, 지방의 인재를

그 지방의 호족에게 추천하면 중앙에서 관리
로 임명하는 제도.

⓪⓪➂

둔전제 屯田制

| 屯 주둔하다 **둔** | 田 밭 **전** | 制 만들다, 제도 **제** |

한나라 이후 청나라 때까지 시행된 토지 제도
로, 국가가 일정한 지방에 집단적 경작자를 지
정한 다음, 새로 개척한 영토나 변방, 혹은 정
벌한 국가에 가서 농사를 짓게 하는 제도.

⓪⓪➃

참위설 讖緯說

| 讖 예언 **참** | 緯 씨줄, 위서(緯書) **위** | 說 밝히
어 말하다 **설** |

한나라 때 경전經典에 의거해 예언과 징조를
알리는 학설.

➼緯書는 미래의 징조를 알려 사람들을 현혹하는 책이란 뜻.

⓪⓪➄

정관의 치세 貞觀의 治世

| ‹貞 (성품이) 곧다 **정** | 觀 보다 **관**› 연호(年
號) | 治 다스리다 **치** | 世 세상 **세** |

당나라 때 2대 왕인 태종太宗이 어진 재상과 명장을 등용하여 세상이 잘 다스렸기 때문에, 후세에 이를 기리기 위해 붙여 준 이름.

◎◎⑥
개원의 치세 開元의 治世

| 〈開 열다 **개** | 元 근본 **원**〉 연호(年號) | 治 다 스리다 **치** | 世 세상 **세** |

당나라 때 현종玄宗이 어진 재상과 명장을 등용하여 세상이 잘 다스렸기 때문에, 후세에 이를 기리기 위해 붙여 준 이름.

➡ 開元은 '근본을 열다' '나라를 열다' 라는 뜻.

◎◎⑦
대명령 大明令 · 대명률 大明律

| 大 크다, 존경 · 찬미하는 말 **대** | 明 밝다, 나라 이름 **명** | 令 명령하다, 법률 **령** | 律 법률 **률** |

당나라의 율 · 령 · 격 · 식을 근본으로 하고 명나라의 현실에 맞게 개편하여 1397년에 반포한 법률.

◎◎⑧
양세법 兩稅法

| 兩 둘 **량** | 稅 세금 **세** | 法 법 **법** |

당나라 덕종德宗 때에 조 · 용 · 조租庸調 대신 만든 세법.

◎◎⑨
역전제 驛傳制

| 驛 정거장, 말 갈아타는 곳 **역** | 傳 전하다 **전** | 制 만들다, 제도 **제** |

당나라가 광대한 영토를 다스리기 위해 이용한 통신 · 교통 체제.

◎①◎
비전 飛錢

| 飛 날다 **비** | 錢 돈 **전** |

당나라 때 산업이 발달하면서 상인들간에 유통된 어음.

◎①①
교자 交子

| 交 사귀다, 바꾸다 **교** | 子 아들, 이자 **자** |

송나라 때 쓰촨[사천四川] · 산시[섬서陝西] 등지에서 사용된 세계에서 가장 오래된 지폐.

◎①②
회자 會子

| 會 모이다 **회** | 子 아들, 이자 **자** |

남송 시대에 정부가 발행한 어음.

◎①③
이갑제 里甲制

| 里 마을 **리** | 甲 첫째 천간, 지방 제도의 이름 **갑** | 制 만들다, 제도 **제** |

송 · 청 시대에 농촌 지역을 수월하게 지배할 목적으로 만든 조직. '甲' 은 '열 집' 을 한 조로 묶은 것.

◎①④
형세호 形勢戶

| 形 모양 **형** | 勢 세력 **세** | 戶 집, 사람 **호** |

송나라 때의 지방 호족을 가리키는 말.

⑮ 부역황책 賦役黃冊

| 賦 세금 **부** | 役 일하다, 국가가 백성에게 시키는 강제 노동 **역** | 黃 노랗다 **황** | 冊 책 **책** |

명나라 때 부역에 관한 상황을 기록한 책.

⑯ 공소 公所 · 회관 會館

| 公 여러 사람에 관계되는 일 **공** | 所 장소 **소** · 會 모이다 **회** | 館 집 **관** |

명 · 청 시대 상업이 발달하면서 도시에 생긴 조합.

⑰ 어린도책 魚鱗圖冊

| 魚 물고기 **어** | 鱗 비늘 **린** | 圖 그림, 책 **도** | 冊 책 **책** |

명 · 청 시대의 토지 대장土地臺帳.

⑱ 문자의 옥 文字의 獄

| 文 글, 글자 **문** | 字 글자 **자** | 獄 감옥 **옥** |

청나라의 강희康熙 · 옹정雍正 · 건륭乾隆의 3대 사이에, 청나라에 대해 비방하는 저술 때문에 화를 입은 여러 사건.

⑲ 삼번의 난 三藩의 亂

| 三 셋 **삼** | 藩 울타리 **번** | 亂 어지럽히다 **란** |

청나라 때 삼번이 일으킨 난. '藩'은 여기서 '장군'이라는 의미.

⑳ 금서령 禁書令

| 禁 금지하다 **금** | 書 책 **서** | 令 명령하다 **령** |

청나라에서 지식인들의 반청反淸 사상을 억압하기 위한 방법으로, 통치에 방해된다고 여겨지는 서적을 없애게 한 명령.

㉑ 편무역 片貿易

| 片 조각, 한쪽 **편** | 貿 바꾸다 **무** | 易 바꾸다 **역** |

청나라 말기에 영국과 이루어졌던 무역 형태로, 한쪽 나라만 상품을 수출하는 무역.

㉒ 삼각 무역 三角貿易

| 三 셋 **삼** | 角 뿔, 모서리 **각** | 貿 바꾸다 **무** | 易 바꾸다 **역** |

청나라 말기에 영국과 이루어졌던 무역 형태이며, 지리적으로 3점을 연결하는 방식.

㉓ 백련교도의 난 白蓮敎徒의 亂

| 白 희다 **백** | 蓮 연꽃 **련** | 敎 가르치다, 종교 **교** | 徒 무리 **도** | 亂 어지럽다 **란** |

청나라 때 1796년부터 1804년 사이, 후베이[호북湖北] · 쓰촨[사천四川] · 산시[섬서陝西]의 산악 지대에서 일어난 난.

㉔ 중화 사상 中華思想

| 〈中 가운데 **중** | 華 화려하다, 중국 **화**〉 중국의 별칭 | 思 생각하다 **사** | 想 생각하다 **상** |

중국 문화가 최고이며, 모든 것이 중국을 중심으로 하여 세계 만방에 퍼져야 한다는 중국의 민족 사상.

2. 서양사

ⓞ②⑤
만민법 萬民法

| 萬 만, 모든 **만** | 民 백성 **민** | 法 법 **법** |

고대 로마 제국에서 로마 시민에게 적용되는 시민법 외에, 시민 이외의 모든 정복민에게 해당되는 법.

ⓞ②⑥
군관구 제도 軍管區制度

| 軍 군사 **군** | 管 대롱, 관리하다 **관** | 區 (행정)구역 **구** | 制 만들다, 제도 **제** | 度 ～한정도, 법도 **도** |

비잔틴 제국에서 군사화된 지방 통치 제도. 비잔틴 제국은 테오도시우스 1세가 죽은 뒤 동ㆍ서로 분열한 중세 로마 제국 중 동방 제국(330～1453). 동로마 제국이라고도 함.

ⓞ②⑦
삼포제 三圃制

| 三 셋 **삼** | 圃 밭 **포** | 制 만들다, 제도 **제** |

중세 유럽에서 토지의 지력地力을 회복하기 위해서 실시한 방법.

ⓞ②⑧
모범 의회 模範議會

| 模 본뜨다, 법 **모** | 範 본보기 **범** | 議 의논하다 **의** | 會 모이다 **회** |

1295년 영국 에드워드 1세가 귀족의 횡포를 막고, 국왕을 중심으로 하는 국정을 확립하기 위하여 소집한 의회.

ⓞ②⑨
수장령 首長令

| 首 머리, 우두머리 **수** | 長 길다, 우두머리 **장** | 令 명령하다, 법률 **령** |

영국 국왕 헨리 8세가 1534년 영국 국교회에서 국왕만이 이 세상에서 유일한 수장임을 선포한 법률.

ⓞ③⓪
선거왕제 選擧王制ㆍ선거후제 選擧侯制

| 選 가려 뽑다 **선** | 擧 들다, 가려 뽑다 **거** | 王 임금 **왕** | 侯 제후 **후** | 制 만들다, 제도 **제** |

13세기 이후 독일에서 행해졌던 국왕의 선거 방법.

ⓞ③①
대서양 헌장 大西洋憲章

| 〈大 크다 **대** | 西 서쪽 **서** | 洋 큰 바다 **양**〉 바다 이름 | 憲 법 **헌** | 章 글, 법 **장** |

제2차 세계 대전중인 1941년 8월 14일에 세계 국민 복지와 평화 등에 관한 양국(영국ㆍ미국) 정책의 공동 원칙을 정한 것.

ⓞ③②
사회 계약설 社會契約說

| 社 단체 **사** | 會 모이다 **회** | 契 약속 **계** | 約 약

속하다 **약** | 說 밝히어 말하다 **설** |

17~18세기 시민혁명기에 등장한 근대 정치 사상으로, 사회 구성원인 인간은 자유와 평등의 권리를 보장받을 수 있는 계약을 서로 맺어 법이 지배하는 사회를 만들어야 한다는 주장.

3. 동 · 서양 공통

◎③③

골각기 骨角器

| 骨 뼈 **골** | 角 뿔 **각** | 器 그릇, 기구 **기** |

돌에 비해 가공이 쉬운 짐승의 뼈 · 뿔을 가공하여 제작한 연모.

◎③④

관료 제도 官僚制度

| 官 벼슬 **관** | 僚 벼슬아치 **료** | 制 만들다, 제도 **제** | 度 ~한 정도, 법도 **도** |

군주 국가에서 통치 권한을 의회나 정당에 주지 않고 전문 능력을 소유한 관리에게 주는 정치 제도.

| 사회 ─ 사회 |

1. 정치

⓪⓪①

국민 발안 國民發案

| 國 나라 **국** | 民 백성 **민** | 發 드러내다 **발** | 案 의견 **안** |

국민이 직접 헌법 개정안이나 중요한 법률안을 제출할 수 있는 제도. 직접 민주제의 한 형태로서 국민 창안제라고도 함.

⓪⓪②

국민 소환 國民召還

| 國 나라 **국** | 民 백성 **민** | 召 부르다 **소** | 還 돌아오다 **환** |

선거에 의하여 선출된 대표 중에서 유권자들이 부적격하다고 생각하는 자를 임기가 끝나기 전에 국민 투표에 의하여 파면시키는 제도. 국민 파면 · 국민 해직이라고도 함.

⓪⓪③

양원제 兩院制

| 兩 둘 **량** | 院 집 **원** | 制 만들다, 제도 **제** |

의원의 종류가 상원과 하원 둘로 나뉘어져 국정을 운영하는 것. ↔ 단원제.

⓪⓪④

단원제 單院制

| 單 혼자 **단** | 院 집 **원** | 制 만들다, 제도 **제** |

단일한 합의체로 의회를 구성하는 제도.
↔ 양원제.

⓪⓪⑤

국정 감사 國政監査

| 國 나라 **국** | 政 정치 **정** | 監 살피다 **감** | 查 조사하다 **사** |

국회가 국정 전반에 관하여 감사할 수 있는 권한으로 소관 상임 위원회 별로 매년 정기 국회 다음날로부터 20일간 시행됨.

⓪⓪⑥

국정 조사 國政調査

| 國 나라 **국** | 政 정치 **정** | 調 조절하다, 헤아리다 **조** | 查 조사하다 **사** |

국회가 특정한 사안에 관한 조사를 할 수 있는 권한으로 국회의원의 3분의 1 이상의 요구가 있으면 이루어짐.

⓪⓪⑦

청문회 聽聞會

| 聽 듣다 청 | 聞 듣다 문 | 會 모이다 회 |

행정 기관이 규칙을 제정하거나 행정 처분을 할 때, 그 필요성이나 타당성의 판단을 위해 상대쪽 관계인이나 증인 등의 진술과 의견을 듣고 청취하여 증거를 제출하게 함으로써 사실 조사를 하는 행정 절차.

⑩⑩⑧
민주주의 民主主義

| 民 백성 민 | 主 주인 주 | 主 주인, 주되다 주 | 義 옳다, 의견 의 |

국가의 주권이 국민에게 있고 국민을 위하여 정치를 행하는 제도 또는 그러한 정치를 지향하는 사상.

⑩⑩⑨
민족주의 民族主義

| 民 백성 민 | 族 겨레 족 | 主 주인, 주되다 주 | 義 옳다, 의견 의 |

민족에 기반을 둔 국가의 형성을 지상 목표로 하는 정신 상태나 정책 원리.

⑩①⑩
문치주의 文治主義

| 文 글 문 | 治 다스리다 치 | 主 주인, 주되다 주 | 義 옳다, 의견 의 |

왕이 만든 예禮와 악樂으로 통치하자는 주장. 반대는 형법주의刑法主義.

⑩①①
법치주의 法治主義

| 法 법 법 | 治 다스리다 치 | 主 주인, 주되다 주 | 義 옳다, 의견 의 |

행정은 의회에서 제정한 법률에 의거하여 행하여야 한다는 원칙.

⑩①②
야경 국가 夜警國家

| 夜 밤 야 | 警 경계하다 경 | 國 나라 국 | 家 집 가 |

근대 민주 국가에서 나타난 국가관으로, 국가의 역할을 국방과 치안 등에 최소한으로 제한하여 국민 기본권의 최대한 보장을 이상으로 하는 국가.

⑩①③
면책 특권 免責特權

| 免 면하다 면 | 責 꾸짖다, 책임 책 | 特 특별하다 특 | 權 권력 권 |

국회의원이 국회에서 직무상 행한 발언과 표결에 대해서는 국회 밖에서 책임을 지지 않을 특권.

⑩①④
불체포 특권 不逮捕特權

| 不 ~하지 않다 불 | 逮 뒤따라가 붙잡다 체 | 捕 잡다 포 | 特 특별하다 특 | 權 권력 권 |

국회의원은 현행범이 아닌 이상 회기중 국회의 동의 없이 체포 또는 구금되지 아니하며 구금된 때에도 현행범이 아닌 한 국회의 요구가 있으면 회기중 석방되는 특권.

⑩①⑤
비례 대표제 比例代表制

| 比 비교하다 비 | 例 본보기 례 | 代 대신하다 대 | 表 겉, 나타내다 표 | 制 만들다, 제도 제 |

정당의 총 득표수에 비례하여 대표를 선출하

는 제도.

↔ 균등 대표제.

⓪①⑥
직능 대표제 職能代表制

| 職 벼슬, 직업 **직** | 能 잘하다, 능력 **능** | 代 대신하다 **대** | 表 겉, 나타내다 **표** | 制 만들다, 제도 **제** |

직업별로 선거인단을 조직하여 그 대표를 의회에 보내는 제도.

↔ 지역 대표제.

⓪①⑦
정경 유착 政經癒着

| 政 정치 **정** | 經 날실, 다스리다 **경** | 癒 병 낫다, 병 **유** | 着 붙다 **착** |

정치와 경제가 긴밀한 연관 관계를 맺고 있는 것을 이르나, 보통은 경제계와 정치권이 부정을 고리로 연결되어 있는 것을 뜻함.

⓪①⑧
대인 주권 對人主權

| 對 마주 대하다 **대** | 人 사람 **인** | 主 주인 **주** | 權 권력 **권** |

인간에게 행사되는 국가의 최고 권력.

↔ 영토 고권.

⓪①⑨
영토 고권 領土高權

| 領 우두머리, 거느리다 **령** | 土 흙, 땅 **토** | 高 높다 **고** | 權 권력 **권** |

국가가 영토 안에 사람이나 물건에 대하여 가지는 일체의 지배권.

↔ 대인 주권.

⓪②⓪
천부인권 사상 天賦人權思想

| 天 하늘 **천** | 賦 세금, 주다 **부** | 人 사람 **인** | 權 권력 **권** | 思 생각하다 **사** | 想 생각하다 **상** |

어떤 사람이든 누구로부터 간섭받지 않을 자유와 평등에 관한 권리를 하늘이 내려주었다는 사상.

⓪②①
국민 투표 부의권 國民投票附議權

| 國 나라 **국** | 民 백성 **민** | 投 던지다 **투** | 票 쪽지 **표** | 附 붙이다 **부** | 議 의논하다 **의** | 權 권력 **권** |

국가의 중대한 사항을 국민 투표에 부칠 수 있는 권리.

⓪②②
기조 연설 基調演說

| 基 기초 **기** | 調 조절하다 **조** | 演 실제로 행하다, 설명하다 **연** | 說 밝히어 말하다 **설** |

어떤 일의 바탕이 되는 기본적인 정신이나 성격, 진행의 방향이나 정책 등을 발표하는 연설.

⓪②③
계엄 선포권 戒嚴宣布權

| 戒 경계하다 **계** | 嚴 엄하다 **엄** | 宣 널리 알리다 **선** | 布 베, 널리 알리다 **포** | 權 권력 **권** |

국가의 비상 사태가 일어났을 때 일정한 지역을 병력으로 경계하며, 그 지역의 사법권과 행정권을 계엄 사령관이 관할할 수 있는 권리를 선포할 수 있는 권리.

2. 법률

⓪②④
조리 條理

| 條 조목 조 | 理 이치 리 |

보통 사람들이 상식적으로 생각할 수 있는 법규.

⓪②⑤
속인주의 屬人主義

| 屬 속하다 속 | 人 사람 인 | 主 주인, 주되다 주 | 義 옳다, 의견 의 |

범죄 장소를 따지지 않고 자기 나라 국민이 행한 범죄에 대해서는 자국의 법을 따르도록 하는 주의.

⓪②⑥
속지주의 屬地主義

| 屬 속하다 속 | 地 땅 지 | 主 주인, 주되다 주 | 義 옳다, 의견 의 |

자국 영토 내에서 벌어진 범죄에 대해서는 자국의 형법을 적용시킨다는 주의.

⓪②⑦
과료 科料

| 科 조목, 죄 과 | 料 재료, 대금 료 |

경미한 범죄에 대하여 부과하는 벌금.

⓪②⑧
과태료 過怠料

| 過 지나가다, 잘못 과 | 怠 게으르다 태 | 料 재료, 대금 료 |

공법상의 의무를 이행하거나 행정상의 질서를 유지하기 위하여 위반자에게 부과하는 금전상의 벌.

⓪②⑨
구류 拘留

| 拘 잡다 구 | 留 머무르다 류 |

범인을 잡아 1일 이상 30일 미만의 기간 동안 경찰서 유치장에 구치하여 죄인에게 행동의 자유를 주지 않는 형벌.

⓪③⓪
금고 禁錮

| 禁 금지하다, 가두다 금 | 錮 가두다 고 |

감옥에 가두고 노역은 시키지 않는 형벌.

⓪③①
몰수 沒收

| 沒 잠기다, 빼앗다 몰 | 收 거두다 수 |

국가가 법에 의하여 개인이나 단체의 소유물을 강제로 빼앗는 일.

⓪③②
자연법 自然法

| 自 스스로 자 | 然 그러하다 연 | 法 법 법 |

민족·사회·시대를 초월해 영구불변의 보편타당성을 지니는 자연적 성질에 바탕을 둔 보편적이고 항구적인 법률 및 규범.

↔ 실정법.

⓪③③
실정법 實定法

| 實 실제 **실** | 定 정하다 **정** | 法 법 **법** |

특정한 시대와 사회에서 구체적이고 실질적인 효력을 가지고 있는 법 규범.

↔ 자연법.

⓪③④
판례법 判例法

| 判 판단하다 **판** | 例 본보기 **례** | 法 법 **법** |

동일 사건에 대하여는 선례에 남은 대로 집행을 하는 성문화되지 않은 법.

⓪③⑤
관습법 慣習法

| 慣 익숙하다, 버릇 **관** | 習 익히다, 버릇 **습** | 法 법 **법** |

사회 내부에서 자연적으로 발생하여 그 구성원들 사이에서 계속 반복됨으로써 널리 승인되어 있는 사회적 행위로 법적 효력을 가진 것.

⓪③⑥
물권 物權

| 物 사물 **물** | 權 권력 **권** |

특정한 물건을 직접 또는 배타적으로 사용하여 그로부터 직접 이익을 얻을 수 있는 권리.

⓪③⑦
채권 債權

| 債 빚지다 **채** | 權 권력 **권** |

채권은 정부·공공단체와 주식회사 등이 일반인으로부터 비교적 거액의 자금을 일시에 조달하기 위하여 발행하는 차용 증서.

⓪③⑧
담보 물권 擔保物權

| 擔 메다, 맡다 **담** | 保 보호하다 **보** | 物 사물 **물** | 權 권력 **권** |

채권의 담보를 제공하는 것을 목적으로 하여 자신의 소유가 아닌 물건에 대해 갖는 제한적인 권리.

⓪③⑨
등기 登記

| 登 오르다, 기재하다 **등** | 記 기록하다 **기** |

어떠한 물건에 대한 일정한 법률 관계를 명확하게 하여 혼란을 피하고 물건의 소유자가 예측하지 못한 손해를 입지 않도록 하는 제도.

⓪④⓪
공시 公示

| 公 여러 사람에 관계되는 일 **공** | 示 보이다 **시** |

권리의 변동을 점유·등기·등록과 같이 타인이 인식할 수 있게 법적으로 나타내는 일.

⓪④①
상속 相續

| 相 서로 **상** | 續 잇다 **속** |

일정한 친족 관계가 있는 사람 사이에서 한쪽이 죽었을 때 다른 한쪽이 호주권 또는 재산상의 권리·의무 일체를 이어 받는 일.

⓪④②
사면 赦免

| 赦 용서하다 **사** | 免 면하다, 풀어주다 **면** |

특별 조치에 의하여 죄를 용서받고 죄의 책임

으로부터 벗어나게 되는 것.

044 043

복권 復權

| 復 돌아오다 **복** | 權 권력 **권** |

형의 선고로 일정한 자격을 잃었거나 정지된 자의 자격을 다시 회복시켜 주는 것.

044

노동 3권 勞動三權

| 勞 일하다 **로** | 動 움직이다, 일을 하다 **동** | 三 셋 **삼** | 權 권력 **권** |

근로자의 인간다운 생활을 보장하기 위한 세 가지 중요한 권리로 단결권, 단체 교섭권, 단체 행동권을 이름.

045

공무 담임권 公務擔任權

| 公 여러 사람에 관계되는 일 **공** | 務 일 **무** | 擔 메다, 맡다 **담** | 任 맡기다 **임** | 權 권력 **권** |

국민이 국가나 지방 자치 단체 기관의 구성원이 되어 공무를 담당할 수 있는 권리. 국민의 기본권基本權으로 참정권參政權의 하나임.

046

사회권 社會權

| 社 단체 **사** | 會 모이다 **회** | 權 권력 **권** |

생존권적 기본권. 인간다운 생활을 위하여 국가에 대하여 일정한 보호나 생활 수단의 제공을 요구할 수 있는 권리.

047

청구권적 기본권 請求權的 基本權

| 請 부탁하다 **청** | 求 찾다 **구** | 權 권력 **권** | 的 ~한 성질을 띤 **적** | 基 기초 **기** | 本 근본 **본** | 權 권력 **권** |

국민이 침해당한 기본권의 구제를 국가에 대하여 청구할 수 있는 권리.

048

청원권 請願權

| 請 부탁하다 **청** | 願 원하다 **원** | 權 권력 **권** |

국민이 국가 기관에 대하여 희망 사항을 청원할 수 있는 권리.

049

묵비권 默秘權

| 默 잠잠하다 **묵** | 秘 숨기다 **비** | 權 권력 **권** |

피고인이나 피의자가 자기에게 불리한 진술을 거부할 수 있는 권리.

050

인권 人權

| 人 사람 **인** | 權 권력 **권** |

인간이 인간답게 살 수 있도록 누구에게나 당연히 인정되는 권리.

051

재판 청구권 裁判請求權

| 裁 (옷감 등을) 치수에 맞춰 자르다, 결단하다 **재** | 判 판단하다 **판** | 請 부탁하다 **청** | 求 찾다 **구** | 權 권력 **권** |

헌법과 법률에 정한 법관에 의한 재판, 법률에 의한 재판, 신속한 공개 재판 등을 받을 권리. 재판을 받을 권리라고도 함.

052

형사 보상 청구권 刑事補償請求權

| 刑 형벌 **형** | 事 일 **사** | 補 보태다 **보** | 償 갚다 **상** |
| 請 부탁하다 **청** | 求 찾다 **구** | 權 권력 **권** |

국가 형사 사법의 잘못으로 인하여 죄 없이 구금 또는 형의 집행을 받은 사람에게 국가가 그 손해를 보상하는 일.

053

통혼권 通婚權

| 通 통하다 **통** | 婚 결혼하다 **혼** | 權 권력 **권** |

배우자를 선택하는 지역권地域圈. 이 선택의 범위가 제도로 규정되어 있는 경우가 있는데 제도로 규정되어 있지 않은 경우라도, 민족·인종·지역·계층·직업·종교 등 사회 문화적 여러 조건에 의하여 통혼의 범위가 자연히 한정되는 것이 보통임.

054

일조권 日照權

| 日 날, 해 **일** | 照 비추다 **조** | 權 권력 **권** |

다른 건물이 자기 집에 드는 볕을 가리는 것을 저지할 수 있는 권리.

055

친고죄 親告罪

| 親 친하다, 몸소 **친** | 告 알리다 **고** | 罪 죄 **죄** |

피해를 당한 자신이 직접 알려야만 재판이 진행될 수 있는 범죄.

056

은닉죄 隱匿罪

| 隱 숨다 **은** | 匿 숨기다 **닉** | 罪 죄 **죄** |

벌금 이상의 형에 해당하는 사람에게 장소 등을 제공하여 수사 기관에게 발각되지 않도록 도와주는 행위.

057

무고죄 誣告罪

| 誣 사실을 굽혀 말하다 **무** | 告 알리다, 고발하다 **고** | 罪 죄 **죄** |

남을 죄인으로 몰려고 허위 사실을 신고함으로써 성립하는 죄.

058

상해죄 傷害罪

| 傷 다치다 **상** | 害 해치다 **해** | 罪 죄 **죄** |

다른 사람의 신체를 가함으로써 건강을 해치는 죄.

059

감금죄 監禁罪

| 監 살피다, 감옥 **감** | 禁 금지하다 **금** | 罪 죄 **죄** |

일정한 구역 밖으로 나가지 못하게 하거나 곤란하게 하여 신체적인 행동의 자유를 제한하는 것.

060

교사 敎唆

| 敎 가르치다 **교** | 唆 부추기다 **사** |

범죄를 할 생각이 없는 사람에게 범죄를 하도록 하는 행위.

061

방조 幇助

| 幇 돕다 **방** | 助 돕다 **조** |

타인이 범죄를 저지를 때 좀 더 쉽게 저지를 수 있도록 편의를 주거나 도와주는 행위.

062

채무 불이행 債務不履行

| 債 빚지다 **채** | 務 일 **무** | 不 ~하지 않다 **불** | 履 밟고 가다 **리** | 行 다니다, 행하다 **행** |

빚을 갚을 의무를 이행하지 않는 것.

063

적법 절차의 원리 適法節次의 原理

| 適 알맞다 **적** | 法 법 **법** | 節 마디 **절** | 次 다음, 순서 **차** | 原 근원 **원** | 理 이치 **리** |

법이 적용되는 범위 또는 절차가 법률에 맞게 진행되어야 하고 이것이 법률로 규정되어야 한다는 원리.

064

일사 부재리의 원칙 一事不再理의 原則

| 一 하나 **일** | 事 일 **사** | 不 ~하지 않다 **불/부** | 再 다시 **재** | 理 이치, 다스리다 **리** | 原 근원 **원** | 則 법칙 **칙** |

한번 확정 판결된 사건은 다시 심리하지 않는다는 형사 소송법상의 원칙.

065

과실 책임의 원칙 過失責任의 原則

| 過 지나가다, 잘못 **과** | 失 잃다, 허물 **실** | 責 꾸짖다, 책임 **책** | 任 맡기다 **임** | 原 근원 **원** | 則 법칙 **칙** |

고의 또는 과실에 의한 행위로 말미암아 끼친 손해에 대하여 지는 배상 책임.

066

피해자 被害者

| 被 당하다 **피** | 害 해치다 **해** | 者 사람 **자** |

피해를 당한 사람.

067

공판 公判

| 公 여러 사람에 관계되는 일 **공** | 判 판단하다 **판** |

법원이 공개된 법정에서 심판하는 절차.

068

입법 예고제 立法 豫告制

| 立 서다 **립** | 法 법 **법** | 豫 미리 **예** | 告 알리다 **고** | 制 만들다, 제도 **제** |

법률을 제정하거나 개정할 때 법령안의 내용을 사전에 국민에게 알려 의견을 제시할 수 있도록 하는 제도.

069

임의 동행 任意同行

| 任 맡기다, 마음대로 하다 **임** | 意 뜻 **의** | 同 같다, 함께하다 **동** | 行 다니다 **행** |

경찰관의 연행 요구에 자발적으로 응하여 조사를 받기 위해서 수사 기관으로 수사관과 함께 가는 것.

070

치외법권 治外法權

| 治 다스리다 **치** | 外 바깥 **외** | 法 법 **법** | 權 권력 **권** |

다른 나라의 영토 안에 있으면서도 그 나라 법

률의 적용을 받지 아니하는 국제법상의 원리.

⓪⑦① 행정 쟁송 行政爭訟

| 行 다니다 행 | 政 정치 정 | 爭 다투다 쟁 | 訟 옳고 그름을 가리다 송 |

국가 행정으로 인한 피해를 입었을 때 이를 국가 기관에 송사를 요청하는 것.

3. 경제

⓪⑦② 가격 기구 價格機構

| 價 값 가 | 格 바로잡다, 법 격 | 機 기계 기 | 構 얽어매다 구 |

시장 경제 체제에서 재화나 용역의 가격이 수요와 공급이 균형을 이루는 곳에서 결정되고, 이 가격의 신호에 따라 소비자와 생산자가 경제 생활에 적응하는데, 이를 가격 기구라고 함.

⓪⑦③ 감가상각비 減價償却費

| 減 덜다 감 | 價 값 가 | 償 갚다 상 | 却 물리치다, 없애다 각 | 費 (돈을) 쓰다 비 |

토지를 제외한 고정 자산의 가치 감소를 산정하여 그 액수를 고정 자산의 금액에서 공제하는 비용.

⓪⑦④ 지수 指數

| 指 손가락, 가리키다 지 | 數 숫자 수 |

물가나 임금 따위의 변동을 알기 쉽게 하기 위하여 일정한 때를 100으로 하여 비교하는 숫자.

⓪⑦⑤ 관세 關稅

| 關 빗장, 출입하는 곳 관 | 稅 세금 세 |

국경을 통과하는 상품에 대하여 국가가 받는 세금.

⓪⑦⑥ 수지 收支

| 收 거두다 수 | 支 갈라져 나오다, 치르다 지 |

수입과 지출.

⓪⑦⑦ 보호 무역 保護貿易

| 保 보호하다 보 | 護 보호하다 호 | 貿 바꾸다 무 | 易 바꾸다 역 |

국내 산업의 보호와 육성을 위하여 국가가 수입 금지, 보호 관세 등을 부과하여 외국 상품의 국내 수입을 억제하는 것.

↔ 자유 무역.

⓪⑦⑧ 자유 무역 自由貿易

| 自 스스로 자 | 由 말미암다 유 | 貿 바꾸다 무 | 易 바꾸다 역 |

국가가 외국 무역에 관하여 간섭하지 아니하고 자유로이 하게 하는 무역.

↔ 보호 무역.

(079)

가공 무역 加工貿易

|加 더하다 **가**|工 물건 만들다 **공**|貿 바꾸다 **무**|易 바꾸다 **역**|

외국에서 원재료나 반제품을 수입하여 국내에서 가공하거나 새로운 제품으로 만들어 다시 수출하는 무역.

(080)

수입 할당 제도 輸入割當制度

|輸 실어 나르다 **수**|入 들어가다 **입**|割 베다, 나누다 **할**|當 마땅하다, 들어맞다 **당**|制 만들다, 제도 **제**|度 ~한정도, 법도 **도**|

비자유화 품목에 대하여 수입 양을 할당해서 수입에 제한을 두어 기존에 있는 국내 산업에 치명적인 손해가 없도록 하는 것.

(081)

환율 換率

|換 바꾸다 **환**|率 비율 **률**|

두 나라 화폐 사이의 교환 비율.

(082)

고정 환율 제도 固定換率制度

|固 굳다 **고**|定 정하다 **정**|換 바꾸다 **환**|率 비율 **률**|制 만들다, 제도 **제**|度 ~한정도, 법도 **도**|

정부가 외화의 수요와 공급 및 기타 여건을 고려하여 환율을 일정하게 고정시켜 놓은 것.

(083)

변동 환율 제도 變動換率制度

|變 변하다 **변**|動 움직이다 **동**|換 바꾸다 **환**|率 비율 **률**|制 만들다, 제도 **제**|度 ~한정도 **도**|

외화의 수요·공급에 따라 환율이 변동하는 제도.

(084)

외채 外債

|外 바깥, 외국 **외**|債 빚지다 **채**|

외국에서 빌린 돈.

(085)

외화 보유액 外貨保有額

|外 바깥, 외국 **외**|貨 화폐 **화**|保 보호하다 **보**|有 있다 **유**|額 이마, 일정한 분량 **액**|

정부나 중앙은행 등에서 보유하고 있는 외화의 합계.

(086)

외환 外換

|外 바깥, 외국 **외**|換 바꾸다 **환**|

금이나 외화 수송상의 불편과 위험을 제거하기 위해, 국제간의 채권·채무 관계를 금과 외화를 직접 사용하지 않고 결제하는 지정 서류.

(087)

외환 위기 外換危機

|外 바깥, 외국 **외**|換 바꾸다 **환**|危 위태하다 **위**|機 기계, 때 **기**|

지속적인 국제 수지 적자나 자국의 화폐 가치의 불안전함으로 인하여 한 나라의 외환 보유액이 부족해져서 채무 불이행과 같은 상황이 나타나는 경제 상황.

088

암시장 暗市場

| 暗 어둡다, 몰래 **암** | 市 시장 **시** | 場 마당 **장** |

정상 가격이 아닌 가격 수준에서 재화가 비합법적으로 거래되는 음성적인 시장.

089

선물 시장 先物市場

| 先 먼저 **선** | 物 사물 **물** | 市 시장 **시** | 場 마당 **장** |

상품이나 외국환에 대한 장래에 있어서의 인수 · 인도 계약이 매매되는 시장.

090

공기업 公企業

| 公 여러 사람에 관계되는 일 **공** | 企 꾀하다 **기** | 業 일 **업** |

국가 또는 지방 공공 단체가 직접 기업 활동을 하거나 정부가 출자하여 지배하는 기업.

091

공기업 민영화 公企業 民營化

| 公 여러 사람에 관계되는 일 **공** | 企 꾀하다 **기** | 業 일 **업** | 民 백성 **민** | 營 경영하다 **영** | 化 변화하다 **화** |

공기업의 문제를 해결하기 위하여 공기업을 경쟁 시장에 노출시켜 민간 기업화 시키는 것.

092

다국적 기업 多國籍 企業

| 多 많다 **다** | 國 나라 **국** | 籍 문서 **적** | 企 꾀하다 기 | 業 일 **업** |

여러 국가에 걸쳐 영업 또는 제조 거점을 두고 세계적인 범위와 규모로 영업을 하는 기업.

093

단자 회사 短資會社

| 短 짧다 **단** | 資 재물 **자** | 會 모이다 **회** | 社 단체 **사** |

단기 금융 시장에서 자금을 빌려주거나 중개를 하는 회사.

094

자회사 子會社

| 子 아들, 자식 **자** | 會 모이다 **회** | 社 단체 **사** |

복수複數 회사가 종적縱的으로 결합하여 지배 · 종속의 관계를 가지는 경우, 종속하는 회사.

095

주식회사 株式會社

| 株 그루터기, 주식 **주** | 式 형식, 법 **식** | 會 모이다 **회** | 社 단체 **사** |

주식의 발행을 통해 자금을 조달하며, 주주는 소유 주식에 따르는 권리와 의무를 가질 뿐, 회사의 채권자에 대해서는 책임지지 않는 회사.

096

금융 소득 종합 과세제 金融所得綜合課稅制

| 金 쇠, 돈 **금** | 融 녹다, 통하다 **융** | 所 장소, ~하는 바 **소** | 得 얻다 **득** | 綜 모으다 **종** | 合 합하다 **합** | 課 책임 지우다 **과** | 稅 세금 **세** | 制 만들다, 제도 **제** |

이자 배당 등 금융 거래에서 벌어들인 소득을 사업 소득 등과 합산해서 총 소득을 산정한 뒤 누진 세율에 따라 세금을 부과함.

⑥⑨⑦

금융 실명제 金融實名制

| 金 쇠, 돈 금 | 融 녹다, 통하다 융 | 實 실제 실 | 名 이름 명 | 制 만들다, 제도 제 |

모든 금융 기관과의 거래에서 본인의 실명을 사용하도록 하는 제도.

⑥⑨⑧

국제 통화 기금 國際通貨基金

| 國 나라 국 | 際 두 사물의 중간 제 | 通 통하다 통 | 貨 화폐 화 | 基 기초 기 | 金 쇠, 돈 금 |

외화 부족이나 신용의 추락으로 인하여 외화를 차입할 수 없는 국가에 대하여 단기 자금을 제공하여 세계 경제를 안정시키고 나아가 국제 무역을 증진시키기 위하여 설립된 국제 경제 기구.

⑥⑨⑨

금본위 제도 金本位制度

| 金 쇠, 돈 금 | 本 근본 본 | 位 위치 위 | 制 만들다, 제도 제 | 度 ~한정도, 법도 도 |

모든 화폐의 가치 척도를 금을 기준으로 하는 제도.

①⑥⑥

지급 준비금 支給準備金

| 支 갈라져 나오다, 치르다 지 | 給 주다 급 | 準 법도 준 | 備 갖추다 비 | 金 쇠, 돈 금 |

은행에서 손님이 인출을 요구할 경우를 대비하여 시중의 은행이 한국은행에 예탁해 놓은 돈.

①⑥①

증권 證券

| 證 증명하다 증 | 券 문서 권 |

정부나 기업에서 발행하는, 재산상의 권리를 나타내는 문서.

①⑥②

유가 증권 有價證券

| 有 있다 유 | 價 값 가 | 證 증명하다 증 | 券 문서 권 |

어음·수표·주식처럼 재산 가치가 있는 증서.

①⑥③

통화 通貨

| 通 통하다 통 | 貨 화폐 화 |

한 나라 안에서 통용되고 있는 화폐.

①⑥④

기축 통화 基軸通貨

| 基 기초 기 | 軸 중심 축 축 | 通 통하다 통 | 貨 화폐 화 |

국제간의 결제나 금융 거래의 기본이 되는 통화.

①⑥⑤

공공재 公共財

| 公 여러 사람에 관계되는 일 공 | 共 함께 공 | 財 재물 재 |

여러 사람이 동시에 공동으로 이용할 수 있는 재화로, 국방·치안·소방·공원·도로 등을 일컬음.

↔ 사유재.

⑩⑥

사유재 私有財

| 私 개인 **사** | 有 있다 **유** | 財 재물 **재** |

개인 소유의 재화.

↔ 공공재.

⑩⑦

경제재 經濟財

| 經 날실, 다스리다 **경** | 濟 구제하다 **제** | 財 재물 **재** |

경제 활동의 대상이 되는 재화 중에서 희소성이 있어서 대가를 지불해야만 얻을 수 있는 것.

↔ 자유재.

⑩⑧

자유재 自由財

| 自 스스로 **자** | 由 말미암다 **유** | 財 재물 **재** |

사람이 차지할 수도 처분할 수도 없고, 그럴 필요도 없는 재화. 공기, 바닷물, 햇빛 등.

↔ 경제재.

⑩⑨

경기적 실업 景氣的 失業

| 景 경치 **경** | 氣 기운 **기** | 的 ~한 성질을 띤 **적** | 失 잃다 **실** | 業 일 **업** |

기업을 중심으로 한 경제적 사정으로 직업을 잃는 것.

⑪⑩

기술적 실업 技術的 失業

| 技 재주 **기** | 術 재주 **술** | 的 ~한 성질을 띤 **적** | 失 잃다 **실** | 業 일 **업** |

노동 절약형 기술 진보의 영향을 집중적으로 받는 산업에서 발생하는 고용의 감퇴로 인한 실업.

⑪⑪

구조적 실업 構造的 失業

| 構 얽어매다 **구** | 造 만들다 **조** | 的 ~한 성질을 띤 **적** | 失 잃다 **실** | 業 일 **업** |

산업 구조의 변화와 함께 필연적으로 발생하는 만성적 장기 실업 상태.

⑪⑫

재택 근무 在宅勤務

| 在 (~에) 있다 **재** | 宅 집 **택** | 勤 부지런하다, 근무하다 **근** | 務 일 **무** |

정보 통신망을 이용하여 회사로 출퇴근을 하지 않고 집에서 업무를 처리하는 환경.

⑪⑬

고정 자본 固定資本

| 固 굳다 **고** | 定 정하다 **정** | 資 재물 **자** | 本 근본 **본** |

비교적 장기간에 걸쳐서 생산 활동에 사용되는 재화. 제조 공업에서의 설비·장치·기계 등을 이름.

↔ 유동 자본.

⑪⑭

유동 자본 流動資本

| 流 흐르다 **류** | 動 움직이다 **동** | 資 재물 **자** |

本 근본 본 |

원료나 보조 재료처럼 한번 생산 과정을 통해 그 전가치가 생산물로 이전하는 자본 부문.

↔ 고정 자본.

⑪⑮
경상 거래 經常去來

| 經 날실, 다스리다 **경** | 常 항상 **상** | 去 떠나가다 **거** | 來 오다 **래** |

국제간의 거래에서 자본 거래 이외의 상품의 매매, 물물 교환, 서비스의 수수, 증여 등을 이름.

⑪⑯
전자 상거래 電磁 商去來

| 電 전기 **전** | 磁 자석 **자** | 商 장사하다 **상** | 去 떠나가다 **거** | 來 오다 **래** |

인터넷이나 PC 통신을 이용해 상품을 사고 파는 행위.

⑪⑰
법인 法人

| 法 법 **법** | 人 사람 **인** |

자연인이 아니면서 자연인처럼 법률상으로 권리 능력을 부여받는 주체.

↔ 자연인.

⑪⑱
사단법인 社團法人

| 社 단체 **사** | 團 모임 **단** | 法 법 **법** | 人 사람 **인** |

일정한 목적을 위하여 결합한 사람의 단체를 실체로 하는 법인.

⑪⑨
재단법인 財團法人

| 財 재물 **재** | 團 모임 **단** | 法 법 **법** | 人 사람 **인** |

일정한 목적에 바쳐진 재산(재단)에 법적 인격이 부여된 법인.

⑫⓪
재화 財貨

| 財 재물 **재** | 貨 화폐 **화** |

인간 욕망의 대상이 되는 물질적 수단.

⑫①
용역 用役

| 用 (물건을) 쓰다 **용** | 役 일하다 **역** |

경제 행위의 객체로 형태는 없으면서 인간의 욕구를 충족시키는 사람들의 활동이나 행위.

⑫②
세입 歲入

| 歲 해 **세** | 入 들어가다 **입** |

한해에 국가에 들어오는 총 수입.

↔ 세출.

⑫③
세출 歲出

| 歲 해 **세** | 出 나가다 **출** |

한해에 국가에서 나가는 총 지출.

↔ 세입.

⑫④
간접세 間接稅

| 間 사이 **간** | 接 닿다 **접** | 稅 세금 **세** |

상품에 부과되는 세금을 그 제조업자 또는 판매업자에게 부과하되, 실제로는 그 상품의 소비자가 부담하는 조세.

↔ 직접세.

①②⑤

직접세 直接稅

| 直 곧다, 바로 **직** | 接 닿다 **접** | 稅 세금 **세** |

납세자와 담세자가 동일한 세금. 소득세나 재산세 등을 이름.

↔ 간접세.

①②⑥

누진세 累進稅

| 累 쌓다 **루** | 進 나아가다, 오르다 **진** | 稅 세금 **세** |

소득 금액이 커질수록 높은 세율을 적용하도록 하는 제도.

↔ 비례세.

①②⑦

비례세 比例稅

| 比 비교하다 **비** | 例 본보기 **례** | 稅 세금 **세** |

과세 대상의 크기에 관계없이 일정한 세율로 부과하는 세.

↔ 누진세.

①②⑧

인지세 印紙稅

| 印 도장 찍다 **인** | 紙 종이 **지** | 稅 세금 **세** |

정부가 발행한 인지를 붙임으로써 세금을 납부하였다는 증명이 되는 세금.

①②⑨

특별 소비세 特別消費稅

| 特 특별하다 **특** | 別 다르다 **별** | 消 사라지다 **소** | 費 (돈을) 쓰다 **비** | 稅 세금 **세** |

사치성 상품의 소비에 과세를 많이 부과하기 위하여 매겨지는 세금.

①③⓪

긴축 재정 緊縮財政

| 緊 팽팽하다, 줄이다 **긴** | 縮 오그라들다 **축** | 財 재물 **재** | 政 정치 **정** |

정부가 재정의 지출보다는 수입을 더 많이 하는 재정.

①③①

추가 경정 예산 追加更正豫算

| 追 뒤쫓아 가다 **추** | 加 더하다 **가** | 更 다시 **갱** / 고치다 **경** | 正 바르다, 바르게 하다 **정** | 豫 미리 **예** | 算 계산하다 **산** |

이미 계획한 예산에서 모자란 부분을 보충하여 추가하는 예산.

①③②

지방 재정 교부금 地方財政交付金

| 地 땅 **지** | 方 방향, 지역 **방** | 財 재물 **재** | 政 정치 **정** | 交 사귀다, 오고 가다 **교** | 付 주다 **부** | 金 쇠, 돈 **금** |

지방의 재정을 돕기 위해 중앙 정부가 주는 돈.

⑬⑬③

직업 소명설 職業召命說

| 職 벼슬, 직업 **직** | 業 일 **업** | 召 부르다 **소** | 命 목숨, 하늘의 뜻 **명** | 說 밝히어 말하다 **설** |

칼뱅에 의해 주창된 것으로 '신으로 부터 자기 몫의 일을 갖도록 부름을 받는다' 는 의미. 칼뱅은 직업은 신이 맡긴 것이므로 귀천이 없으며, '직업에서 얻어진 이윤은 신의 선물' 이라고 주장하여 상공업자들의 입장을 두둔하였고 이것이 오늘날 자본주의 경제의 기초가 됨.

⑬⑬④

법정 관리 法定管理

| 法 법 **법** | 定 정하다 **정** | 管 대롱, 관리하다 **관** | 理 이치, 다스리다 **리** |

부도 위기에 몰리거나 부도를 낸 회사가 회생 가능성이 있는 경우에 법원이 주주와 채권자 등 이해 관계자의 의견을 조정하여 재기 기회를 주는 것.

⑬⑬⑤

정리 해고 整理解雇

| 整 가지런하다 **정** | 理 이치, 다스리다 **리** | 解 풀다 **해** | 雇 고용하다 **고** |

회사의 정상적인 경영이 어려울 때 인건비를 줄이고 경영의 효율성을 높이기 위하여 종업원의 일정 수를 해고하는 것.

⑬⑬⑥

국민 연금 國民年金

| 國 나라 **국** | 民 백성 **민** | 年 해 **년** | 金 쇠, 돈 **금** |

노령, 장애, 사망 등으로 인하여 소득 회복 능력이 없는 당사자 및 유족의 생활 보장을 위하여 매년 정기적으로 일정액의 금전을 지급하는 제도

⑬⑬⑦

고용 보험 雇用保險

| 雇 고용하다 **고** | 用 (물건을) 쓰다 **용** | 保 보호하다 **보** | 險 험하다 **험** |

사업주와 근로자의 고용 안정, 재취업 촉진, 근로자 또는 사업주를 지원하기 위한 제도로 사업주와 근로자는 각각 월급의 일정 비율을 보험료로 납부해야 함.

⑬⑬⑧

공적 부조 公的扶助

| 公 여러 사람에 관계되는 일 **공** | 的 ~한 성질을 띤 **적** | 扶 돕다 **부** | 助 돕다 **조** |

생활 능력이 없는 사람을 국가가 세금을 재원으로 최저한의 생활을 보장해 주는 것.

⑬⑬⑨

공적 자금 公的資金

| 公 여러 사람에 관계되는 일 **공** | 的 ~한 성질을 띤 **적** | 資 재물 **자** | 金 쇠, 돈 **금** |

정부가 금융 기관의 구조 조정을 지원하기 위하여 마련한 정부 재정 자금.

⑭⑭⓪

기금 基金

| 基 기초 **기** | 金 쇠, 돈 **금** |

어떤 목적을 위하여 모아서 준비해 놓은 자금.

⑴⑷⑴

물가 연동 임금 제도 物價連動賃金制度

| 物 사물 **물** | 價 값 **가** | 連 잇다 **련** | 動 움직이다 **동** | 賃 품삯 **임** | 金 쇠, 돈 **금** | 制 만들다, 제도 **제** | 度 ~한정도, 법도 **도** |

물가의 변화분을 임금 조정에 포함시키는 것.

⑴⑷⑵

매점 매석 買占賣惜

| 買 사다 **매** | 占 점치다, 차지하다 **점** | 賣 팔다 **매** | 惜 아깝다 **석** |

매점은 독점을 목적으로 물자(상품)를 대량으로 사들였다가, 그 물자가 부족하여 가격이 올랐을 때 매각하여 폭리를 취하는 일. 매석은 물가 폭등에 의한 폭리를 바라고 어떠한 상품을 팔기를 꺼리는 일.

⑴⑷⑶

과점 寡占

| 寡 적다 **과** | 占 점치다, 차지하다 **점** |

소수의 기업이 상품 시장을 독차지함.

⑴⑷⑷

독과점 獨寡占

| 獨 홀로 **독** | 寡 적다 **과** | 占 점치다, 차지하다 **점** |

독점과 과점을 아울러 이르는 말.

⑴⑷⑸

선대제 先貸制

| 先 먼저 **선** | 貸 빌리다 **대** | 制 만들다, 제도 **제** |

상인이 부업으로 가내 공업을 하는 농민이나 수공업자에게 생산에 필요한 원료·도구를 미리 빌려주고 생산을 하게 한 뒤, 일정한 대가를 치르고 그 제품의 공급을 독점하는 형태의 가내 공업.

⑴⑷⑹

부당 내부 거래 不當內部去來

| 不 ~하지 않다 **불/부** | 當 마땅하다 **당** | 內 안 **내** | 部 분류 **부** | 去 떠나가다 **거** | 來 오다 **래** |

기업들이 계열 회사나 특수 관계에 있는 다른 회사에 대하여 자금이나 부동산 등 자산·인력을 무상으로 제공하거나 현저히 유리한 조건으로 부당하게 지원하는 행위.

⑴⑷⑺

호혜주의 互惠主義

| 互 서로 **호** | 惠 은혜 **혜** | 主 주인, 주되다 **주** | 義 옳다, 의견 **의** |

교역을 맺은 나라끼리 서로 혜택을 베풀어 같이 혜택을 보는 것.

⑴⑷⑻

기간 산업 基幹産業

| 基 기초 **기** | 幹 줄기, 뼈대 **간** | 産 낳다 **산** | 業 일 **업** |

산업의 토대가 되는 철강·석유·화학 등 생산 설비 및 교통 기관 산업 등 생산 부문의 기초 산업.

⑴⑷⑼

사양 산업 斜陽産業

| 斜 비스듬하다 **사** | 陽 햇볕 **양** | 産 낳다 **산** | 業 일 **업** |

산업 여건의 변화에 따라 기존의 산업 중에서 침체에 빠지거나 쇠퇴해 가는 산업.

⑮⓪ 공업 입지론 工業立地論

| 工 물건 만들다 **공** | 業 일 **업** | 立 서다 **립** | 地 땅 **지** | 論 논의하다, 견해 **론** |

공업 활동을 하는 데 적합한 장소 및 이를 선택하는 요인을 분석하고 연구하는 학문.

⑮① 배당 配當

| 配 짝짓다, 나누다 **배** | 當 마땅하다, 맡다 **당** |

회사 운영의 결과로 이익금이 발생하여 주주가 소유한 주식 수에 비례하여 이익금을 받는 것.

⑮② 부가 가치 附加價值

| 附 붙이다 **부** | 加 더하다 **가** | 價 값 **가** | 值 값 **치** |

생산 과정에서 새로이 추가시키거나 만들어 낸 가치.

⑮③ 하도급 下都給

| 下 아래 **하** | 都 도읍, 모두 **도** | 給 주다 **급** |

중소기업이 대기업에 종속하여 그 통제 아래에서 주문을 받아 생산하는 것.

⑮④ 인구부양비 人口扶養比

| 人 사람 **인** | 口 입, 인구 **구** | 扶 돕다 **부** | 養 기르다 **양** | 比 비교하다 **비** |

부양 인구(15세~65세)와 피부양 인구(15세 미만, 65세 이상)의 비율.

⑮⑤ 적자 赤字

| 赤 붉다 **적** | 字 글자 **자** |

장부상 수입이 지출보다 적어 결손이 있을 때를 이름. 장부에 붉은 글자로 기입한 데서 유래함.

⑮⑥ 흑자 黑字

| 黑 검다 **흑** | 字 글자 **자** |

수지 결산의 결과 이익이 생김. 장부에 검은 글자로 기입한 데서 유래함.

⑮⑦ 투기 投機

| 投 던지다, 의탁하다 **투** | 機 기계, 때 **기** |

생산 활동과 관계없이 오직 이익을 추구할 목적으로 실물 자산이나 금융 자산을 구입하는 형태.

⑮⑧ 투자 投資

| 投 던지다 **투** | 資 재물 **자** |

생산 활동과 관련되는 자본재의 총량을 유지 또는 증가시키는 활동.

4. 사회 · 문화

⑮⑨
사회 유기체설 社會有機體說

| 社 단체 **사** | 會 모이다 **회** | 有 있다 **유** | 機 기계, 기능 **기** | 體 몸 **체** | 說 밝히어 말하다 **설** |

사회를 생물 유기체와의 비교에 의하여, 체계적으로 설명하려고 하는 사회학설.

⑯⓪
허위 문화 虛僞文化

| 虛 비다, 헛되다 **허** | 僞 거짓 **위** | 文 글, 사회를 빛나게 하는 것 **문** | 化 변화하다 **화** |

다양성보다는 획일성을 앞세우고 정신보다는 물질을 중요시하여 인간의 행복을 저해하는 문화.

↔ 순수 문화.

⑯①
순수 문화 純粹文化

| 純 순수하다 **순** | 粹 순수하다 **수** | 文 글, 사회를 빛나게 하는 것 **문** | 化 변화하다 **화** |

인간의 삶을 행복하게 하며, 물질보다는 정신적 가치를 실현하는 문화.

↔ 허위 문화.

⑯②
문화 지체 文化遲滯

| 文 글, 사회를 빛나게 하는 것 **문** | 化 변화하다 **화** | 遲 더디다 **지** | 滯 막히다 **체** |

물질 문명의 변화에 비하여 비물질적, 정신적 문화 요소의 변동 속도가 느리기 때문에 나타나는 혼란.

⑯③
문화 접변 文化接變

| 文 글, 사회를 빛나게 하는 것 **문** | 化 변화하다 **화** | 接 닿다 **접** | 變 변하다 **변** |

서로 다른 문화와 전통을 가진 나라가 여러 사회와 접촉을 할 때 일어나는 변화.

⑯④
계 契

| 契 약속, 계 **계** |

예전부터 내려오는 민간의 협농 조직.

⑯⑤
동제 洞祭

| 洞 마을 **동** | 祭 제사 **제** |

한 마을에서 수호신을 정하여 마을 사람들이 함께 지내는 제사.

⑯⑥
산신각 山神閣

| 山 산 **산** | 神 귀신 **신** | 閣 집 **각** |

산신을 모시기 위해 지어 놓은 집.

⑯⑦
삼신 三神

| 三 셋 **삼** | 神 귀신 **신** |

보통 민간 신앙에서 믿는 것으로 집안에 아기가 태어나거나 그렇지 않음, 또 그 수의 많고 적음을 점지하여 주는 신.

⑯⑧
무속 신앙 巫俗信仰

| 巫 무당 무 | 俗 속세, 풍습 속 | 信 믿다 신 | 仰 우러러보다 앙 |

무당을 중심으로 민간의 풍속으로 전해지는 신앙.

⑯⑨
칠성각 七星閣

| 七 일곱 칠 | 星 별 성 | 閣 집 각 |

칠성신을 모셔 놓은 집.

⑰⓪
장묘 문화 葬墓文化

| 葬 장사 지내다 장 | 墓 무덤 묘 | 文 글, 사회를 빛나게 하는 것 문 | 化 변화하다 화 |

시신의 매장과 관련된 풍습.

⑰①
호주 戶主

| 戶 집 호 | 主 주인 주 |

집의 주인, 집안의 계통을 계승한 사람으로 분가하여 새로운 가정을 만들 때 취득함.

⑰②
고립아 孤立兒

| 孤 외롭다 고 | 立 서다 립 | 兒 아이 아 |

다른 사람들과 동떨어져 생활함으로써 인간으로서 지니는 기본적인 사회적 특성이나 인간에게 기대되는 사회적 역할 행동을 제대로 하지 못하는 사람.

⑰③
기능론 機能論

| 機 기계, 기능 기 | 能 잘하다, 능력 능 | 論 논의하다, 견해 론 |

사회 문화 현상을 보는 관점의 하나로 사회 구성 요소들이 의존적 관계에서 사회 전체의 유지와 통합에 기여한다는 관점.

⑰④
사회 명목론 社會名目論

| 社 단체 사 | 會 모이다 회 | 名 이름 명 | 目 눈, 이름 목 | 論 논의하다, 견해 론 |

사회는 개인들이 만든 것이고 개인을 떠나서는 사회가 존재할 수 없다는 이론.

⑰⑤
준거 집단 準據集團

| 準 법도 준 | 據 의지하다 거 | 集 모으다 집 | 團 모임 단 |

한 개인이 생각하고 행동을 할 때 기준으로 두는 집단.

⑰⑥
표본 조사 標本調査

| 標 표시하다 표 | 本 근본 본 | 調 조절하다, 헤아리다 조 | 査 조사하다 사 |

조사 대상 중 일부만을 대상으로 한 조사.

⑰⑦
일탈 행동 逸脫行動

| 逸 달아나다, 방종하다 일 | 脫 벗다 탈 | 行 다니다, 행하다 행 | 動 움직이다 동 |

사회 구성원들이 그 사회가 정상적인 것으로 인정하는 규범의 허용 한계를 벗어나는 행위를 하는 것.

⑴⑺⑻
재사회화 再社會化

| 再 다시 **재** | 社 단체 **사** | 會 모이다 **회** | 化 변화하다 **화** |

급격한 사회 변동으로 새로운 사회 규범과 행동 양식이 생겨났을 때, 이에 적응하기 위해 새로운 지식이나 생활 양식 등을 학습하는 과정.

⑴⑺⑼
내집단 內集團

| 內 안 **내** | 集 모으다 **집** | 團 모임 **단** |

외집단에 반하여 구성원들이 가지는 소속감이 강하며 판단과 행동의 기준이 됨.

↔ 외집단.

⑴⑻⑩
외집단 外集團

| 外 바깥 **외** | 集 모으다 **집** | 團 모임 **단** |

규범 · 가치 · 습관 · 태도 등이 자기와 공통성이 없는 타인들로 이루어진 집단.

↔ 내집단.

⑴⑻⑴
전치 현상 轉置現像

| 轉 구르다, 바꾸다 **전** | 置 두다 **치** | 現 나타나다 **현** | 像 (사람을) 본뜬 모양, 모양 **상** |

목적과 수단이 뒤바뀌는 현상.

⑴⑻⑵
양성성 兩性性

| 兩 둘 **량** | 性 성품, 남녀 **성** | 性 성품, 성질 **성** |

여성성과 남성성을 공유한 사람.

⑴⑻⑶
제일성 齊一性

| 齊 가지런하다 **제** | 一 하나 **일** | 性 성품, 성질 **성** |

인간이면 누구에게나 있는 보편적 성질.

5. 국제 단체

⑴⑻⑷
국제 비정부 기구 國際非政府機構 (Non −Governmental Organization, NGO)

| 國 나라 **국** | 際 두 사물의 중간 **제** | 非 아니다 **비** | 政 정치 **정** | 府 관청 **부** | 機 기계 **기** | 構 얽어매다 **구** |

국제 연합(UN)에 여론을 반영하기 위해 설립된 각국의 민간 단체. 비정부 기구라고도 함.

⑴⑻⑸
경제 협력 개발 기구 經濟 協力 開發 機構 (Organization for Economic Cooperation and Development, OECD)

| 經 날실, 다스리다 **경** | 濟 구제하다 **제** | 協 협력하다 **협** | 力 힘 **력** | 開 열다 **개** | 發 드러내다 **발** | 機 기계 **기** | 構 얽어매다 **구** |

1961년 창립. 경제적인 선진국들의 모임으로 세계의 경제적 질서와 개발도상국에 대한 국제적인 책임과 원조를 목적으로 설립된 기구.

1. 힘과 에너지

⓪⓪① 낙체 운동 落體運動

| 落 떨어지다 **락** | 體 몸 **체** | 運 움직이다 **운** |
| 動 움직이다 **동** |

중력重力의 작용으로 땅에 떨어지는 물체의 운동.

⓪⓪② 변위 變位

| 變 변하다 **변** | 位 위치 **위** |

물체가 한 위치에서 최종 위치로의 변화를 벡터(크기, 방향)로 나타낸 것.

⓪⓪③ 분동 分銅

| 分 나누다 **분** | 銅 구리 **동** |

천칭天秤으로 물건의 무게를 달 때, 무게의 표준으로 한쪽 저울판 위에 올려 놓는 추錘.
= 분추分錘.

⓪⓪④ 비중 比重

| 比 비교하다 **비** | 重 무겁다, 무게 **중** |

어떤 물질의 질량과, 이것과 같은 부피를 가진 표준 물질의 질량과의 비. 즉 물의 무게와 비교되는 값.

⓪⓪⑤ 가속도 加速度

| 加 더하다 **가** | 速 빠르다 **속** | 度 ~한정도 **도** |

단위 시간 동안 속도의 증가 값. 벡터량이며 단위는 m/s2, cm/s2 등을 사용함.

⓪⓪⑥ 각속도 角速度

| 角 뿔, 각도 **각** | 速 빠르다 **속** | 度 ~한정도 **도** |

회전하는 물체가 단위 시간에 변화되는 각도.

⓪⓪⑦ 등가속도 等加速度

| 等 등급, 같다 **등** | 加 더하다 **가** | 速 빠르다 **속** |
| 度 ~한정도 **도** |

가속도가 같은 운동.

008

등속도 운동 等速度運動

| 等 등급, 같다 **등** | 速 빠르다 **속** | 度 ~한정도 **도** | 運 움직이다 **운** | 動 움직이다 **동** |

속도가 항상 일정한 값을 갖는 운동.

009

상대 속도 相對速度

| 相 서로 **상** | 對 마주 대하다 **대** | 速 빠르다 **속** | 度 ~한정도 **도** |

어떤 물체에서 본 다른 물체의 상대적인 속도.

010

종단 속도 終端速度

| 終 끝나다 **종** | 端 바르다, 끝 **단** | 速 빠르다 **속** | 度 ~한정도 **도** |

물체가 공기 중에서 낙하할 때 처음 속도가 느릴 때는 공기 저항력이 적어 거의 중력 가속도로 속도가 증가하지만, 낙하 속도가 증가하면 공기의 저항력이 커져 중력의 크기와 같아지면 알짜 힘이 없어져 일정한 속도로 낙하하게 된다. 이때 속도가 더 이상 증가하지 않고 일정 값을 갖게 되는 속도를 '종단 속도' 라 함.

011

초속도 初速度

| 初 처음 **초** | 速 빠르다 **속** | 度 ~한정도 **도** |

물체가 운동하기 시작할 때의 최초의 속도.

= 초속.

012

수평 분력 水平分力

| 水 물 **수** | 平 평평하다 **평** | 分 나누다 **분** | 力 힘 **력** |

어떤 힘을 둘 이상 힘의 합력으로 보고, 그 합력을 구성하는 힘 중에서 수평 방향의 힘 성분.

013

만유인력 萬有引力

| 萬 만, 모든 **만** | 有 있다 **유** | 引 당기다 **인** | 力 힘 **력** |

모든 물체 사이에 보편적으로 작용하는 서로 끌어당기는 힘.

➡ 萬有는 우주에 존재하는 온갖 물건이라는 뜻.

014

만유인력의 상수 萬有引力의 常數

| 萬 만, 모든 **만** | 有 있다 **유** | 引 당기다 **인** | 力 힘 **력** | 常 항상 **상** | 數 숫자 **수** |

만유인력의 법칙에서 단위 거리만큼 떨어진 2개의 단위 질량 사이에 작용하는 인력의 값.

015

상수 常數

| 常 항상 **상** | 數 숫자 **수** |

물질의 물리적 · 화학적 성질을 표시하는 수치. 즉, 일정한 상태에 있는 물질의 성질에 관하여 일정량을 보이는 수.

016

장력 張力

| 張 당기다 **장** | 力 힘 **력** |

물체 내의 임의의 면에 대해 수직 방향으로 양쪽에서 끌어당기는 힘.

◎①⑦

항력 抗力

| 抗 대항하다 **항** | 力 힘 **력** |

어떤 물체가 유체流體 속을 운동할 때나, 다른 면과 접촉하여 운동할 때 운동 방향과는 반대쪽으로 물체에 미치는 저항력.

◎①⑧

전압력 全壓力

| 全 온전하다, 모두 **전** | 壓 누르다 **압** | 力 힘 **력** |

마찰 영역에서 두 고체 물질의 접촉면 전체에 가해지는 힘.

◎①⑨

좌표계 座標系

| 座 자리 **좌** | 標 표시하다 **표** | 系 계통 **계** |

직선·평면 위 또는 공간 내 임의의 점에 위치나 속도를 표현하기 위해 구성한 것.

◎②◎

차원 次元

| 次 다음, 횟수 **차** | 元 근본 **원** |

물리량의 기본 단위와 유도誘導 단위의 관계.

◎②①

천칭 天秤

| 天 하늘 **천** | 秤 저울 **칭** |

지렛대의 중앙을 받침점으로 하고, 양쪽의 꼭같은 위치에 접시를 매달아 한쪽에는 측정하고자 하는 물체를 올려 놓고, 다른 쪽에는 분동分銅을 올려 놓아 양쪽에 작용하는 힘이 균형을 이루어 지렛대가 수평을 이루도록 하는 원리를 이용한 저울.

= 맞저울.

◎②②

탄성률 彈性率

| 彈 (줄을) 튀기다 **탄** | 性 성품, 성질 **성** | 率 비율 **률** |

탄성체가 탄성 한계 내에서 가지는 응력應力과 변형의 비. 탄성 계수라고도 함.

◎②③

탄성체 彈性體

| 彈 (줄을) 튀기다 **탄** | 性 성품, 성질 **성** | 體 몸 **체** |

탄성을 나타내는 물체.

◎②④

탄성파 彈性波

| 彈 (줄을) 튀기다 **탄** | 性 성품, 성질 **성** | 波 물결, 진동하는 결 **파** |

탄성체(물질)를 매질로 파동이 전달되는 것을 말함. 지진파나 음파 따위.

2. 전기 에너지

◎②⑤

기전력 起電力

| 起 일어나다 **기** | 電 전기 **전** | 力 힘 **력** |

전지나 발전기 등에서와 같이 회로에 전류가 계속 흐르도록 두 극 사이의 전위차電位差를 유지시켜 주는 능력.

⓪②⑥

역기전력 逆起電力

| 逆 거스르다 **역** | 起 일어나다 **기** | 電 전기 **전** | 力 힘 **력** |

전기 회로에 있어, 가해진 기전력에 반대로 움직여서 균형이 잡힌다고 간주되는 작용.

⓪②⑦

하전 荷電 = 전하 電荷

| 荷 짊어지다 **하** | 電 전기 **전** |

물체가 띠고 있는 정전기의 양.

=전하電荷

⓪②⑧

불량 도체 不良導體

| 不 ~하지 않다 **불** | 良 어질다, 좋다 **량** | 導 이끌다, 통하다 **도** | 體 몸 **체** |

열이나 전기를 잘 전달하지 않은 물체.

= 부도체.

⓪②⑨

양도체 良導體

| 良 어질다, 좋다 **량** | 導 이끌다, 통하다 **도** | 體 몸 **체** |

전기나 열을 물체의 한 부분에서 다른 부분으로 잘 전달하는 물체.

↔ 부도체.

⓪③⓪

변압기 變壓器

| 變 변하다 **변** | 壓 누르다 **압** | 器 그릇, 기구 **기** |

전자기 유도 작용電磁氣誘導作用을 이용하여 교류 전압이나 전류의 값을 바꾸는 장치. 일상생활에서 트랜스(trans)라 하기도 하나, 원래는 트랜스포머(transformer)를 이르는 말.

⓪③①

승압 변압기 昇壓變壓器

| 昇 오르다 **승** | 壓 누르다 **압** | 變 변하다 **변** | 壓 누르다 **압** | 器 그릇, 기구 **기** |

입력부의 1차 코일보다 출력부의 2차 코일의 감은 수의 비를 더 크게 하여 전압을 상승시키는 변압기를 말하며 전류는 더 감소함.

⓪③②

안전기 安全器

| 安 편안하다 **안** | 全 온전하다 **전** | 器 그릇, 기구 **기** |

옥내 배선의 인입점 · 분기점 등에 사용되는 스위치.

= 안전 개폐기.

⓪③③

유전체 誘電體

| 誘 꾀어 내다 **유** | 電 전기 **전** | 體 몸 **체** |

정전기장을 가할 때 전기 편극은 생기지만 직류 전류는 생기지 않게 하는 물질.

⓪③④

자기 유도 自己誘導

| 自 스스로 **자** | 己 자기 **기** | 誘 꾀어 내다 **유** | 導 이끌다 **도** |

회로를 흐르는 전류가 변화할 때, 그 회로 자체에 전류의 변화를 방해하는 방향으로 기전력起電力이 유발되는 현상.

= 자체 유도自體誘導.

⓪③⑤
비저항 比抵抗

| 比 비교하다 **비** | 抵 막다 **저** | 抗 대항하다 **항** |

단위 단면적·단위 길이당의 전기 저항. 고유 저항 또는 저항률이라고도 하며, 기호는 일반적으로 ρ로 나타냄.

⓪③⑥
가변 저항 可變抵抗

| 可 옳다, ~할 수 있다 **가** | 變 변하다 **변** | 抵 막다 **저** | 抗 대항하다 **항** |

저항 값을 연속적으로, 또는 단계적으로 바꿀 수 있는 저항.

⓪③⑦
자극 磁極

| 磁 자석 **자** | 極 끝 **극** |

자석의 내부에서 자기력磁氣力이 가장 강한 곳.

⓪③⑧
단자 전압 端子電壓

| 端 바르다, 끝 **단** | 子 아들, 접미사의 하나 **자** | 電 전기 **전** | 壓 누르다 **압** |

전기 회로나 장치의 단자(전기 회로의 끝) 사이에 나타나는 전압.

⓪③⑨
전위 電位

| 電 전기 **전** | 位 위치 **위** |

전기장電氣場 안의 한 점에 어떤 표준점으로부터 단위 전기량을 옮기는 데 필요한 두 점 사이의 전압 차.

.

⓪④⓪
등전위면 等電位面

| 等 등급, 같다 **등** | 電 전기 **전** | 位 위치 **위** | 面 얼굴, 겉 **면** |

전기장電氣場 내에서 전위가 같은 점을 연결할 때 이루어지는 곡면.

⓪④①
전자파 電子波

| 電 전기 **전** | 子 아들, 작은 것 **자** | 波 물결, 진동하는 결 **파** |

전자를 입자로서가 아니라 물질파物質波(드브로이 파)로서 취급할 경우의 호칭.

= 전자기파電磁氣波.

⓪④②
전자석 電磁石

| 電 전기 **전** | 磁 자석 **자** | 石 돌 **석** |

전류에 의해 자기화磁氣化되고, 전류를 끊으면 자기화하지 않은 원래의 상태로 돌아가는 자석.

⓪④③
정류 整流

| 整 가지런하다 **정** | 流 흐르다 **류** |

물·공기와 같은 유체流體의 흐름을 고르게 하거나, 전류의 교류에서 직류를 빼 내는 일.

⓪④④
축전기 蓄電器

| 蓄 쌓다 **축** | 電 전기 **전** | 器 그릇, 기구 **기** |

정전기 유도의 원리를 이용하여 많은 전하를 모아 둘 수 있도록 만든 장치.

= 콘덴서.

⓪④⑤
축전지 蓄電池

| 蓄 쌓다 **축** | 電 전기 **전** | 池 (연)못 **지** |

양과 음의 전극판과 전해액으로 구성되어 있어, 화학 작용에 의해 직류 기전력直流起電力을 생기게 하여 전원으로 사용할 수 있는 장치.

⓪④⑥
가변 축전기 可變蓄電器

| 可 옳다, ~할 수 있다 **가** | 變 변하다 **변** | 蓄 쌓다 **축** | 電 전기 **전** | 器 그릇, 기구 **기** |

양과 음 두 전극판의 간격을 변화시키거나, 면적을 변화시켜 정전 용량靜電容量의 값을 바꿀 수 있는 축전기.

= 가변 콘덴서, 바리콘.

3. 파동 에너지

⓪④⑦
가시광선 可視光線

| 可 옳다, 가히 **가** | 視 보다 **시** | 빛 광 | 線 줄

선 |

전자기파 중에서 사람의 눈에 보이는 파장의 범위(무지개 색−약0.4μm∼0.7μm)를 가지고 있는 것.

⓪④⑧
자외선 紫外線

| 紫 자주빛 **자** | 外 바깥 **외** | 線 줄 **선** |

자색 가시광선可視光線보다 파장이 짧으며, 약 0.01μm∼약0.4μm 범위에 속하는 전자기파이고 사람의 눈에 보이지 않음.

⓪④⑨
적외선 赤外線

| 赤 붉다 **적** | 外 바깥 **외** | 線 줄 **선** |

적색 가시광선보다 파장이 길며, 0.75μm에서 1mm 범위에 속하는 전자기파이고 사람의 눈에 보이지 않음.

⓪⑤⓪
간섭 干涉

| 干 방패, 간여하다 **간** | 涉 널리 통하다 **섭** |

2개 이상의 파동이 동시에 한 점에 도달할 때, 그 점의 진동이 중첩 원리에 의해 각 성분파의 변위變位를 벡터적으로 합성한 크기의 변위로 나타나는 현상.

⓪⑤①
고저파 高低波

| 高 높다 **고** | 低 낮다 **저** | 波 물결, 진동하는 결 **파** |

매질媒質의 진동 방향과 파동의 진행 방향이 수직인 파동. = 횡파.

052

단파 短波

| 短 짧다 **단** | 波 물결, 진동하는 결 **파** |

자유 공간에서의 파장이 50~10m(주파수 3~30MHz)인 전파.

053

초단파 超短波, very high frequency : VHF

| 超 뛰어넘다 **초** | 短 짧다 **단** | 波 물결, 진동하는 결 **파** |

파장 10~1m, 주파수 30~300MHz인 전파.

054

정상파 定常波

| 定 정하다 **정** | 常 항상 **상** | 波 물결, 진동하는 결 **파** |

진동의 마디점이나 배 등의 위치가 공간적으로 이동하지 않는 파동.

055

소밀파 疏密波

| 疏 트이다, 간격이 뜨다 **소** | 密 빽빽하다 **밀** | 波 물결, 진동하는 결 **파** |

파동의 진행 방향과 진동 방향이 나란하여 매질이 성긴 부분과 빽빽한 부분이 반복해서 나타나는 파.

= 종파.

056

파형 波形

| 波 물결, 진동하는 결 **파** | 形 모양 **형** |

전자기파나 음파 등의 파동 형태.

057

공명 共鳴

| 共 함께 **공** | 鳴 울다, 소리를 내다 **명** |

진동체나 전기 진동 회로 등에 고유 진동 수와 동일한 진동을 외부로부터 가했을 때, 큰 진폭으로 진동하는 것.

058

광선 光線

| 光 빛 **광** | 線 줄 **선** |

빛이 공간을 직진할 때, 빛 에너지가 통과하는 경로를 기하학적으로 나타낸 선.

059

광속 光速

| 光 빛 **광** | 速 빠르다, 속도 **속** |

빛의 속도.

= 광속도.

060

구면파 球面波

| 球 공 **구** | 面 얼굴, 겉 **면** | 波 물결, 진동하는 결 **파** |

파면波面이 구면으로 된 파동.

061

단진동 單振動

| 單 혼자, 복잡하지 않다 **단** | 振 떨치다, 떨다 **진** | 動 움직이다, 흔들리다 **동** |

진동 중에서 가장 단순하며 기본적인 형태를

가지는 진동.

062

배진동 倍振動

| 倍 곱절 배 | 振 떨치다, 떨다 진 | 動 움직이다, 흔들리다 동 |

기본 진동의 정수배整數倍인 진동 수를 가지는 진동.

063

배음 倍音

| 倍 곱절 배 | 音 소리 음 |

어떤 기본음의 정수배整數倍의 진동 수를 가진 음.

064

발광체 發光體

| 發 드러내다 발 | 光 빛 광 | 體 몸 체 |

빛을 스스로 내는 물체로 불꽃·태양·항성 등이 있음.

065

복사 輻射

| 輻 바퀴 살 복 | 射 쏘다 사 |

열이나 전자기파電磁氣波가 물체로부터 바퀴 살처럼 내쏘는 현상.

= 방사放射.

066

실상 實像

| 實 실제 실 | 像 (사람을) 본뜬 모양, 모양 상 |

렌즈나 반사경에 의해 맺어지는 영상映像 중

에서 실제로 광선이 모여 이루어진 상.

067

역진의 원리 逆進의 原理

| 逆 거스르다 역 | 進 나아가다 진 | 原 근원 원 | 理 이치 리 |

빛의 진행이 한 광선으로 나타날 때, 광선이 여러 번 반사나 굴절을 되풀이하면서 전진하는 경로의 한 점에서 빛을 역행시키면 그것은 지나온 경로를 따라 역진한다는 원리.

068

위상 位相

| 位 지위, 위치 위 | 相 서로, 모습 상 |

진동이나 파동과 같이 주기적으로 반복되는 현상에 대해 어떤 시각 또는 어떤 장소에서의 변화의 국면을 가리키는 물리학 용어.

4. 에너지의 전환

069

가속기 加速器

| 加 더하다 가 | 速 빠르다 속 | 器 그릇, 기구 기 |

전자(e)나 양성자(p) 같은 하전 입자荷電粒子를 강력한 전기장이나 자기장 속에서 가속시켜 큰 운동 에너지를 발생시키는 장치.

070

원자력 原子力

| 原 근원 원 | 子 아들, 작은 것 자 | 力 힘 력 |

원자핵의 변환에 따라서 방출되는 에너지.

= 원자 에너지, 핵 에너지.

⓪⑦① 핵 융합 核融合

| 核 사물의 가장 중심, 원자핵 **핵** | 融 녹다 **융**
| 合 합하다 **합** |

가벼운 몇 개의 원자핵이 하나의 원자핵으로 융합하는 일을 말하며 이때 매우 작은 질량의 결손이 에너지로 전환되어 많은 양의 에너지를 방출함.

= 원자핵 융합.

⓪⑦② 원자로 原子爐

| 原 근원 **원** | 子 아들, 작은 것 **자** | 爐 화로 **로** |

우라늄 235와 같은 핵 분열성 물질의 연쇄 핵 분열 반응을 인공적으로 제어하여 열을 발생시키거나 방사성 동위원소 및 플루토늄의 생산, 또는 방사선장放射線場 형성 등의 여러 목적에 사용할 수 있도록 만들어진 대형 장치.

⓪⑦③ 외연 기관 外燃機關

| 外 바깥 **외** | 燃 불 태우다 **연** | 機 기계 **기** | 關 빗장, 기관 **관** |

별도의 연소 장치에서 연소된 열에 의해 발생된 고압의 수증기나, 다른 기체가 방출되면서 회전체의 날개(터어빈)를 회전 운동시키거나, 피스톤을 운동시켜 동력을 얻는 열기관의 하나.

⓪⑦④ 증기 기관 蒸氣機關

| 蒸 찌다 **증** | 氣 기운, 공기 **기** | 機 기계 **기** | 關 빗장, 기관 **관** |

증기의 팽창 및 응축을 이용하여 왕복 운동을 일으켜 동력動力을 얻는 기관.

⓪⑦⑤ 전열기 電熱器

| 電 전기 **전** | 熱 뜨겁다, 열 **열** | 器 그릇, 기구 **기** |

니크롬 선 등 전기 저항이 높은 금속에 전류를 통하여 생기는 열을 이용하는 기구.

5. 환경

⓪⑦⑥ 발음체 發音體

| 發 드러내다 **발** | 音 소리 **음** | 體 몸 **체** |

소리를 내는 물체.

⓪⑦⑦ 소음 騷音

| 騷 시끄럽다 **소** | 音 소리 **음** |

인간의 쾌적한 생활 환경을 해치는 소리. 소리의 세기는 데시벨(decibel-dB)로 표시함.

⓪⑦⑧ 음계 音階

| 音 소리 **음** | 階 층계, 차례 **계** |

음악에 쓰이는 음을 높이의 차례대로 배열한 음의 층계.

1. 기체, 액체, 고체

ⓞⓞ1

비중 比重

| 比 비교하다 **비** | 重 무겁다, 무게 **중** |

어떤 물질의 질량과, 이것과 같은 부피를 가진 표준 물질(4°C의 물)의 질량과의 비.

➥ 比는 어떤 두 개의 수 또는 양을 서로 비교하여 몇 배인가를 보이는 관계.

ⓞⓞ2

고체상 固體相

| 固 굳다 **고** | 體 몸 **체** | 相 서로, 모습 **상** |

고체의 어느 부분을 취하여도 물리적 · 화학적으로 균일한 성질을 가지는 상태.

ⓞⓞ3

액체상 液體相

| 液 액체 **액** | 體 몸 **체** | 相 서로, 모습 **상** |

액체의 어느 부분을 취하여도 물리적 · 화학적으로 균일한 성질을 가지는 상태.

ⓞⓞ4

기체상 氣體相

| 氣 기운, 공기 **기** | 體 몸 **체** | 相 서로, 모습 **상** |

기체의 어느 부분을 취하여도 물리적 · 화학적으로 균일한 성질을 가지는 상태.

ⓞⓞ5

수상 치환 水上置換

| 水 물 **수** | 上 위 **상** | 置 두다 **치** | 換 바꾸다 **환** |

수소 · 산소 · 질소 등 물에 잘 녹지 않는 기체를 모으기 위하여 사용되는 방법.

ⓞⓞ6

비등점 沸騰點

| 沸 끓다 **비** | 騰 뛰어 오르다 **등** | 點 점, 장소나 한도를 나타내는 말 **점** |

액체 표면으로부터 증발이 일어날 뿐만 아니라, 액체 내부까지도 증발이 일어나 액체가 기체로 상태만 바뀌는 온도.

ⓞⓞ7

광천수 鑛泉水 mineral water

| 鑛 광석 **광** | 泉 샘 **천** | 水 물 **수** |

칼슘·마그네슘·칼륨 등의 광물질이 미량 함유되어 있는 땅속에서 솟아나는 물.

⑧ 액정 液晶

| 液 액체 액 | 晶 수정 정 |

입자의 배열이 액체와 결정結晶의 중간 상태에 있는 것. 노트북, 벽걸이 TV 등에 이용.

⑨ 중조 重曹

| 重 무겁다 중 | 曹 무리 조 |

백색의 결정으로 화학식 NaHCO3이고 무색의 결정성結晶性 분말로, 비중 2.20인 것으로서 제산제나 빵을 부풀리는 물질로 쓰임.

2. 용액

⑩ 용액 溶液

| 溶 녹다 용 | 液 액체 액 |

두 가지 이상의 물질이 녹아 섞여 있는 액체.

⑪ 용질 溶質

| 溶 녹다 용 | 質 바탕 질 |

용매溶媒에 용해하여 용액을 만드는 물질.

⑫ 용해 溶解

| 溶 녹다 용 | 解 풀다 해 |

기체·액체·고체인 물질이 다른 기체·액체·고체와 혼합하여 균일한 상태로 되는 일.

⑬ 용해도 溶解度

| 溶 녹다 용 | 解 풀다 해 | 度 ~한정도 도 |

일정 온도에서 포화 용액 속의 용매 100g 중에 들어 있는 용질의 질량.

⑭ 투석 透析

| 透 꿰뚫다 투 | 析 쪼개다 석 |

콜로이드 입자와 참용액의 입자가 섞여 있는 혼합물을 투석막을 사용하여 콜로이드 용액과 참용액의 입자를 분리 정제하는 방법.

⑮ 조해성 潮解性

| 潮 (아침에 들어왔다 나가는) 바닷물 조 | 解 풀다 해 | 性 성품, 성질 성 |

공기 중에 노출되어 있는 수산화나트륨과 같은 고체가 수분을 흡수하여 저절로 녹는 현상.

3. 원자 구조와 주기율

⑯ 양성자 陽性子

| 陽 햇볕, 양의 기운 양 | 性 성품, 성질 성 | 子 아들, 작은 것 자 |

원자 속에 있는 핵자核子의 하나. 프로톤이라고도 하며, 보통 p 또는 $H+$으로 표시함.

⑴⑺ 원자단 原子團

| 原 근원 원 | 子 아들, 작은 것 자 | 團 모임 단 |

화합물의 분자 내에서 공유 결합을 하고 있는 원자의 집단. 다원자 이온이라고도 함.

⑴⑻ 배수 비례의 법칙 倍數比例의 法則

| 倍 곱절 배 | 數 숫자 수 | 比 비교하다 비 | 例 본보기 례 | 法 법 법 | 則 법칙 칙 |

두 종류의 원소가 화합하여 두 종 이상의 화합물을 만들 때, 한 원소의 일정량과 결합하는 다른 원소의 질량비는 항상 간단한 정수비整數比를 나타낸다는 법칙.

⑴⑼ 족 族

| 族 겨레, 무리 족 |

주기율표의 세로줄(18족)에 해당하는 원소들로서 최외각 전자의 배치가 같고 화학적 성질이 비슷한 일련의 원소 집단.

⑵⓪ 주기 週期

| 週 돌다 주 | 期 기간 기 |

주기율표에서 가로줄로 배열되어 있는 것으로, 각 주기는 가장 바깥 전자 껍질의 전자 배치가 채워지는 껍질 수를 나타내고 7주기로 구성되어 있음.

⑵⑴ 주기율 週期律

| 週 돌다 주 | 期 기간 기 | 律 법률 률 |

원소를 원자 번호 순으로 나열하면 비슷한 성질이 주기적으로 나타난다는 법칙.

⑵⑵ 동족 계열 同族系列

| 同 같다 동 | 族 겨레, 무리 족 | 系 계통 계 | 列 줄지어 놓다 렬 |

유기 화합물에서 그 조성組成이 서로 $CH2$씩 차이가 나는 한 무리의 탄소화합물.

➡ 同族은 주기율표에서 원소가 동일한 족族에 속해 있는 것을 의미함.

⑵⑶ 전이 원소 轉移元素

| 轉 구르다, 바꾸다 전 | 移 옮기다 이 | 元 근본 원 | 素 바탕 소 |

원자의 바닥 상태의 전자 배치에서 d나 f 전자부 껍질에 전자가 완전히 채워지지 않은 원소로 주기율표에서 3족부터 11족까지 8개의 족을 말함.

⑵⑷ 전형 원소 典型元素

| 典 책, 법 전 | 型 기본 틀 형 | 元 근본 원 | 素 바탕 소 |

주기율표에서 원소 분류 방법의 하나로, 주기율표에서 1족, 2족, 12족부터 18족까지 8개의 족을 말함.

↔ 전이 원소.

4. 화학 결합

⓪②⑤
합성 섬유 合成纖維

| 合 합하다 **합** | 成 이루다 **성** | 纖 가늘다, 가는 실 **섬** | 維 밧줄 **유** |

화학적으로 합성하여 만든 섬유. 석유·석탄·천연 가스 등을 원료로 함.

⓪②⑥
합성 세제 合成洗劑

| 合 합하다 **합** | 成 이루다 **성** | 洗 씻다 **세** | 劑 약제 **제** |

석유계 탄화수소 계통을 화학적으로 합성하여 만든 세제.

⓪②⑦
중금속 重金屬

| 重 무겁다 **중** | 金 쇠 **금** | 屬 속하다 **속** |

비중이 약 4 이상인 무거운 금속.

⓪②⑧
경금속 輕金屬

| 輕 가볍다 **경** | 金 쇠 **금** | 屬 속하다 **속** |

비교적 밀도가 작아서 가벼운 금속

⓪②⑨
합금 合金

| 合 합하다 **합** | 金 쇠 **금** |

한 개의 금속에 이것과 다른 금속을 한 가지 이상 첨가하여 얻은 혼합물. 청동, 양은, 스테인리스 강, 납땜 등이 이에 속한다.

⓪③⓪
전성 展性

| 展 펼치다 **전** | 性 성품, 성질 **성** |

금속에 압력을 가함으로써 얇은 판으로 퍼질 수 있는 성질.

⓪③①
발암 물질 發癌物質

| 發 드러내다, 일어나다 **발** | 癌 암 **암** | 物 사물, 물질 **물** | 質 바탕 **질** |

실험 동물에 투여하거나 인간이 섭취했을 때 높은 비율로 암을 발생시키는 물질.

⓪③②
마취 痲醉

| 痲 마비되다, 저리다 **마** | 醉 술 취하다 **취** |

약물을 사용하여 생물체의 전신 또는 일부분의 감각을 일시적으로 마비시키는 일로, 수술할 때 통증을 인위적으로 없앰.

⓪③③
발효 醱酵

| 醱 술 빚다 **발** | 酵 술이 괴다 **효** |

미생물의 작용에 의해 유기물이 분해되어 새로운 물질이 만들어지는 현상.

➥ '술이 괴다'는 발효하여 거품이 일다라는 뜻.

⓪③④
탈수 脫水

| 脫 벗다, 빠뜨리다 **탈** | 水 물 **수** |

어떤 물질에서 수분을 제거하는 것.

⑩③⑤

연성 延性

| 延 (시간을) 끌다, 늘이다 **연** | 性 성품, 성질 **성** |

탄성 한계를 넘는 힘을 가함으로써 물체가 파괴되지 않고 늘어나는 성질.

5. 반응 속도와 화학 평형

⑩③⑥

활성화 에너지 活性化 Energy

| 活 살다 **활** | 性 성품, 성질 **성** | 化 변화하다 **화** |

입자, 분자 등이 반응할 때 필요한 최소의 에너지, 즉 반응을 시작하는 데 필요한 에너지.

⑩③⑦

부촉매 負觸媒

| 負 (짐을) 지다 **부** | 觸 닿다 **촉** | 媒 매개 **매** |

화학 반응 속도를 느리게 하도록 하는 물질.

6. 산과 염기의 반응

⑩③⑧

왕수 王水

| 王 임금, 으뜸 **왕** | 水 물 **수** |

진한 염산과 진한 질산의 혼합액. 염산이나 질산에도 녹지 않는 금·백금과 같은 귀금속도 이것에 의해 녹으므로 붙은 이름.

⑩③⑨

수소 이온 농도 · 지수 水素ion 濃度 · 指數

| 水 물 **수** | 素 바탕 **소** | 濃 짙다 **농** | 度 ~한정 도 **도** | 指 손가락, 가리키다 **지** | 數 숫자 **수** |

용액 중에 이온화된 수소 이온의 농도로, 보통 수소 지수 pH로 나타냄.

⑩④⓪

수산화물 水酸化物

| 水 물, 수소 **수** | 酸 산소 **산** | 化 변화하다 **화** | 物 사물, 물질 **물** |

수산기水酸基(수소와 산소가 각각 한 원자로 이루어진 원자단) 'OH‾'를 갖는 무기 화합물의 총칭

7. 산화, 환원의 반응

⑩④①

납 축전지 납蓄電池

| 蓄 쌓다 **축** | 電 전기 **전** | 池 (연)못 **지** |

양극兩極에 납과 납 화합물을 사용한 축전지로서, 자동차의 전지로 많이 이용됨.

⑩④②

충전 充電

| 充 가득하다, 채우다 **충** | 電 전기 **전** |

축전지(condenser)에서 방전 때와는 반대로 전류를 외부로부터 가하여 본래의 전압까지 회복시키는 것.

043

감극제 減極劑

| 減 덜다 **감** | 極 끝 **극** | 劑 약 **제** |

볼타 전지에서 일정한 전류를 내게 하기 위해
서는 분극 작용分極作用을 방지할 필요가 있
는데, 이에 필요한 물질(산화제).

044

기전력 起電力

| 起 일어나다 **기** | 電 전기 **전** | 力 힘 **력** |

도체導體의 내부에 전위차電位差를 생기게
해서, 그 사이에 전하電荷를 이동시켜 전류를
통하게 하는 원동력.

1. 생물의 특성

⓪⓪① 원형질 原形質

| 原 근원 **원** | 形 모양 **형** | 質 바탕 **질** |

생물 세포의 주요 부분을 구성하는 생물 활동의 본체로 간주되는 물질.

⓪⓪② 상피 조직 上皮組織

| 上 위 **상** | 皮 가죽 **피** | 組 조직하다 **조** | 織 (옷감을) 짜다 **직** |

동물의 몸 표면이나 혈관, 소화관, 호흡기 따위의 내면을 덮고 있는 조직.

⓪⓪③ 섬모 纖毛

| 纖 가늘다, 가는 실 **섬** | 毛 털 **모** |

생물의 몸 표면에 있는 실 모양의 많은 털.

⓪⓪④ 피질 皮質

| 皮 가죽 **피** | 質 바탕 **질** |

조직의 겉층을 이루는 부분.

⓪⓪⑤ 피층 皮層

| 皮 가죽 **피** | 層 층 **층** |

식물의 조직계의 하나. 표피와 중심주中心柱 (뿌리나 줄기의 중심을 세로로 지나가는 부분) 사이의 세포층으로, 엽록소와 저장 물질을 지니고 있음.

⓪⓪⑥ 과피 果皮

| 果 열매 **과** | 皮 가죽 **피** |

과일을 구성하는 껍질.

⓪⓪⑦ 조직액 組織液

| 組 조직하다 **조** | 織 (옷감을) 짜다 **직** | 液 액체 **액** |

동물체의 구성 부분 중에서 세포가 잠겨 있는 체액에서 혈액과 림프를 제외한 액체 성분.

⓪⓪⑧ 고정액 固定液

| 固 굳다 **고** | 定 정하다 **정** | 液 액체 **액** |

생물체 또는 그 일부를 고정하기 위한 시약試藥이나 혼합체.

009

한외 현미경 限外顯微鏡

| 限 한계 **한** | 外 바깥 **외** | 顯 나타나다 **현** | 微 작다 **미** | 鏡 거울 **경** |

특수 조명법에 의해서 보통 현미경으로는 볼 수 없는 미립자微粒子를 분별할 수 있는 현미경.

2. 물질대사

※ 광합성

010

광호흡 光呼吸

| 光 빛 **광** | 呼 부르다, 숨을 내쉬다 **호** | 吸 빨아들이다 **흡** |

식물이 빛을 쬘 때 하는 호흡 작용.

011

동화 작용 同化作用

| 同 같다 **동** | 化 변화하다 **화** | 作 만들다, 일하다 **작** | 用 (물건을) 쓰다 **용** |

생물이 외부로부터 섭취한 물질을 자기 몸에 필요한 물질로 만드는 합성 작용.

012

질소 동화 窒素同化

| 窒 막다, 질소 **질** | 素 바탕 **소** | 同 같다 **동** | 化 변화하다 **화** |

식물이 질소 화합물로부터 필요한 단백질을 만들어 내는 작용.

013

유기물 有機物

| 有 있다 **유** | 機 기계, 기능 **기** | 物 사물, 물질 **물** |

생물의 몸을 이루고 생활을 하게 하는 물질. 탄소를 함유하는 화합물의 총칭.

014

무기물 無機物

| 無 없다 **무** | 機 기계, 기능 **기** | 物 사물, 물질 **물** |

물 · 공기 · 광물 등과 같이 생명을 지니지 않은 물질.

015

배양액 培養液

| 培 북돋우다 **배** | 養 기르다 **양** | 液 액체 **액** |

식물을 물로 재배하기 위하여 생장에 필요한 여러 가지 영양소를 넣어 만든 액체.

※ 소화

016

대사 代謝

| 代 대신하다 **대** | 謝 사례하다, 물러가다 **사** |

생물체 안에서 일어나는 모든 물질의 변화를

통틀어 일컫는 말.

= 신진 대사.

⓪①⑦
연동 운동 蠕動運動

| 蠕 꿈틀거리다 **연** | 動 움직이다 **동** | 運 움직이다 **운** | 動 움직이다 **동** |

위벽胃壁, 장벽腸壁의 근육 수축에 의한 규칙적인 위장의 운동.

⓪①⑧
외분비선 外分泌腺

| 外 바깥 **외** | 分 나누다 **분** | 泌 세포에서 일정한 물질을 만들어 내보내다 **비** | 腺 샘, 분비작용을 하는 기관 **선** |

몸 표면 및 소화관 내에 분비를 하는 선조직. 외분비는 몸 안에서 생긴 땀·대소변 따위의 물질을 몸 밖으로 내보내는 현상.

⓪①⑨
간경화 肝硬化

| 肝 간 **간** | 硬 굳다 **경** | 化 변화하다 **화** |

간이 굳어지며 간 세포가 죽고, 간을 통하는 혈액의 흐름이 차단되는 증세.

※ 순환

⓪②⓪
혈청 血淸

| 血 피 **혈** | 淸 맑다 **청** |

혈액을 시험관 속에서 엉기게 하였을 때 맨 위층에 생기는 엷은 황색의 액체.

⓪②①
관상 동맥 冠狀動脈

| 冠 갓 **관** | 狀 모양 **상** | 動 움직이다 **동** | 脈 맥 **맥** |

심장 근육 세포에 양분과 산소를 공급해 주는 동맥피가 흐르는 혈관.

⓪②②
심전도 心電圖

| 心 마음, 심장 **심** | 電 전기 **전** | 圖 그림 **도** |

심장의 박동으로 일어나는 미세한 전기적인 변화를 곡선으로 기록한 도면.

⓪②③
면역 免疫

| 免 면하다 **면** | 疫 전염병 **역** |

병원균에 대하여 대항하는 항체가 혈액 속에 생겨남으로써 병에 대한 저항력이 생기는 일.

⓪②④
항원 抗原

| 抗 대항하다 **항** | 原 근원 **원** |

생체에 들어가 항체를 만들어 면역 반응을 일으키는 물질.

⓪②⑤
항체 抗體

| 抗 대항하다 **항** | 體 몸 **체** |

항원이 동물체 내에 들어가 동물체를 자극함으로써 혈청 속에 새로이 만들어지는 물질.

= 면역체.

※ 호흡

026

내호흡 內呼吸

| 內 안 **내** | 呼 부르다, 숨을 내쉬다 **호** | 吸 빨아들이다 **흡** |

혈액이 몸의 조직 사이에서 산소와 이산화탄소를 교환하는 일.

= 세포 호흡.

027

외호흡 外呼吸

| 外 바깥 **외** | 呼 부르다, 숨을 내쉬다 **호** | 吸 빨아들이다 **흡** |

폐에서 일어나는 산소와 이산화탄소의 교환 과정.

028

폐기종 肺氣腫

| 肺 허파 **폐** | 氣 기운, 공기 **기** | 腫 종기 **종** |

기관지氣管支가 막혀 폐포가 부풀어오르고 호흡 장애를 일으키는 증세.

029

폐활량 肺活量

| 肺 허파 **폐** | 活 살다 **활** | 量 수량 **량** |

폐1의 최대 용량으로 1회의 호흡에서 내쉴 수 있는 공기의 최대량.

※ 배설

030

배설 排泄

| 排 밀어내다 **배** | 泄 새다 **설** |

생명 활동의 결과 생성된 노폐물을 오줌이나 땀의 형태로 몸 밖으로 내보내는 작용.

031

배출 排出

| 排 밀어내다 **배** | 出 나가다 **출** |

몸 안으로 흡수되지 않는 물질을 몸 밖으로 방출시키는 작용.

032

말피기 소체 Malpighi 小體

| 小 작다 **소** | 體 몸 **체** |

신장腎臟의 피질皮質 속에 존재하며, 신세 동맥腎細動脈으로부터 오줌의 성분을 걸러 내는 장치.

= 신소체腎小體.

033

세뇨관 細尿管

| 細 가늘다 **세** | 尿 오줌 **뇨** | 管 대롱 **관** |

말피기 소체에서 걸러진 성분이 지나가는 가는 관.

034

수뇨관 輸尿管

| 輸 실어 나르다 **수** | 尿 오줌 **뇨**. | 管 대롱 **관** |

척추 동물의 몸 안에 생긴 불필요한 찌꺼기인

오줌을 방광으로 보내는 관.

035

결석 結石

| 結 맺다 **결** | 石 돌 **석** |

오줌 성분 중의 일부가 신장이나 요도 등에서 돌처럼 단단하게 엉겨 생기는 고형 물질固形物質.

036

당뇨병 糖尿病

| 糖 사탕, 물에 녹아 단맛을 내는 탄수화물 **당** | 尿 오줌 **뇨** | 病 질병 **병** |

혈액 속의 당의 양이 정상일 때보다 많은 증세.

3. 생물의 항상성

※ 자극과 반응

037

산만 신경계 散漫神經系

| 散 흩어지다 **산** | 漫 생각나는 대로 하다 **만** | 神 귀신, 영묘하다 **신** | 經 날실, 지나다 **경** | 系 계통 **계** |

한 부분이 자극을 받으면 그 흥분이 몸 전체에 전달되지만, 흥분을 통합하고 조절하여 일정한 반응을 나타내는 중추는 없는 신경계로, 강장 동물에서 볼 수 있음.

038

야맹증 夜盲症

| 夜 밤 **야** | 盲 눈멀다, 눈이 어둡다 **맹** | 症 증세 **증** |

어두운 곳에서 잘 보지 못하는 증세로서 주로 비타민 A의 결핍에 의하여 일어남.

039

자극 수용체 刺戟受容體

| 刺 찌르다 **자** | 戟 찌르다 **극** | 受 받다 **수** | 容 받아들이다 **용** | 體 몸 **체** |

자극을 받아들이는 감각 세포 또는 그 세포들의 집합체.

※ 호르몬, 항상성 유지

040

송과선 松果腺

| 松 소나무 **송** | 果 열매 **과** | 腺 샘, 분비 작용을 하는 기관 **선** |

척추 동물의 간뇌 윗부분에서 위로 뻗어 있는 내분비선으로, 여기서 멜라토닌이라는 호르몬의 생성을 조절하는 역할을 함.

➥ 松果는 솔방울과 비슷한 모양에서 유래한 이름.

041

항상성 恒常性

| 恒 항상 **항** | 常 항상 **상** | 性 성품, 성질 **성** |

체온이나 혈당량의 유지 등과 같이 몸의 내부 환경을 일정하게 유지하려는 성질.

혈당 血糖

⓪④②

| 血 피 **혈** | 糖 사탕, 물에 녹아 단맛을 내는 탄수화물 **당** |

혈액(100ml)에 함유되어 있는 포도당의 양 (mg).

내성 耐性

⓪④③

| 耐 견디다 **내** | 性 성품, 성질 **성** |

감염증을 일으키는 기생 생물, 즉 바이러스 · 리케차 · 세균(구균 · 간균 · 나선균 · 방선균) · 진균 따위가 일정한 약물에 견디어 내는 성질.

= 저항성.

4. 생명의 연속성

※ 세포 분열

이가 염색체 二價染色體

⓪④④

| 二 둘 **이** | 價 값, 수(數) **가** | 染 물들이다 **염** | 色 색깔 **색** | 體 몸 **체** |

생물의 감수 분열에서 상동 염색체가 서로 접합하여 만든 염색체.

낭배 囊胚

⓪④⑤

| 囊 주머니 **낭** | 胚 아이 배다, 시초 **배** |

동물의 난자의 발생 과정에서 포배胞胚 다음에 오는 발생 단계.

자가 수정 自家受精

⓪④⑥

| 自 스스로 **자** | 家 집, 집안 **가** | 受 받다 **수** | 精 자세하다, 정자 **정** |

한 개체에서 암수 배우자가 모두 생성되어 그 배우자들이 융합하는 것.

정핵 精核

⓪④⑦

| 精 자세하다, 정자 **정** | 核 사물의 가장 중심, 세포의 중심에 있는 것 **핵** |

동물에서는 정자의 핵으로, 식물에서는 화분관花粉管 내의 생식핵生殖核이 분열하여 생기는 두 개의 핵.

임신 姙娠

⓪④⑧

| 姙 아이 배다 **임** | 娠 아이 배다 **신** |

포유류의 남성 생식 세포인 정자와 여성 생식 세포인 난자가 결합하여 생긴 수정란이 자궁 내막에 착상하여 모체로부터 영양을 공급받으면서 발육되어 가는 과정.

자웅 동체 雌雄同體

⓪④⑨

| 雌 암컷 **자** | 雄 웅장하다, 수컷 **웅** | 同 같다 **동** | 體 몸 **체** |

난소卵巢와 정소精巢를 한 몸에 가지고 있는 형태.

↔ 자웅 이체.

050

자웅 이체 雌雄異體

| 雌 암컷 **자** | 雄 웅장하다, 수컷 **웅** | 異 다르다 **이** | 體 몸 **체** |

난소卵巢를 지닌 암컷 개체와 정소精巢를 지닌 수컷 개체가 따로 있는 형태.

↔ 자웅 동체.

051

난생 卵生

| 卵 알 **란** | 生 살다, 낳다 **생** |

동물의 알이 어미의 몸 밖으로 나와서 깨어 자라는 일.

↔ 태생.

052

태생 胎生

| 胎 태아를 싸고 있는 조직 **태** | 生 살다, 낳다 **생** |

모체 안에서 어느 정도 발달한 후에 태어남.

↔ 난생.

053

배축 胚軸

| 胚 아이 배다, 시초 **배** | 軸 중심 축 **축** |

속씨 식물의 배胚(발생 초기의 생물체)의 중심을 이루는 부분.

054

접합 接合

| 接 닿다 **접** | 合 합하다 **합** |

암수의 구별이 없는 생물이 세포 또는 핵의 일부가 서로 합치는 현상.

055

분화 分化

| 分 나누다 **분** | 化 변화하다 **화** |

생물의 발생 과정에서 세포가 분열·증식을 거쳐 성장하는 동안에 각각 형태적·기능적으로 변화하여 서로 구조나 기능이 특수화되어 가는 것.

056

변태 變態

| 變 변하다 **변** | 態 모양 **태** |

동물이 자라면서 그 모습이 여러 가지로 바뀌는 일. 또는 식물의 줄기·잎·뿌리가 다른 모습으로 바뀌어 본래 기능 외의 일을 하는 것.

※ 유전

057

육종 育種

| 育 기르다 **육** | 種 씨 **종** |

농작물이나 가축이 가진 유전적 성질을 개량하여 농업상에 유익한 새로운 종 또는 품종을 만들어 내어 그것을 늘려 가는 일.

058

근친 교배 近親交配

| 近 가깝다 **근** | 親 친하다, 성(姓)과 본(本)이 같은 사람 **친** | 交 사귀다, 짝짓다 **교** | 配 짝짓다 **배** |

동계同系 교배의 일종으로 근친간에 행하여지

는 교배. 가축이나 가금家禽의 개량에 널리 이용됨.

※ 생명의 기원, 진화

⓪⑤⑨
종의 기원 種의 起原

| 種 씨, 종족 **종** | 起 일어나다, 시작하다 **기** | 源 근원 **원** |

1859년에 영국의 생물학자 다윈이 그의 진화에 대한 생각을 적어 펴낸 책으로, 생물들간에는 살기 위해 생존 경쟁이 일어나는데, 그 중에서 환경에 잘 적응한 것만이 살아 남고, 적응하지 못한 것은 도태된다는 자연 선택설의 내용이 들어 있음.

5. 생물의 다양성

※ 분류

⓪⑥⓪
학명 學名

| 學 배우다, 학문 **학** | 名 이름 **명** |

학문의 편의상, 세계 각국에 공통되게 만든 동식물 이름으로, 라틴어로 표기함.

➠ 계→문→강→목→과→속→종

⓪⑥①
계 系

| 系 계통 **계** |

생물의 특징을 중심으로 해서 분류하는 단위로 가장 상위 단위에 해당함.

⓪⑥②
문 門

| 門 문, 생물 분류의 단위 **문** |

생물 분류 단계의 하나로, 강綱보다는 크고, 계系보다는 작은 단계.

⓪⑥③
강 綱

| 綱 사물의 주가 되는 것 **강** |

생물 분류 단계의 하나로, 목目보다는 크고 문門보다는 작은 단계.

⓪⑥④
목 目

| 目 눈, 생물 분류의 단위 **목** |

생물 분류 단계의 하나로, 과科보다는 크고, 강綱보다는 작은 단계이며, 강에 비해서 훨씬 자연적으로 이루어진 군群이 많음.

⓪⑥⑤
과 科

| 科 조목 **과** |

생물 분류 단계의 하나로, 목目과 속屬의 중간에 위치하는 계급명.

⓪⑥⑥
속 屬

| 屬 속하다 **속** |

생물을 분류할 때 사용하는 집합 단위의 하나

로, 種종의 윗단계이고, 과科의 아랫단계.

067

종 種

| 種 씨, 종류 종 |

생물을 분류할 때 기본이 되는 단위로, 같은 종 사이에서는 생식이 이루어지지만 서로 다른 종 사이에서는 생식이 이루어지지 않음.

068

검색표 檢索表

| 檢 검사하다 검 | 索 찾다 색 | 表 겉, 사항을 열거하여 한눈에 볼 수 있게 만든 표 표 |

동물·식물의 특징을 간단하게 표시하여 체계를 정한 분류표.

069

계통수 系統樹

| 系 계통 계 | 統 거느리다, 줄기 통 | 樹 나무 수 |

생물이 진화해 온 길을 나무와 같이 나타낸 그림.

※ 원생 생물계

070

안점 眼點

| 眼 눈 안 | 點 점, 장소나 한도를 나타내는 말 점 |

원생 동물의 편모충류에서 볼 수 있는 붉은색을 띤 작고 간단한 시각 기관

071

위족 僞足

| 僞 거짓 위 | 足 발 족 |

원생 동물인 아메바에서 볼 수 있는 운동 기관의 한 가지.

= 헛발.

072

편모鞭毛

| 鞭 채찍 편 | 毛 털 모 |

생물의 운동 기관의 한 가지로, 가늘고 긴 실 모양으로 생겼으며 몸을 움직이는 데 이용됨.

※ 식물계

073

경엽 식물 莖葉植物

| 莖 줄기 경 | 葉 잎 엽 | 植 심다, 초목 식 | 物 사물, 생물 물 |

뿌리·줄기·잎이 잘 분화되어 있고 육상 생활에 잘 적응된 식물.

↔ 엽상 식물.

074

엽상 식물 葉狀植物

| 葉 잎 엽 | 狀 모양 상 | 植 심다, 초목 식 | 物 사물, 생물 물 |

전체 구조적으로 보면, 뿌리·줄기·잎으로 나누어져 있지 않고 전체가 잎 모양으로 된 영양체의 구조로 이루어진 식물의 총칭.

↔ 경엽 식물.

075

장란기 藏卵器

| 藏 감추다, 품다 **장** | 卵 알 **란** | 器 그릇, 기구 **기** |

선태 식물蘚苔植物(이끼류), 양치 식물羊齒植物(고사리류) 등의 배우체 위에 생기는 **자성**雌**性**의 생식 기관.

➡ 雌性은 암컷을 형성하는 성질이라는 뜻.

076

장정기 藏精器

| 藏 감추다, 품다 **장** | 精 자세하다, 정자 **정** | 器 그릇, 기구 **기** |

선태 식물蘚苔植物(이끼류), 양치 식물羊齒植物(고사리류) 등에서 정자를 형성하는 기관.

077

균사 菌絲

| 菌 버섯, 세균 **균** | 絲 실 **사** |

곰팡이나 버섯의 몸을 이루고 있는 물질.

※ 동물계

동물의 분류(여기서는 일부만 소개했음)

078

무척추 동물 無脊椎動物

| 無 없다 **무** | 脊 등뼈 **척** | 椎 망치 **추** | 動 움직이다 **동** | 物 사물, 생물 **물** |

등뼈가 없는 동물이며, 아메바와 같은 단세포 동물로부터 비교적 고등한 동물에 이르기까지

분포되어 있음.

– 강장 동물 腔腸動物

| 腔 속이 비다 **강** | 腸 창자 **장** |

히드라, 해파리, 말미잘 따위가 이에 속하며, 히드라는 민물의 검불 같은 것에 붙어 사는 동물로 크기가 1cm 정도이기 때문에 자세히 보아야 볼 수 있음.

– 편형 동물 扁形動物

| 扁 넓적하다 **편** | 形 모양 **형** |

몸이 납작하며, 자웅雌雄 동체同體인 것이 특징. 자유 생활을 하는 플라나리아, 기생寄生 생활을 하는 촌충·디스토마 등이 있음.

– 선형 동물 線形動物

| 線 줄 **선** | 形 모양 **형** |

몸이 가늘고 긴 원통형이며, 양 끝이 뾰족하고 몸에 몸마디가 없음. 회충, 편충, 십이지장충 따위가 있음.

– 환형 동물 環形動物

| 環 둘러싸다 **환** | 形 모양 **형** |

지렁이, 갯지렁이, 거머리 따위.

– 연체 동물 軟體動物

| 軟 부드럽다 **연** | 體 몸 **체** |

몸이 연한 것이 특징이나, 조개류는 단단한 껍데기 속에 들어 있음. 오징어류, 달팽이류, 대합류.

– 절지동물 節肢動物

| 節 마디 **절** | 肢 팔다리 **지** | 動 움직이다 **동** | 物 사물, 생물 **물** |

마디발(절지)이 있기 때문에 붙여진 이름이며, 곤충류, 거미류, **갑각류**甲殼類, 지네류가 이에

속함.

●갑각류 甲殼類 [甲 첫째 천간, 갑옷 **갑** | 殼 껍질 **각** | 類 종류 **류**] 기본적으로는 수중생활을 하며, 아가미가 있고 물로 호흡하는 절지동물.

– 극피 동물 棘皮動物

| 棘 가시나무 **극** | 皮 가죽 **피** |

몸 표면에 가시가 돋아 있음. 성게, 불가사리, 해삼 따위.

⓪⑦⑨
척추 동물 脊椎動物

| 脊 등뼈 **척** | 椎 망치 **추** | 動 움직이다 **동** | 物 사물, 생물 **물** |

척추를 가진 고등 동물의 총칭.

– 어류 魚類

| 魚 물고기 **어** | 類 종류 **류** |

물 속에서 아가미로 호흡하며, 알을 낳고 헤엄치며 사는 동물.

– 파충류 爬蟲類

| 爬 긁다, 기어다니다 **파** | 蟲 벌레 **충** | 類 종류 **류** |

피부는 비늘로 덮여 있고, 대개 꼬리가 길고 네 다리는 짧아 기어다니며(뱀은 예외), 허파로 호흡을 하는 동물의 한 종류.

– 조류 鳥類

| 鳥 새 **조** | 類 종류 **류** |

날개가 있고 온몸이 깃털로 덮여 있으며 알을 낳는 동물의 한 종류.

– 포유류 哺乳類

| 哺 먹이다 **포** | 乳 젖 **유** | 類 종류 **류** |

새끼를 낳아 젖으로 기르는 동물로, 몸은 머리 · 목 · 몸통 · 꼬리의 4부분으로 구분되며 털로 덮여 있음.

– 양서류 兩棲類

| 兩 둘 **량** | 棲 살다 **서** | 類 종류 **류** |

생장하는 과정에서는 물에 살며 아가미로 호흡하다가, 나중에 땅 위로 올라와 폐로 공기 호흡을 하며 살기 때문에 붙여진 이름. 개구리, 두꺼비, 도롱뇽 따위.

⓪⑧⓪
수관계 水管系

| 水 물 **수** | 管 대롱 **관** | 系 계통 **계** |

극피 동물에 있는 특유한 운동 기관. 운동 · 호흡 · 배출 작용에 관여하며, 관족계 또는 보관계라고도 함. 이곳으로 바닷물과 체액이 흐름.

⓪⑧①
외투막 外套膜

| 外 바깥 **외** | 套 덮개 **투** | 膜 얇은 꺼풀 **막** |

연체 동물의 몸을 싸고 있는 막.

6. 생물과 환경

⓪⑧②
생태계 生態系

| 生 살다 **생** | 態 모양 **태** | 系 계통 **계** |

생물들이 서로 관계를 맺으며 균형과 조화를 이루는 자연의 세계.

군집 群集

| 群 무리 **군** | 集 모으다 **집** |

같은 종류의 생물이 한 군데에 떼지어서 생활하는 형태.

귀화 생물 歸化生物

| 歸 돌아가다 **귀** | 化 변화하다 **화** | 生 살다 **생** | 物 사물, 생물 **물** |

어떤 지역에 없던 생물이 새로이 나타나서 살게 된 생물로, 천적이 없으므로 대량 번식하여 생태계의 평형을 깨뜨리기도 함. 황소개구리, 블루길 등.

기생 寄生

| 寄 보내다, 붙어 살다 **기** | 生 살다 **생** |

어떤 생물이 다른 생물의 몸에 붙어서 양분을 빼앗아 먹고 사는 일.

숙주 宿主

| 宿 (잠자며) 머무르다 **숙** | 主 주인 **주** |

한쪽 생물이 다른 생물에 붙어 해를 끼칠 때 이를 기생寄生이라고 하며, 이때 해를 주는 생물을 기생 생물, 해를 당하는 생물을 숙주라 함.

관목 灌木

| 灌 물 대다, 나무가 더부룩이 나다 **관** | 木 나무

목 |

키기 작은 나무로, 생장점生長點과 부름켜(형성층形成層)가 계속 활발하게 활동하지 못하여 키가 크지 못하고 줄기도 굵어지지 못함.

교목 喬木

| 喬 높이 솟다 **교** | 木 나무 **목** |

키가 큰 나무.

1. 지구의 변동

ⓞⓞ①

편평도 扁平度

| 扁 넓적하다 **편** | 平 평평하다 **평** | 度 ~한 정도 도 |

자전의 영향으로 약간 납작하게 찌그러진 행성이나 별들의 타원형 정도를 말할 때 쓰는 양.

ⓞⓞ②

천발 지진 淺發地震

| 淺 얕다 **천** | 發 드러내다, 일어나다 **발** | 地 땅 지 | 震 떨다 **진** |

진원의 깊이가 100km 이하인 지상에서 가까운 곳에서 발생한 지진으로, 단위 시간당 퍼져 나가는 에너지는 심발 지진보다 더 큰 경우가 많아 피해가 큼.

ⓞⓞ③

심발 지진 深發地震

| 深 깊다 **심** | 發 드러내다, 일어나다 **발** | 地 땅 지 | 震 떨다 **진** |

진원의 깊이가 100km 이상인 지하 깊은 곳에서 발생한 지진으로, 천발 지진에 비하여 제한적인 곳에서 발생하는데, 해구나 습곡 산맥이 있는 지역에서 많이 발생함.

ⓞⓞ④

중력장 重力場

| 重 무겁다 **중** | 力 힘 **력** | 場 마당 **장** |

무겁게 하는 힘(중력)이 작용하는 공간으로, 지표상의 모든 물체는 지구 질량에 의한 만유인력과 지구 자전에 의한 원심력의 합력으로 나타나는 중력의 영향에 붙잡혀 있음.

ⓞⓞ⑤

진북 眞北

| 眞 참 **진** | 北 북쪽 **북** |

경도선을 따라 바라본 북쪽 방향, 즉 지구 자전축이 있는 지리상의 북극 방향.

ⓞⓞ⑥

자북 磁北

| 磁 자석 **자** | 北 북쪽 **북** |

지구 자기장에서의 북극점. 곧, 자침이 가리키는 북극 방향.

007

영년 변화 永年變化

| 永 영원하다 **영** | 年 해 **년** | 變 변하다 **변** | 化 변화하다 **화** |

주로 지구상의 각종 관측치가 수천 년 · 수만 년 주기의 긴 세월에 걸쳐 변화하는 일.

008

지각 열류량 地殼熱流量

| 地 땅 **지** | 殼 껍질 **각** | 熱 뜨겁다 **열** | 流 흐르다 **류** | 量 수량 **량** |

방사성 원소의 붕괴로 인해 지구 내부에서 지각으로 흘러 나오는 열 에너지의 양.

009

암맥 巖脈

| 巖 바위 **암** | 脈 맥, 줄기 **맥** |

화성암의 마그마가 다른 암석 사이로 들어가서 굳은 줄기.

010

암상 巖床

| 巖 바위 **암** | 床 상 **상** |

마그마가 지층 사이로 들어가서 멍석 모양으로 굳은 것.

011

병반 餠盤

| 餠 떡 **병** | 盤 쟁반, 큰 바위 **반** |

마그마가 분출되어 수성암의 지층 사이로 들어가서 둥근 떡 모양으로 굳어진 바윗덩이.

012

암경 巖頸

| 巖 바위 **암** | 頸 목 **경** |

음식물을 소화 기관까지 전달해 주는 목처럼, 화산 꼭대기까지 마그마를 전달해 주는 화도를 지나는 마그마가 식어서 만들어진 화산암체.

013

암주 巖株

| 巖 바위 **암** | 株 그루터기 **주** |

관입貫入의 형태로 기존의 암석을 뚫고 들어오지만 워낙 대량의 마그마가 이동하므로 다른 화성암체에 비하여 규모가 비교적 큰 편인 것.

➾ 貫入은 꿰뚫고 들어간다는 뜻.

014

저반 底盤

| 底 밑 **저** | 盤 쟁반, 큰 바위 **반** |

지표에 노출된 면적이 보통 100㎢ 이상인 거대한 심성암체深成巖體.

015

절리 節理

| 節 마디 **절** | 理 이치, 결 **리** |

암석에 외력이 가해져서 결대로 생긴 틈, 또는 마그마나 용암이 냉각되어 고결할 때 수축이 일어나기 때문에 생기는 암석의 틈.

016

편리 片理

| 片 조각 **편** | 理 이치, 결 **리** |

조산 운동의 과정에서 암석에 압력이 가해지면 압력에 직각 방향으로 무색·유색 광물이 교대로 배열해 뚜렷한 줄무늬를 이루는 것.

⑰ 섭입 涉入

| 涉 널리 통하다, 깊이 들어가다 **섭** | 入 들어가다 **입** |

해양판이 대륙판 밑으로 미끄러져 들어가는 현상.

⑱ 분지 盆地

| 盆 동이 **분** | 地 땅 **지** |

주위가 산지로 둘러싸인 오목한 지형.

⑲ 사층리 斜層理

| 斜 비스듬하다 **사** | 層 층 **층** | 理 이치, 결 **리** |

물이 흐른 방향이나 바람이 부는 방향대로 수평면과 평행하지 않게 쌓인 지층.

⑳ 점이 층리 漸移層理

| 漸 차츰 **점** | 移 옮기다 **이** | 層 층 **층** | 理 이치, 결 **리** |

입자의 크기가 아래에서 위로 갈수록 점차 작은 입자들이 쌓인 층리.

㉑ 연흔 漣痕

| 漣 물놀이(잔잔한 물결의 움직임) **련** | 痕 흔적

흔 |

수심이 얕은 물밑에서 퇴적이 일어날 때 생긴 물결 모양의 무늬.

㉒ 건열 乾裂

| 乾 마르다 **건** | 裂 찢다 **렬** |

얕은 물밑의 점토질 토양이 건조한 기후 때문에 태양열에 의하여 말라서 갈라져 생긴 틈에 나타나는 퇴적 구조.

㉓ 접촉 변성 작용 接觸變成作用

| 接 닿다 **접** | 觸 닿다 **촉** | 變 변하다 **변** | 成 이루다 **성** | 作 만들다, 일하다 **작** | 用 (물건을) 쓰다 **용** |

퇴적암에 관입貫入한 고온의 화성암체와 퇴적암이 접하게 되었을 때 고온에 의해 암석이 변성 작용을 받는 것.

㉔ 광역 변성 작용 廣域變成作用

| 廣 넓다 **광** | 域 지역 **역** | 變 변하다 **변** | 成 이루다 **성** | 作 만들다, 일하다 **작** | 用 (물건을) 쓰다 **용** |

조산 운동의 과정중 고온·고압하에서 원 암석의 구조는 전혀 없어지고 재결정 작용이 일어나 광물들이 재배열을 일으켜, 암석이 새로운 모습으로 변하는 큰 범위의 변성 작용.

㉕ 순상 화산 楯狀火山

| 楯 방패 **순** | 狀 모양 **상** | 火 불 **화** | 山 산 **산** |

방패 모양의 화산이란 뜻으로, 마그마가 점성이 작고 유동성이 큰 산성일수록 분출 후에 넓은 지역으로 퍼져 나가서 산의 모양이 평평하게 됨.

⓪②⑥
종상 화산 鐘狀火山

| 鐘 종 종 | 狀 모양 상 | 火 불 화 | 山 산 산 |

종 모양의 화산이란 뜻으로, 마그마가 점성이 크고 유동성이 적은 염기성일수록 분출하면 사방으로 퍼지지 않고 그 모양 그대로 화산이 만들어짐.

⓪②⑦
성층 화산 成層火山

| 成 이루다 성 | 層 층 층 | 火 불 화 | 山 산 산 |

폭발과 분출이 교대로 일어나는 형태의 화산으로, 용암과 화산 쇄설물이 교대로 쌓여 층을 이룬 형태.

⓪②⑧
건층 鍵層

| 鍵 열쇠 건 | 層 층 층 |

같은 퇴적 분지의 지층이나 비교적 가까운 지역의 지층을 대비하여 상대 연령을 조사하는 데 결정적인 단서를 가진 열쇠의 역할을 하는 지층.

⓪②⑨
반감기 半減期

| 半 반쪽 반 | 減 덜다 감 | 期 기간 기 |

자연 상태에서 스스로 붕괴하여 안정한 원소로 변하는 방사성 원소들이 원래의 양에서 반으로 줄어드는 데 걸리는 시간.

⓪③⓪
결정형 結晶形

| 結 맺다 결 | 晶 밝다, 수정(水晶) 정 | 形 모양 형 |

결정이 나타내는 겉모양.

2. 대기

⓪③①
균질권 均質圈

| 均 평평하다 균 | 質 바탕 질 | 圈 범위 권 |

대기권 중에서 기체의 성분들이 균질하게 잘 섞여 있는 구간.

⓪③②
비균질권 非均質圈

| 非 아니다 비 | 均 평평하다 균 | 質 바탕 질 | 圈 범위 권 |

대기권 중에서 기체들이 서로 섞이지 않고 질량에 따라 잘 분리되어 있는 구간.

⓪③③
태양 상수 太陽常數

| 太 크다 태 | 陽 햇볕, 양의 기운 양 | 常 항상 상 | 數 숫자 수 |

지구가 항상 일정하게 받는 태양 에너지를 표현한 숫자.

⓪③④
열수지 熱收支

| 熱 뜨겁다 **열** | 收 거두다 **수** | 支 갈라져 나오
다, 치르다 **지** |

지표면, 대기 등의 공간에서 태양 에너지가 들
어오고 나가는 정도.

ⓞ③⑤

포화 飽和

| 飽 배부르다 **포** | 和 사이가 좋다 **화** |

공기나 물이 어떤 물질을 더 이상 머금을 수 없
는 한도까지 머금은 상태.

ⓞ③⑥

잠열 (숨은열) 潛熱

| 潛 잠기다, 숨기다 **잠** | 熱 뜨겁다 **열** |

쓰이는 곳이 눈으로 확인하기 어려운 열로, 등
압·등온하에서 물질의 상태가 변할 때 방출
또는 흡수하는 열.

ⓞ③⑦

복사 안개 輻射 안개

| 輻 바퀴 살 **복** | 射 쏘다 **사** |

새벽에 지표면의 복사 냉각 효과가 누적되어
나타나는 안개.

➡️輻射는 열이 물체로부터 바퀴살처럼 방출되는 현상.

ⓞ③⑧

이류 안개 移流 안개

| 移 옮기다 **이** | 流 흐르다 **류** |

습하고 따뜻한 공기 덩어리가 찬 지표면 위를
수평 방향으로 이동할 때, 그 하층부가 냉각되
어 생기는 안개.

ⓞ③⑨

증발 안개 蒸發 안개

| 蒸 찌다 **증** | 發 드러내다, 일어나다 **발** |

수면 위의 차고 안정된 공기 덩어리가 수면으
로부터 증발한 수증기를 보급받아 포화되어
생기는 안개.

ⓞ④ⓞ

전선 안개 前線 안개

| 前 앞 **전** | 線 줄 **선** |

찬 공기와 더운 공기가 만나 한랭, 온난 전선이
생성될 때 전선면에서 생성되는 안개.

ⓞ④①

활승 안개 滑承 안개

| 滑 미끄럽다 **활** | 承 이어받다 **승** |

산허리를 불어 올라가는 공기가 단열 팽창에
의한 냉각으로 포화될 때 생기는 안개.

ⓞ④②

단열 변화 斷熱變化

| 斷 끊다 **단** | 熱 뜨겁다 **열** | 變 변하다 **변** | 化
변화하다 **화** |

외부로부터의 열의 공급이 차단된 상태에서
나타나는 변화.

ⓞ④③

건조 단열 감률 乾燥斷熱減率

| 乾 마르다 **건** | 燥 (물기가) 마르다 **조** | 斷 끊다
단 | 熱 뜨겁다 **열** | 減 덜다 **감** | 率 비율 **률** |

포화되지 않은 건조한 공기가 단열 상태에서
상승할 때 온도가 감소하는 비율.

⓪④④ 습윤 단열 감률 濕潤斷熱減率

| 濕 축축하다 **습** | 潤 젖다 **윤** | 斷 끊다 **단** | 熱 뜨겁다 **열** | 減 덜다 **감** | 率 비율 **률** |

포화되고 습윤한 공기가 단열 상태에서 상승할 때 온도가 감소하는 비율.

⓪④⑤ 기온 역전층 氣溫逆轉層

| 氣 기운, 공기 **기** | 溫 따뜻하다 **온** | 逆 거스르다 **역** | 轉 구르다, 바꾸다 **전** | 層 층층 **층** |

대류권 내의 다른 지역과 온도 분포가 반대로 나타나 대류가 잘 나타나지 않는 안정한 층.

⓪④⑥ 상승 응결 고도 上昇凝結高度

| 上 위 **상** | 昇 오르다 **승** | 凝 엉기다 **응** | 結 맺다 **결** | 高 높다 **고** | 度 ~한정도 **도** |

공기 덩어리가 위로 올라 가면서 포화되어 수증기가 응결하여 구름이 만들어질 때의 높이.

⓪④⑦ 빙정설 氷晶說

| 氷 얼음 **빙** | 晶 밝다, 수정 **정** | 說 밝히어 말하다 **설** |

중위도 지방의 나타나는 '찬 비'를 설명하는 이론으로 얼음 결정으로 인한 강수 현상을 설명.

⓪④⑧ 병합설 倂合說

| 倂 아우르다 **병** | 合 합하다 **합** | 說 밝히어 말하다 **설** |

열대 지방이나 여름의 중위도 지방에서 구름

에 얼음 알갱이가 없어도 '따뜻한 비'가 내리는 현상을 설명하는 이론.

⓪④⑨ 기압 氣壓

| 氣 기운 **기** | 壓 누르다 **압** |

대기의 압력.

⓪⑤⓪ 등압면 等壓面

| 等 등급, 같다 **등** | 壓 누르다 **압** | 面 얼굴, 겉 **면** |

대기 중에서 기압이 일정한 면.

⓪⑤① 해면 기압 海面氣壓

| 海 바다 **해** | 面 얼굴, 겉 **면** | 氣 기운, 공기 **기** | 壓 누르다 **압** |

지표면의 높이에 따라 달라지는 기압을 해수면을 기준으로 환산한 값.

⓪⑤② 기압 경도력 氣壓傾度力

| 氣 기운, 공기 **기** | 壓 누르다 **압** | 傾 기울다 **경** | 度 ~한정도 **도** | 力 힘 **력** |

두 지점 사이의 기압 차이에 의해 생기는 힘이며, 바람을 불게 하는 가장 근본적인 힘.

⓪⑤③ 전향력 轉向力

| 轉 구르다, 바꾸다 **전** | 向 향하다 **향** | 力 힘 **력** |

지구와 같이 자전하고 있는 물체에서 바람이

불거나 **유체**流體가 움직일 때 북(남)반구에서 운동 방향의 오른쪽(왼쪽) 직각 방향으로 방향을 바꿔 주는 힘.

➡ 流體는 기체와 액체를 아울러 이르는 말.

⓪⑤④
편서풍 파동 偏西風波動

| 偏 치우치다 **편** | 西 서쪽 **서** | 風 바람 **풍** | 波 물결 **파** | 動 움직이다 **동** |

중위도 지방에서 서쪽에서 동쪽으로 치우쳐서 부는 바람을 유발하는 파동.

⓪⑤⑤
기단 氣團

| 氣 기운, 공기 **기** | 團 모임 **단** |

수백~수천 km에 걸쳐 수평 방향으로 거의 같은 성질을 지닌 공기 덩어리.

⓪⑤⑥
전선 前線

| 前 앞 **전** | 線 줄 **선** |

성질이 다른 두 개의 기단氣團의 경계면이 지표地表와 만나는 선.

3. 해양학 분야

⓪⑤⑦
혼합층 混合層

| 混 섞다 **혼** | 合 합하다 **합** | 層 층 **층** |

수심에 따라 태양 에너지의 도달 정도가 달라도 바람에 의해서 잘 혼합되어 수온이 일정한 층

⓪⑤⑧
수온 약층 水溫躍層

| 水 물 **수** | 溫 따뜻하다 **온** | 躍 뛰다, 빠르다 **약** | 層 층 **층** |

혼합층 아래에 위치하며 태양 에너지가 도달하지 않고 바람의 영향도 미치지 않아 온도가 수심에 따라 급격하게 내려 가는 안정된 층.

⓪⑤⑨
심해층 深海層

| 深 깊다 **심** | 海 바다 **해** | 層 층 **층** |

수온 약층 아래로 연중 태양 에너지가 들어오지 않아 수온이 비교적 일정하게 낮은 층.

⓪⑥⓪
대륙붕 大陸棚

| 大 크다 **대** | 陸 땅 **륙** | 棚 선반 **붕** |

육지를 둘러싸는 얕은 선반 모양의 지형으로 수심이 얕아 빙하기 때에는 육지로 드러나는 곳. 대륙이나 큰 섬 주변의 평균 약 6′의 경사가 완만한 해저.

⓪⑥①
대륙 사면 大陸斜面

| 大 크다 **대** | 陸 땅 **륙** | 斜 비스듬하다 **사** | 面 얼굴, 겉 **면** |

대륙붕의 끝에서부터 대륙대 사이로 평균 경사는 4° 정도로 비교적 급한 부분.

⓪⑥②
대륙대 大陸臺

| 大 크다 **대** | 陸 땅 **륙** | 臺 높고 평평한 곳 **대** |

대륙 사면이 끝나는 곳, 즉 대륙 사면의 기슭에 해당하는 곳에 위치하며 대륙 사면보다 경사가 완만하나 대륙붕보다 경사가 큼.

⓪⑥③

심해저 평원 深海底平原

| 深 깊다 **심** | 海 바다 **해** | 底 밑 **저** | 平 평평하다 **평** | 原 들판 **원** |

수심 3,000~4,000m의 평탄하고 넓은 해저를 말하며, 전 해양의 약 75%를 차지함.

⓪⑥④

해령 海嶺

| 海 바다 **해** | 嶺 산봉우리 **령** |

바다 밑에 산맥 모양으로 솟은 지형.

⓪⑥⑤

열곡 裂谷

| 裂 찢다 **렬** | 谷 골짜기 **곡** |

해령의 가운데에 위치한 골짜기로, 해령에서 맨틀 물질이 솟아 나와 해양 지각이 형성될 때 양쪽으로 지각이 갈라지기 때문에 붙은 명칭.

⓪⑥⑥

호상 열도 弧狀列島

| 弧 활 **호** | 狀 모양 **상** | 列 줄지어 놓다 **렬** | 島 섬 **도** |

해양 지각이 대륙 지각 밑으로 섭입하는 부근에 지각 윗부분이 해수면 위로 나타나게 될 때 생성되는 지형.

⓪⑥⑦

해구 海溝

| 海 바다 **해** | 溝 도랑 **구** |

판 구조론에서 분류하는 판의 경계 중, 대륙판 아래로 해양판이 섭입되는 수렴 경계에 해당하는 도랑처럼 깊게 패인 구조.

⓪⑥⑧

변환 단층 變換斷層

| 變 변하다 **변** | 換 바꾸다 **환** | 斷 끊다 **단** | 層 층 **층** |

해구나 해령처럼 판이 소멸되거나 생성되지 않고 다만 그 양쪽의 판이 서로 엇갈리며 평행하게 움직이는 경계선.

⓪⑥⑨

열적도 熱赤道

| 熱 뜨겁다 **열** | 赤 붉다 **적** | 道 길 **도** |

전 해양에서 수온이 최대인 곳을 연결한 선.

⓪⑦⓪

취송류 吹送流

| 吹 불다 **취** | 送 보내다 **송** | 流 흐르다 **류** |

바람이 불어 물을 보내는 해류로, 해면에 미치는 바람의 변형력에 의해 나타남.

⓪⑦①

서안 강화 西岸强化

| 西 서쪽 **서** | 岸 언덕, 기슭 **안** | 强 강하다 **강** | 化 변화하다 **화** |

지구 자전의 영향에 의해 발생하는 전향력은 위도에 따라 차이가 나기 때문에 대양의 해류가 동서로 대칭을 이루고 있지 않고 중심이 서쪽으로 치우쳐 있어서, 서쪽 해안의 해류가 동쪽 해안보다 깊고 빠르게(강하게) 흐르는 현상.

⓪⑦② 열·염 순환 熱鹽循環

| 熱 뜨겁다 **열** | 鹽 소금 **염** | 循 빙빙 돌다 **순** |
環 둘러싸다, 돌다 **환** |

온도차와 염분의 차이로 형성되는 순환.

⓪⑦③ 풍랑 風浪

| 風 바람 **풍** | 浪 물결 **랑** |

바람이 불어서 일어나는 파도.

⓪⑦④ 연안 쇄파 沿岸碎波

| 沿 물을 따라 내려가다 **연** | 岸 언덕 **안** | 碎 부수다 **쇄** | 波 물결 **파** |

해안 가까이에 다가와서 부서지는 물결.

⓪⑦⑤ 해일 海溢

| 海 바다 **해** | 溢 넘치다 **일** |

해양의 해수면이 보통 때보다 현저히 높아서 바닷물이 넘치는 현상.

⓪⑦⑥ 조석 潮汐

| 潮 (아침에 들어왔다 나가는) 바닷물 **조** | 汐 (저녁 때 들어왔다 나가는) 바닷물 **석** |

달과 태양 등의 천체의 인력 작용으로 해수면이 1일 2회, 또는 주기적으로 오르내리는 현상.

⓪⑦⑦ 기조력 起潮力

| 起 일어나다 **기** | 潮 (아침에 들어왔다 나가는) 바닷물 **조** | 力 힘 **력** |

조석 현상을 일으키는 힘으로, 지구 밖에 있는 달이나 태양과 같은 천체의 인력에 의해 생김.

⓪⑦⑧ 간조(썰물) 干潮

| 干 방패, 물을 빼다 **간** | 潮 (아침에 들어왔다 나가는) 바닷물 **조** |

조석 현상에 의해 해수면이 하루 중에 가장 낮아졌을 때를 가리키는 말.

⓪⑦⑨ 만조(밀물) 滿潮

| 滿 가득 차다 **만** | 潮 (아침에 들어왔다 나가는) 바닷물 **조** |

조석 현상에 의해 해수면이 하루 중에 가장 높아졌을 때를 가리키는 말.

⓪⑧⓪ 대조 大潮

| 大 크다 **대** | 潮 (아침에 들어왔다 나가는) 바닷물 **조** |

달과 태양이 일직선상에 놓이게 되어 간조와 만조의 수위 차가 최대가 되는 때.

= 사리.

⓪⑧① 소조 小潮

| 小 작다 **소** | 潮 (아침에 들어왔다 나가는) 바닷물 **조** |

조석潮汐의 간만 차가 가장 작은 때의 바닷물.

달과 해가 지구에 대하여 직각인 방향에 있을 때 달과 태양의 인력이 서로 상쇄되어 조석 간만의 차가 최소가 됨.

4. 태양계와 은하

연주 시차 年周視差

| 年 해 **년** | 周 두루, 돌다 **주** | 視 보다 **시** | 差 차이 **차** |

어느 시점 지구에서 본 천체의 방향과 6개월 후 공전하여 태양 반대편에서 본 방향과의 차.

광행차 光行差

| 光 빛 **광** | 行 다니다 **행** | 差 차이 **차** |

지구의 공전으로 인하여 지구로 입사하는 별빛이 기울어지는 현상.

합 合

| 合 합하다 **합** |

행성이 지구에서 보아 태양과 같은 방향에 위치했을 때를 가리키는 말.

구 矩

| 矩 ㄱ 모양의 자, 모서리 **구** |

지구에서 보아 외행성이 태양의 직각 방향에 오는 시각 또는 그 위치.

회합 주기 會合週期

| 會 모이다 **회** | 合 합하다 **합** | 週 돌다 **주** | 期 기간 **기** |

지구에서 바라봤을 때 태양과 같은 방향에 위치하는 경우인 합에서 다음 합까지의 시간.

분광형 分光型

| 分 나누다 **분** | 光 빛 **광** | 型 기본 틀 **형** |

망원경으로 모아진 별빛을 분광기 또는 분광 사진기로 분산시키면 얻어지는 것.

주계열성 主系列星

| 主 주인, 주되다 **주** | 系 계통 **계** | 列 줄지어 놓다 **렬** | 星 별 **성** |

주계열의 별이란 뜻으로, 주계열은 온도가 높을수록 더욱 밝아지는 일군의 항성 계열.

적색 거성 赤色巨星

| 赤 붉다 **적** | 色 색깔 **색** | 巨 크다 **거** | 星 별 **성** |

중심핵中心核에서의 수소 연소가 끝난, 진화 단계의 별.

초거성 超巨星

| 超 뛰어넘다 **초** | 巨 크다 **거** | 星 별 **성** |

반지름이 태양의 수백 배에 이르고, 절대 광도 絶對光度도 태양의 수만 배에 이르는 거성[항성恒星] 중에서 반지름과 절대 광도가 큰 별.

↔ 왜성矮星.

⑨⑨① 초신성 超新星

| 超 뛰어넘다 초 | 新 새롭다 신 | 星 별 성 |

보통 신성新星의 1만 배 이상의 빛을 내는 큰 신성.

➡ 新星은 전에는 보이지 않던 별이 갑자기 환하게 빛나다가 얼마 후 다시 빛이 약해지는 별로, 마치 새로 태어났다고 착각을 일으키는 별. = 일시성一時星.

⑨⑨② 백색 왜성 白色矮星

| 白 희다 백 | 色 색깔 색 | 矮 작다 왜 | 星 별 성 |

표면 온도는 높으나 광도는 낮으므로 크기가 매우 작아 태양의 1/10에서 1/100배 정도인 백색의 왜소한 별.

⑨⑨③ 쌍성 雙星

| 雙 짝이 되다 쌍 | 星 별 성 |

두 개 이상의 별들이 서로의 인력 때문에 공통 무게 중심의 주위를 일정한 주기로 공전하고 있는 별들.

⑨⑨④ 안시 쌍성 眼視雙星

| 眼 눈 안 | 視 보다 시 | 雙 짝이 되다 쌍 | 星 별 성 |

망원경으로 직접 쌍성임을 확인할 수 있는 쌍성.

⑨⑨⑤ 분광 쌍성 分光雙星

| 分 나누다 분 | 光 빛 광 | 雙 짝이 되다 쌍 | 星 별 성 |

실제로 보아서는 가려 낼 수 없으나 스펙트럼 분석에 의하여 검출할 수 있는 쌍성.

⑨⑨⑥ 식쌍성 蝕雙星

| 蝕 좀먹다 식 | 雙 짝이 되다 쌍 | 星 별 성 |

눈으로는 쌍성으로 구분되지 않는 분광 쌍성 중에서 일식과 마찬가지로, 한쪽 별의 앞면을 다른 별이 지나가면서 가리므로 전체의 광도가 어두워지고, 지나가 버리면 다시 밝아지게 되는 쌍성.

⑨⑨⑦ 방출 성운 放出星雲

| 放 놓다, 내쏘다 방 | 出 나가다 출 | 星 별 성 | 雲 구름 운 |

중심부 또는 주위에 있는 고온 별의 강력한 복사에 의해 빛을 내는 가스 성운.

⑨⑨⑧ 행성상 성운 行星狀星雲

| 行 다니다 행 | 星 별 성 | 狀 모양 상 | 星 별 성 | 雲 구름 운 |

보통 고리 모양의 외곽부와 중심부에 고온의 별로 구성된 성운. 초기에 작은 망원경으로 관측하였을 때 행성처럼 보였기 때문에 붙여진 이름.

1. 집합과 명제

⓪⓪①

진부분 집합 眞部分集合

| 眞 참 진 | 部 분류 부 | 分 나누다 분 | 集 모으다 집 | 合 합하다 합 |

집합 S의 부분 집합 중에서, S와 일치하지 않는 집합. 즉, A⊂B이고, A≠B일 때 A를 B의 '진부분 집합' 이라고 함.

⓪⓪②

이 裏

| 裏 속 리 |

명제 'p이면 q이다(p→q)' 에 대하여 'p가 아니면 q가 아니다(~p→~q)' 처럼 가정과 결론 모두가 부정不定의 의미를 갖는 명제.

⓪⓪③

대우 對偶

| 對 마주 대하다, 짝 대 | 偶 짝이 되다 우 |

어떤 명제命題의 결론의 부정을 가정으로 하고, 가정의 부정을 결론으로 짝을 만든 명제.

2. 수와 식

⓪⓪④

복소수 複素數

| 複 겹치다 복 | 素 바탕 소 | 數 숫자 수 |

실수實數와 허수虛數의 합으로 이루어지는 수.

⓪⓪⑤

항등원 恒等元

| 恒 항상 항 | 等 등급, 같다 등 | 元 근본 원 |

항상 자기 자신이 되게 만들어 주는 원소元素.

⓪⓪⑥

역원 逆元

| 逆 거스르다 역 | 元 근본 원 |

연산 후 항등원을 만들어 주는 원소.

⓪⓪⑦

허수 虛數

| 虛 비다 허 | 數 숫자 수 |

실수實數가 아닌 복소수複素數. 실수 a, b와

허수 단위 i로서 $a+bi$인 형식으로 나타내지는 수를, 일반적으로 복소수라고 함.

⓪⓪⑧
항등식 恒等式

| 恒 항상 **항** | 等 등급, 같다 **등** | 式 형식, 계산식 **식** |

식에 포함된 문자에 어떤 값을 넣어도 언제나 성립하는 등식.

⓪⓪⑨
미정 계수법 未定係數法

| 未 아직 ~않다 **미** | 定 정하다 **정** | 係 매다, 관계되다 **계** | 數 숫자 **수** | 法 법 **법** |

항등식의 성질을 이용하여 여러 가지 식에서 미지의 계수를 구하는 방법.

⓪①⓪
조립 제법 組立除法

| 組 조직하다 **조** | 立 서다 **립** | 除 없애 버리다, 나누다 **제** | 法 법 **법** |

차수次數 크기 차례로 계수를 짜맞추어 x에 관한 다항식$f(x)$를 x의 일차식으로 나누어 몫과 나머지를 구하는 나눗셈 방법.

⓪①①
유리식 有理式

| 有 있다 **유** | 理 이치 **리** | 式 형식, 계산식 **식** |

식을 정리하였을 때 근호根號 속에 문자가 포함되어 있지 않은 대수식代數式.

➨ 理는 본래 한자 '비比(비율)'의 개념임.

⓪①②
이중 근호 二重根號

| 二 둘 **이** | 重 무겁다, 거듭하다 **중** | 根 뿌리 **근** | 號 이름, 부호 **호** |

근호가 이중으로 포함되어 있는 식. 근호 안에 근호가 있는 식.

⓪①③
무리식 無理式

| 無 없다 **무** | 理 이치 **리** | 式 형식, 계산식 **식** |

식을 정리했을 때, 근호 안에 문자가 포함되어 있는 식. 적어도 하나의 근호를 포함하고, 그 안에 적어도 하나의 문자를 포함하고 있는 식.

3. 방정식과 부등식

⓪①④
실근 實根

| 實 실제 **실** | 根 뿌리 **근** |

방정식의 근 중에서 실수인 것.

⓪①⑤
허근 虛根

| 虛 비다 **허** | 根 뿌리 **근** |

방정식의 근 중 복소수複素數인 것.

⓪①⑥
등치법 等置法

| 等 등급, 같다 **등** | 置 두다 **치** | 法 법 **법** |

연립 방정식을 푸는 방법 중 주어진 두 방정식

을 하나의 미지수에 관해 정리하여 같다고 놓고 다른 미지수를 구하는 방법.

4. 도형의 방정식

⓪①⑦
내분 內分 · 내분점 內分點

| 內 안 내 | 分 나누다 분 | 點 점 점 |

선분線分 A 위에 있는 A와 B 사이의 점 P는 선분 AB를 2개의 선분 AP와 PB로 나눈다. 이 때 점 P는 선분 AB를 AP와 PB로 내분한다 하고, P를 내분점內分點이라 함(AP+PB=AB).

⓪①⑧
외분 外分 · 외분점外分點

| 外 바깥 외 | 分 나누다 분 | 點 점 점 |

선분 AB의 연장 위에 점 P′를 취할 때, P′는 선분 AB를 AP′와 P′B로 외분한다 하고, P′를 외분점外分點이라 함.

5. 함수

⓪①⑨
상 像

| 像 (사람을) 본뜬 모양, 모양 상 |

공집합이 아닌 2집합 X, Y가 있어, X의 각 원소에 Y의 원소가 하나씩 대응할 때, 이 대응을 X에서 Y로의 사상寫像이라 하고 f:X → Y(X에서 Y 안으로의 사상)로 나타낸다. 이때, f에

의한 X의 원소 x에 대응하는 Y의 원소 $f(x)$를, f에 의한 x의 상이라고 함.

⓪②⓪
사상 寫像

| 寫 베끼다 사 | 像 (사람을) 본뜬 모양, 모양 상 |

한 집합 X의 각 원소 x에 집합 Y의 하나의 원소 y를 대응시키는 관계 f를 X에서 Y 안으로의 사상(대응, 변환 또는 함수)이라 함.

⓪②①
점근선 漸近線

| 漸 차츰 점 | 近 가깝다 근 | 線 줄 선 |

함수의 그래프가 어떤 직선에 한없이 가까워질 때, 이 직선을 함수의 그래프의 점근선이라 함.

6. 삼각 함수

⓪②②
시초선 始初線

| 始 처음 시 | 初 처음 초 | 線 줄 선 |

직선이 한 점의 주위를 회전할 때, 그 출발점의 위치를 정하는 일정한 직선.

⓪②③
동경 動徑

| 動 움직이다 동 | 徑 지름길 경 |

평면 또는 공간에서의 좌표에서, 한 점 P의 위치를 나타내는 한 요소.

일반각 一般角

| 一 하나 **일** | 般 일반 **반** | 角 뿔, 각도 **각** |

기준이 되는 반직선半直線에서 그것과 원점을 공유하는 반직선이 이루는 한 각과 회전으로 얻어진 각을 합하여 나타내는 각.

호도법 弧度法

| 弧 활 **호** | 度 ~한정도 **도** | 法 법 **법** |

원형으로 중심각을 재는 방법.

육십분법 六十分法

| 六 여섯 **륙** | 十 열 **십** | 分 나누다 **분** | 法 법 **법** |

각도의 단위를 60으로 나누어 정하는 법. 직각의 90분의 1을 1도, 1도의 60분의 1을 1분, 1분의 60분의 1을 1초로 함.

삼각 함수 三角函數

| 三 셋 **삼** | 角 뿔, 모서리 **각** | 函 상자 **함** | 數 숫자 **수** |

삼각비를 일반각까지 확장시켜 얻을 수 있는 함수.

사인(sine) · 코사인(cosine) · 탄젠트(tangent) · 코탄젠트(cotangent) · 시컨트(secent) · 코시컨트(cosecent) 등이 있음.

주기 함수 週期函數

| 週 돌다 **주** | 期 기간 **기** | 函 상자 **함** | 數 숫자

수 |

독립 변수의 값이 어떤 상수만큼 변하여도 그 함수 값이 일정한 구간 안에서 반복되는 함수.

단위원 單位圓

| 單 혼자, 한덩어리 **단** | 位 위치 **위** | 圓 둥글다 **원** |

반지름이 1인 원.

고사성어 故事成語 = 古事成語

| 故·古 옛고 | 事 일 사 | 成 이루다 성 | 語 말씀 어 |

대개 고대 중국과 우리나라에서 전해져 내려오는 의미 있는 이야기를 축약하여 만든 말.

고사성어는 글자 그대로 옛날에[故·古] 있었던 일을[事] 짧은 말로[語](흔히 4자로) 만든[成] 것입니다. 그래서 성어의 의미를 정확하게 파악하려면 고사를 알아야 합니다. 예를 들어 어부지리漁父之利를 글자대로 풀이하면 '어부의 이익'이란 뜻입니다. 그러나 이 이야기의 유래를 알지 못하면 왜 '제삼자가 이익을 얻을 때' 쓰는 표현인지 이해할 수 없습니다. 어부지리는,

"조개 한 마리가 껍질을 벌려 살을 내놓고 햇볕을 쬐고 있을 때, 도요새가 날아와 조개의 살을 쪼자 조개는 껍질을 닫아서 도요새의 부리를 물었다. 둘이 물고 물리어 서로 버티고 있을 무렵 어부가 나타나 모두 잡아 버렸다."

는 고사에서 유래했습니다. 그래서 둘이 다투다가 엉뚱한 사람이 이익을 챙길 때, 이를 줄여서 어부지리라는 표현을 씁니다.

이 때문에 아래에는 고사성어의 성격을 이해하기 위해 수많은 고사성어 중에 고등학생이 알아 두어야 할 것을 선별하여 소개하였습니다. 다만, 고사를 모르더라도 한자 풀이만으로 그 의미를 파악할 수 있는 성어는 뺐습니다.

---

①①①

가정맹어호 苛政猛於虎
가혹한 정치는 호랑이보다 무서움.

≫ 於 ~에, ~보다 어

공자와 제자들이 세 개의 무덤 앞에서 울고 있는 여인에게 우는 이유를 물었다. 여인은 아버지, 남편, 아들이 차례로 범에게 잡혀 먹혔다고 했다. 공자가 산을 떠나지 않는 이유를 물으니, 여기엔 가혹한 세금이 없다고 말했다. 이에 공자는 제자들에게 "가혹한 정치는 범보다 무섭다"라고 말한 고사에서 유래함.

①①②

계륵 鷄肋
닭 갈비. 별 쓸모는 없으나 버리기는 아까운 것.

≫ 肋 갈비 륵

조조는 한중漢中 땅을 두고 유비와 장기전長期戰을 펼쳤지만 갈수록 상황이 어려워졌다. 어느 날 당직 사령이 암호를 정해 달라고 하자, 마침 닭을 먹고 있던 조조는 '계륵'으로 정했다. 당

시 양수라는 부하는 "닭갈비는 먹을 만한 고기가 붙어 있지 않고, 버리자니 아까운 부위이다. 조조 장군께서는 한중 땅도 계륵처럼 생각하여 결국 후퇴할 것이다"라고 말했다. 철수 준비를 하던 양수 때문에 병사들의 사기는 꺾이었고, 조조는 그 책임을 물어 양수를 처형하였다. 조조는 그로부터 며칠 뒤에 철수하였다는 고사에서 유래함.

⑩⑩③

노마지지 老馬之智
늙은 말의 지혜로움. 아무리 하찮은 사람이라도 나름대로 장기長技가 있음.

제齊나라의 환공桓公이 고죽국孤竹國을 정벌하러 갈 때, 떠날 때는 봄이었는데 돌아올 때는 겨울이 되어, 도중에 길을 잃고 말았다. 이에 재상 관중이 "늙은 말은 본능적으로 길을 잘 찾아 내므로 이런 때는 늙은 말의 지혜가 도움이 된다"고 하여 늙은 말을 풀어 놓고 그 뒤를 따라가니 이윽고 길을 찾았다는 고사에서 유래함.

⑩⑩④

맹모단기지교 孟母斷機之敎
맹자의 어머니가 베틀의 베를 끊은 가르침. 즉 학문은 중도에 그만두어서는 안 되고 꾸준히 계속해야 함.

맹자는 어린 시절 먼 곳으로 유학을 갔다가, 중간에 학업을 포기하고 집에 돌아왔다. 이에 맹자의 어머니는 갑자기 짜던 베틀의 실을 칼로 끊어 버리며, "학업을 그만두는 것은 짜던 베틀의 실을 끊어 버리는 것과 마찬가지다"라고 말하였다. 이에 맹자는 다시 학업에 충실하여 훌륭한 학자가 되었다는 고사에서 유래함.

⑩⑩⑤

묵수 墨守
묵적의 지킴. 자기의 소신을 철저하게 끝까지 지킴.

전국 시대 노魯나라 사람이었던 묵자墨子(성이 묵墨이고 이름은 적翟)와 그를 따르는 집단의 사람들이 규율을 어긴 사람을 엄벌에 처하거나 자결한 데서 유래함.

006

미생지신 尾生之信
미생의 믿음. 신의가 두터움, 또는 고지식한 행위.

미생이라는 사람이 어떤 여자와 다리 아래에서 만나기로 약속을 하고 기다렸다. 그러나 개울 물이 불어났는데도 피하지 않고 다리 기둥을 꼭 껴안고 있다가 결국 물에 빠져 죽었다는 고사에서 유래함.

≫〈尾 꼬리 미 生 살다 생〉 사람 이름

007

비육지탄 髀肉之嘆
넓적다리에 살이 찜을 탄식함. 영웅이 공을 세우지 못하고 헛되이 날을 보냄을 탄식함.

후한後漢 말기에 촉한蜀漢의 유비가 의군을 일으켜 혼란한 시대를 바로잡으려 했으나, 조조를 제거하려다가 계획이 탄로나 형주荊州의 유표劉表에게 도망가 있었다. 어느 날 유비가 유표와 술을 마시다가 화장실에 다녀왔는데, 말을 타고 싸움을 하지 못해 자신의 넓적다리에 살이 많이 붙은 것을 보고 눈물을 흘렸다는 고사에서 유래함.

≫ 髀 넓적다리 비 嘆 탄식하다 탄

008

서시빈목 西施矉目
서시가 눈을 찡그림. 좋고 나쁨, 옳고 그름을 생각하지 않고 무조건 남을 따라함.

미녀로 유명한 서시라는 여인이 가슴에 병이 있어 찡그리며 다녔다. 그 마을에 못생긴 여자가 이를 아름답게 여겨 자신도 찡그리며 다녔다. 이를 본 그 마을 사람들이 도망을 갔다는 고사에서 유래함.

≫〈西 서쪽 서 施 베풀다 시〉 사람 이름 矉 찡그리다 빈

= 효빈效矉 [效 효과, 본받다 효 矉 찡그리다 빈]

009

염화미소 拈花微笑
꽃을 집자 살짝 웃음. 가르침의 방법이 말이나 글이 아닌 마음에서 마음으로 전함.

석가모니가 영산에서 제자들을 모아 놓고 설교를 하다가, 갑자기 연꽃 한 송이를 들어 제자들에게 보였다. 설교를 듣던 제자들

≫ 拈 집다 념

은 모두들 그 뜻을 알지 못했는데, 가섭존자만이 그 뜻을 깨닫고
는 살짝 미소를 지었다는 고사에서 유래함.

오월동주 吳越同舟

오나라 사람과 월나라 사람이 함께 배를 타고 감. 서로 적의를 품은
사람들이 같은 처지에 있을 때는 서로 돕게 됨. 또는 원수끼리 같은
자리에서 만남.

≫ 吳 나라 이름 오 越 뛰어넘다, 나라
이름 월

원수 사이인 오나라와 월나라 사람이 한 배에 탔으나, 큰 바람이
불어 배가 뒤집히려 하자 서로 도왔다는 고사에서 유래함.

와신상담 臥薪嘗膽

땔나무에 눕고, 쓸개를 맛봄. 원수를 갚거나 목적을 달성하기 위해
온갖 고난을 참고 견딤.

≫ 薪 땔나무 신 嘗 맛보다 상

오나라 왕 합려가 월나라 왕 구천과의 싸움에 지고, 복수를 하라
는 유언을 남기고 죽었다. 아들 부차가 유언을 잊지 않기 위해
땔나무 위에서 잠을 자는 고통을 감수하며, 군사를 은밀히 키워
후에 구천을 사로잡아 모욕을 준 뒤 풀어주었다. 이후 구천 역시
복수심을 잊지 않기 위해 항상 쓸개를 맛보며 군사를 키워 결국
부차를 죽인다는 고사에서 유래함.

월하빙인 月下氷人

달빛 아래의 노인과 얼음 위의 노인. 혼인을 맺어 주는 노인.

위고라는 젊은이가 달빛 아래의 한 노인에게서 "자네의 처는 어
떤 할머니가 안고 있는 젖먹이 아이"라는 얘기를 들은 뒤, 사람
을 시켜 그 아이를 죽이려고 했으나, 후에 결국 혼인을 했다는
고사. 영고책이라는 사람이 "얼음 위에 서서 얼음 밑에 있는 사
람과 이야기를 했다"는 꿈을 말하자 "봄에 중매를 서게 될 조짐"
이라는 해몽을 듣고, 얼마 안 되어 결혼을 하게 되었다는 고사.
이 두 고사가 합해져서 이루어진 말.

013

읍참마속 泣斬馬謖
눈물을 흘리며 마속의 목을 벰. 대의大義를 위하여 아끼는 사람을
처단함.

제갈 공명이 위나라를 공격하면서 식량 보급지인 가정을 마속에
게 지키게 하였다. 그런데 마속은 공명의 지시를 어기고 자신의
생각대로 작전을 폈다가 대패하여, 공명은 전군을 철수시켰고,
눈물을 머금고 군율을 어긴 마속을 죽였다는 고사에서 유래함.

≫〈馬 말 마 謖 일어나다 속〉사람
　이름

014

지록위마 指鹿爲馬
사슴을 가리켜서 말이라고 함. 간사한 꾀로 윗사람을 농락하고 아
랫사람을 겁주어 멋대로 권세를 부림.

진나라 2세 황제(호해) 때, 당시 최고의 실권자인 조고는 반역을
꾀하기 전에 반대파를 가려 내기 위한 계략을 꾸몄다. 그는 어느
날 호해에게 사슴 한 마리를 바치면서 "명마名馬입니다"라고 했
다. 이에 호해가 조고를 비웃자, 호해는 좌우의 신하들에게 사슴
인가 말인가를 물었다. 강직한 신하들은 사슴이라고 하였는데,
조고는 후에 이들을 모두 제거했다는 고사에서 유래함.

015

호접몽 胡蝶夢
나비의 꿈. 만물은 하나임.

장자莊子가 꿈에 나비가 되었다가 깨어 보니 자신은 여전히 움
직이는 장자였다. 이에 자신이 "꿈에 나비가 되었던가? 아니면
나비가 꿈에 장자가 된 것인가?"라고 말하는 고사에서 유래함.

≫蝶 나비 접

성어成語 (=숙어熟語)

　　성어는 2자 이상의 한자가 합쳐져[成] 하나의 단어처럼 익숙하게[熟] 쓰이는 한자 어휘입니다. 山이나 江은 1자짜리 어휘이지만, 이 역시 한자 어휘(=한자어)입니다. 그러나 이런 한 글자짜리 한자 어휘를 제외하고 2자 이상이 합쳐져 하나의 단어로 쓰이는 것을 成語, 혹은 熟語라고 생각하면 됩니다.

　　성어는 긴 의미를 간략하게 압축하여 표현하는 데 유용하기 때문에, 일상의 언어 생활에서 자주 사용되고 있습니다. 또한 한문 문장의 형식을 갖추고 있는 것이 많아서, 한문 독해력 신장을 위한 학습에도 자주 이용됩니다.

　　여기에서는 이러한 成語의 성격과 기능을 이해하기 위해 속담류, 격언류(교훈이나 경계警戒가 되는 말), 철학적인 것, 비유의 성격이 강한 것들 중 고등학생들이 알아 두어야 할 성어를 뽑아서 정리하였습니다. 특히 4자짜리를 많이 뽑았습니다. 이 외에도 알아야 할 성어가 많이 있지만, 여기서는 그 중에서도 꼭 필요하다고 여겨지는 성어만 우선 선별하였습니다.

※ 생각해 봅시다.

　　角者無齒란 성어가 있습니다. 한자 풀이를 하면 '뿔이[角] 있는 것(짐승)은[者] 이빨이[齒] 없다[無]' 입니다. 어떤 의미로 사용될까요? '한 사람이 모든 복이나 재주를 겸하지 못함' 이란 의미입니다. 角과 齒는 코뿔소나 호랑이 등의 짐승들에게는 강력한 무기이듯이, 사람에게는 태어날 때부터 갖고 있는 재주를 상징합니다. 즉 사람은 저마다 나름대로의 재주가 있으므로 이를 잘 개발해야지, 막연히 다른 사람의 잘난 점과 비교하고 이를 부러워하면서 자기를 비하할 필요는 없다는 말입니다.

　　이후에 처음 접하는 成語가 생기더라도 角者無齒처럼 한자 풀이와 연상을 통해 이해할 수 있기 때문에 크게 염려하지 않아도 됩니다.

- ·속담류 – 결자해지結者解之 등등
- ·격언류 – 개과천선改過遷善(교훈), 거안사위居安思危(경계) 등등
- ·철학류 – 색즉시공色卽是空 등등
- ·비유(겉뜻과 속뜻을 모두 알아야 하는 것) – 금상첨화錦上添花 등등

001

견강부회 牽强附會

| 牽 끌다 견 | 强 강하다, 억지로 강 | 附 붙이다 부 | 會 모이다 회 |

이치에 맞지 않는 말을 억지로 끌어다 자신의 논리에 맞도록 붙여 모음.

002

계구우후 鷄口牛後

| 鷄 닭 계 | 口 입 구 | 牛 소 우 | 後 뒤 후 |

큰 집단의 말단보다는 작은 집단의 우두머리가 되는 것이 나음.

003

고장난명 孤掌難鳴

| 孤 외롭다 고 | 掌 손바닥 장 | 難 어렵다 난 | 鳴 울다, 소리를 내다 명 |

혼자만의 힘으로는 일을 하기가 어려움.

004

곡학아세 曲學阿世

| 曲 휘다 곡 | 學 배우다, 학문 학 | 阿 아첨하다 아 | 世 세상 세 |

자신의 영광을 위해 어떤 학문의 내용을 왜곡하고, 그것으로 세상의 이익에 영합함.

005

과유불급 過猶不及

| 過 지나가다, 지나치다 과 | 猶 오히려, 같다 유 | 不 ~하지 않다 불 | 及 (어떤 상황에) 이르다 급 |

그 정도가 지나친 것은 미치지 못하는 것에 비

006

교각살우 矯角殺牛

| 矯 바로잡다 교 | 角 뿔 각 | 殺 죽이다 살 | 牛 소 우 |

조그만 결점이나 흠을 고치려다 수단이 지나쳐서 도리어 일을 크게 그르침.

007

권토중래 捲土重來

| 捲 말다 권 | 土 흙 토 | 重 무겁다, 거듭하다 중 | 來 오다 래 |

실패한 사람이 나중에 다시 재기하여 돌아옴.

008

극기복례 克己復禮

| 克 이기다 극 | 己 자기 기 | 復 돌아오다 복 | 禮 예절 례 |

자신의 마음속에서 생겨나는 여러 욕망을 극복하여 예를 지킴.

009

금란지교 金蘭之交

| 金 쇠 금 | 蘭 난초 란 | 之 ~의, ~하는 지 | 交 사귀다 교 |

쇠처럼 단단하고 난초처럼 향기 나는 친구 사이의 사귐.

010

기호지세 騎虎之勢

| 騎 말 타다 기 | 虎 호랑이 호 | 之 ~의, ~하는

지 | 勢 세력, 일이 되어 가는 형편 **세** |

어떤 일을 중도에서 포기하지 말고 계속 밀어 부쳐야 하는 형편.

⓪①①

단사표음 簞食瓢飮

| 簞 대바구니 **단** | 食 먹다, 밥 **사** | 瓢 박 **표** | 飮 마시다 **음** |

겨우 생명을 이어 나갈 정도로 매우 소박하고 청빈한 생활.

⓪①②

물아일체 物我一體

| 物 사물 **물** | 我 나 **아** | 一 하나 **일** | 體 몸 **체** |

사물(객관)과 내(주관)가 구별 없이 한 몸이 됨.

⓪①③

반포지효 反哺之孝

| 反 되돌리다 **반** | 哺 먹다, 먹이다 **포** | 之 ~의, ~하는 **지** | 孝 효도 **효** |

자식이 자란 후에 어버이의 은혜를 갚는 효성을 이르는 말.

⓪①④

발본색원 拔本塞源

| 拔 뽑다 **발** | 本 근본 **본** | 塞 변방 새 / 막다 **색** | 源 근원 **원** |

폐단의 뿌리를 뽑고 근원을 막음.

⓪①⑤

부화뇌동 附和雷同

| 附 붙이다 **부** | 和 사이가 좋다 **화** | 雷 천둥 **뢰** | 同 같다, 함께하다 **동** |

자기의 주장 없이 무조건 남의 의견을 따름.

⓪①⑥

불치하문 不恥下問

| 不 ~하지 않다 **불** | 恥 부끄럽다 **치** | 下 아래 **하** | 問 묻다 **문** |

자기보다 나이가 어리거나 못난 사람에게 묻는 것을 부끄럽게 여기지 않음.

⓪①⑦

사생취의 捨生取義

| 捨 버리다 **사** | 生 살다 **생** | 取 가지다 **취** | 義 옳다 **의** |

정의와 진리를 위해서는 목숨을 버리고, 자신의 목숨도 아끼지 않고 의로움을 취함.

⓪①⑧

사이비 似而非

| 似 비슷하다 **사** | 而 말 잇다 **이** | 非 아니다 **비** |

겉으로는 유사하지만 실제로는 전혀 아님.

⓪①⑨

사후약방문 死後藥方文

| 死 죽다 **사** | 後 뒤 **후** | 藥 약 **약** | 方 방향, 방법 **방** | 文 글 **문** |

시기가 적절하지 못해 아무 소용없게 됨.

⓪②⓪

삼순구식 三旬九食

| 三 셋 **삼** | 旬 열흘 **순** | 九 아홉 **구** | 食 먹다 **식** |

집안이 매우 가난하여 먹을 것이 적음.

021 상전벽해 桑田碧海

| 桑 뽕나무 **상** | 田 밭 **전** | 碧 푸르다 **벽** | 海 바다 **해** |

세상의 변화가 심함.

022 색즉시공 色卽是空

| 色 색깔 **색** | 卽 곧 **즉** | 是 옳다, ~이다 **시** | 空 비다 **공** |

色은 유형有形의 만물인데, 본래는 空이란 말.

023 수구초심 首邱初心

| 首 머리 **수** | 邱 언덕 **구** | 初 처음 **초** | 心 마음 **심** |

여우가 죽을 때에 머리를 자신이 살던 언덕의 굴 쪽으로 향하며, 처음 태어나고 살았던 고향을 그리워하는 마음을 가짐.

024 순망치한 脣亡齒寒

| 脣 입술 **순** | 亡 망하다 **망** | 齒 이빨 **치** | 寒 (온도가) 차다 **한** |

이해 관계가 서로 밀접하여 한쪽이 망하면 다른 쪽도 화를 면하기 어려움.

025 식자우환 識字憂患

| 識 알다 **식** | 字 글자 **자** | 憂 근심하다 **우** | 患 근심 **환** |

학식이 있는 것이 도리어 근심을 사게 됨.

026 십시일반 十匙一飯

| 十 열 **십** | 匙 숟가락 **시** | 一 하나 **일** | 飯 밥 **반** |

여러 사람이 조금씩 도우면 한 사람 구제하기는 쉬움.

027 아전인수 我田引水

| 我 나 **아** | 田 밭 **전** | 引 당기다 **인** | 水 물 **수** |

자기에게 이롭게 말하거나 행동함.

028 양두구육 羊頭狗肉

| 羊 양 **양** | 頭 머리 **두** | 狗 개 **구** | 肉 고기 **육** |

겉은 훌륭하게 보이나 속은 변변치 아니함.

029 양약고어구 良藥苦於口

| 良 어질다, 좋다 **량** | 藥 약 **약** | 苦 괴롭다, (맛이) 쓰다 **고** | 於 ~에 **어** | 口 입 **구** |

충성스런 말은 듣기에는 거슬리나 자신에게 이로움.

030 옥상가옥 屋上加屋

| 屋 집, 지붕 **옥** | 上 위 **상** | 加 더하다 **가** | 屋 집, 지붕 **옥** |

공연히 쓸모 없는 일을 더함.

031

위편삼절 韋編三絶

| 韋 가죽 위 | 編 엮다, 책을 맨 끈 편 | 三 셋 삼 | 絶 끊다 절 |

책을 맨 가죽끈이 세 번 끊어질 정도로 열심히 책을 읽음.

032

음덕양보 陰德陽報

| 陰 그늘, 몰래 음 | 德 공정하고 포용성 있는 마음 덕 | 陽 햇볕, 바깥 양 | 報 갚다 보 |

남 모르게 보이지 않는 곳에서 덕을 쌓으면 드러나는 곳에서 보답을 받음.

033

이이제이 以夷制夷

| 以 ~로써 이 | 夷 오랑캐 이 | 制 만들다, 누르다 제 | 夷 오랑캐 이 |

한 세력을 이용하여 다른 세력을 제어함.

034

이전투구 泥田鬪狗

| 泥 진흙 니 | 田 밭 전 | 鬪 싸우다 투 | 狗 개 구 |

명분이 서지 않는 일로 몰골 사납게 싸움.

035

인면수심 人面獸心

| 人 사람 인 | 面 얼굴 면 | 獸 짐승 수 | 心 마음 심 |

마음이나 행동이 몹시 흉악함.

036

자강불식 自强不息

| 自 스스로 자 | 强 강하다, 힘쓰다 강 | 不 ~하지 않다 불 | 息 쉬다 식 |

스스로 힘써 노력하여 쉬지 않음.

037

자승자박 自繩自縛

| 自 스스로 자 | 繩 줄 승 | 自 스스로 자 | 縛 묶다 박 |

자신이 한 말과 행동이 결국엔 자신을 옭아매 불행을 자초함.

038

절차탁마 切磋琢磨

| 切 끊다 절 | 磋 갈다 차 | 琢 (옥을) 쪼다 탁 | 磨 갈다 마 |

학문·기예 따위를 끊임없이 갈고 닦음.

039

정문일침 頂門一鍼

| 頂 정수리 정 | 門 문 문 | 一 하나 일 | 鍼 침 침 |

따끔한 충고.

040

조강지처 糟糠之妻

| 糟 술지게미 조 | 糠 쌀겨 강 | 之 ~의, ~하는 지 | 妻 아내 처 |

술지게미와 쌀겨로 끼니를 이으며 함께 고생한 아내.

041

주마가편 走馬加鞭

| 走 달리다 **주** | 馬 말 **마** | 加 더하다 **가** | 鞭 채
찍 **편** |

열심히 하는 사람을 더욱 잘하도록 권장함.

042

죽마고우 竹馬故友

| 竹 대나무 **죽** | 馬 말 **마** | 故 옛 **고** | 友 친구 **우** |

어렸을 때 놀이 기구인 대나무 말을 타고 놀던
오랜 친구.

043

지란지교 芝蘭之交

| 芝 영지버섯 **지** | 蘭 난초 **란** | 之 ~의, ~하는
지 | 交 사귀다 **교** |

좋은 향기가 나는 벗 사이의 맑고도 고상한 사
귐.

044

진충보국 盡忠報國

| 盡 다하다 **진** | 忠 충성 **충** | 報 갚다 **보** | 國 나
라 **국** |

충성을 다하여 나라의 은혜에 보답함.

045

촌철살인 寸鐵殺人

| 寸 치(짧은 길이 단위) **촌** | 鐵 쇠 **철** | 殺 죽이
다 **살** | 人 사람 **인** |

짤막한 경구警句 · 격언格言 등으로 사람의
마음을 감동시킴.

046

토사구팽 兔死狗烹

| 兔 토끼 **토** | 死 죽다 **사** | 狗 개 **구** | 烹 삶다 **팽** |

쓸모 있을 때는 이용하다가 가치가 없어지면
버림.

= 교토사양구팽狡兔死良狗烹

047

풍수지탄 風樹之嘆

| 風 바람 **풍** | 樹 나무 **수** | 之 ~의, ~하는 **지** |
嘆 탄식하다 **탄** |

부모님이 돌아가셔서 효도할 기회를 잃은 것
을 탄식함.

048

호사다마 好事多魔

| 好 좋다 **호** | 事 일 **사** | 多 많다 **다** | 魔 마귀 **마** |

좋은 일에는 그것을 방해하는 나쁜 일도 많이
생김.

049

혼정신성 昏定晨省

| 昏 날이 저물다 **혼** | 定 정하다 **정** | 晨 새벽 **신**
| 省 살피다 **성** |

날이 저물면 잠자리를 정해 드리고 새벽에는
안부를 살피면서, 부모를 극진하게 모심.

050

화이부동 和而不同

| 和 사이가 좋다 **화** | 而 말 잇다 **이** | 不 ~하지
않다 **불/부** | 同 같다 **동** |

군자는 남과 화합하되 부화뇌동하지 않음.

환골탈태 換骨奪胎

|換 바꾸다 환|骨 뼈 골|奪 빼앗다 탈|胎 태
아를 싸고 있는 조직 태|

고인古人이 지은 시문詩文의 뜻과 어구를 자
기 것으로 소화한 뒤 그것을 바탕으로 독자적
인 시문을 지음. 혹은 용모가 변하여 전보다 아
름답게 됨.

후생가외 後生可畏

|後 뒤 후|生 살다, 배우는 사람 생|可 옳다,
~할 수 있다 가|畏 두려워하다 외|

후배들은 선배들보다 나아질 가능성이 많기
때문에 두려워할 만함.

한문 漢文

한문 해석을 잘 하기 위해서 다음 사항을 미리 알아 둡시다.

1. 한문은 의미의 흐름에 따라 문장을 적절히 끊어 읽을 수 있어야 합니다. 흔히 4자짜리 한문은 주로 2자씩 끊어 읽지만 다음에 나오는 문장들은 4자보다 더 긴 문장들입니다.

   예를 들어 〈孝於親子亦孝之身旣不孝子何孝焉〉는 〈孝於親/子亦孝之/身旣不孝/子何孝焉〉으로 끊고, 〈孝於親이면 子亦孝之하나니 身旣不孝면 子何孝焉이리오〉라 읽어야 합니다. '～이면, ～하나니, ～면, ～이리오' 라는 부분은 '토' 라고 합니다. 이렇게 끊어 읽는 사이에 우리말 토를 넣는 이유는 딱딱한 문장을 자연스럽게 읽을 수 있으며, 암송이 쉬워지기 때문입니다. 이 문장의 해석은 〈내가 부모에게 효도하면 내 자식이 또한 나에게 효도하나니, 내가 이미 부모에게 효도하지 않는다면 내 자식이 어찌 나에게 효도하리오(하겠는가)?〉입니다.

2. 같은 한자라도 문장 속에서 다르게 해석되는 경우가 많습니다.

   가) 玉不琢이면 不成器하고 人不學이면 不知道니라.(옥은 쪼지 않으면 그릇을 이루지 못하고, **사람**은 배우지 않으면 도를 알지 못하느니라.)

   나) 聞人之過失이어든 如聞父母之名하여 耳可得聞이언정 口不可言也니라.(**남**의 과실을 듣거든 부모의 이름을 들은 것처럼 하여 귀로는 들을지언정 입으로는 말하지 말지니라.)

   가)에서 人은 '사람' 으로 해석해야 하고, 나)에서 人은 '남, 다른 사람' 이라 해석해야 합니다. 이처럼 한자 하나가 갖고 있는 여러 뜻을 익히기 위해서는 낱낱의 한자 뜻을 먼저 암기하기보다는 위와 같은 다양한 한문 문장을 자주 접하면서 차츰차츰 알아 가야 합니다. 앞서 교과서 한자 어휘를 전과목에 걸쳐 학습했는데, 교과서 한자 어휘를 통해 한자의 여러 뜻(다의성多義性)을 익히는 것도 좋은 방법입니다.

3. 해석에 따라 한자의 소리가 바뀌는 경우도 있습니다. '衆이 好之라도 必察焉하며 衆이 惡之라도 必察焉이니라' 에서 '惡' 은 흔히 '나쁘다, 악하다 악' 이라고 외우고 해석하지만, 이 문장에서는 '미워하다' 라고 해석해야 하기 때문에 '오' 라고 읽어야 합니다. 이런 경우는 흔하지 않기 때문에, 따로 모아서 외울 필요는 없고 이 역시 한문 문장을 접하는 가운데 그때그때 알아 가면 됩니다.

   그러면 이제부터는 고등학교 한문 교과서에 나오는 여러 문장들을 익혀 보도록 하겠습니다.

《논어論語》

◎◎①

子貢_이 問政_{한데} 子曰 足食足兵_{이면} 民信之矣_{리라} 子貢曰 必不得已而去_{인댄}

於斯三者_에 何先_{이리잇고} 曰去兵_{이니라} 子貢曰 必不得已而去_{인댄} 於斯二者_에

何先_{이리잇고} 曰 去食_{이니} 自古_로 皆有死_{어니와} 民無信_{이면} 不立_{이니라}

✎ 자공이 정치에 대해서 묻으니, 공자가 말하였다. "먹을 것이 풍족하고 병사가 풍족하면 백성이 그것을 믿는다." 자공이 말하였다. "꼭 어쩔 수 없어서(부득이) 버린다면 이 세 가지 중에 어느 것이 먼저입니까?" 공지기 말히였다. "병시를 비린다." 자공이 말하였다. "꼭 이쩔 수 없이서 버린다면 이 두 가지 중에 어느 것이 먼저입니까" 공자가 말하였다. "먹을 것을 버리니, 예로부터 누구나 다 죽었지만, 백성이 믿음이 없으면 (나라가) 서지 못한다."

▶ 自 스스로, 부터 자

◎◎②

學而時習之_면 不亦說乎_아 有朋自遠方來_면 不亦樂乎_아 人不知而不慍_{이면} 不

亦君子乎_아

✎ 배우고 늘 그것을 익히면 또한 기쁘지 않은가? 친구가 있어 먼 곳으로부터 오면 또한 즐겁지 않은가? 남들이 알아주지 않더라도 노여워하지 아니하면 또한 군자가 아니겠는가?

▶ 說 밝히어 발하다 설 / 기쁘다 열   ▶ 慍 성내다 온

◎◎③

君子_는 食無求飽_{하며} 居無求安_{하며} 敏於事而愼於言_{이오} 就有道而正焉_{이면} 可

謂好學也已_{니라}

✎ 군자는 먹는 데 배부름을 구하지 않으며, 거처하는 데에 편안함을 구하지 않으며, 일에는 민첩하고 말에는 신중하며 도가 있는 곳에 나아가서 바로잡는다면 배움을 좋아한다고 이를 만하다.

▶ 也已 : 단정斷定지어 말할 때 문장 끝에 씀.

⓪⓪④

후생　　가외　　언지래자지불여금야　　　사십오십이무문언　　사역부족외야
後生이 可畏니 焉知來者之不如今也리오 四十五十而無聞焉이면 斯亦不足畏也
이
已니라

✎ 후배들을 두려워할 만하니 어찌 올 사람이 지금의 나만 같지 못함을 알겠는가? 사십 오십이
되어도 (세상에) 소문(=명성)이 없으면 이것은 또한 족히 두려워할 것이 없다.

▶ 也 ~이다, ~인가? 야

⓪⓪⑤

안연　　문인　　자왈 극기복례위인　　　　위인　　유기이유인호재
顔淵이 問仁한대 子曰 克己復禮爲仁이니라 爲仁은 由己而由人乎哉아

✎ 안연이 인을 묻자, 공자께서 말씀하셨다. "자기의 사욕을 이겨 예에 돌아감이 인을 하는 것이
다. 인을 하는 것은 자기 몸에 달려 있지, 남에게 달려 있는 것이겠느냐."

▶己 : 자기의 사욕

⓪⓪⑥

제경공　　문정어공자　　　공자대왈 군군신신부부자자
齊景公이 問政於孔子한대 孔子對曰 君君臣臣父父子子이니이다

✎ 제경공이 공자에게 정사를 묻자, 공자께서 대답하셨다. "임금은 임금 노릇하며, 신하는 신하
노릇하며, 부모는 부모 노릇하며, 자식은 자식 노릇하는 것입니다."

⓪⓪⑦

자공　　문왈 유일언이가이종신행지자호　　자왈 기서호　　　기소불욕　　물시
子貢이 問曰 有一言而可以終身行之者乎아 子曰 其恕乎인저 己所不欲을 勿施
어 인
於人이라

✎ 자공이 물었다. "한 말씀으로써 종신토록 행할 만한 것이 있습니까?" 공자께서 말씀하셨다.
"그것은 恕일 것이다. 자기가 하고자 하지 않는 것을 남에게 베풀지 말라는 것이다."

《맹자孟子》

❶❶❽

若民則無恒産이면 人無恒心이라 苟無恒心이면 放辟邪侈를 無不爲已니 及陷於

罪然後에 從而刑之면 是는 罔民也라 焉有仁人在位하여 罔民而可爲也리오 是

故로 明君이 制民之産하되 必使仰足以事父母하며 俯足以畜妻子하여 樂歲에 終

身飽하고 凶年에 免於死亡하나니 然後에 驅而之善이라 故로 民之從之也輕이니라

✎ 만약 백성으로 말하면, 떳떳이 살 수 있는 생업이 없으면 그 사람은 떳떳한 마음이 없어지는 것이다. 만일 떳떳한 마음이 없어지면 방탕하고 마음이 한쪽으로 치우쳐 공정하지 못하고 간사하고 사치를 하지 않음이 없을 뿐이니 죄에 빠짐에 이른 뒤에 따라서 이들을 형벌한다면, 이것은 백성을 그물질하는 것이다. 어찌 仁人이 (임금의) 지위에 있으면서 백성을 그물질하는 짓을 할 수 있겠는가? 이 때문에 현명한 군주는 백성의 생업을 제정해 주되 반드시 위로는 족히 부모를 섬길 수 있게 하며, 아래로는 족히 처자식을 기를 수 있게 하여 풍년에는 일생을 마칠 때까지 배부르고, 흉년에는 사망에서 면하게 하나니, 그런 뒤에야 백성들을 몰아서 善에 가게 하기 때문에 백성들이 그것을 따르기 쉬운 것이다.

- ▶ 恒 항상, 떳떳하다 항
- ▶ 放 놓다, 멋대로 굴다 방
- ▶ 辟 공정하지 못하다 벽
- ▶ 侈 사치하다 치
- ▶ 已 이미, ~일 뿐이다 이
- ▶ 罔 없다, 그물 망
- ▶ 俯 구부리다 부
- ▶ 畜 가축 축 / 기르다 휵
- ▶ 之 ~의, 가다 지

❶❶❾

王이 好戰할새 請以戰喩하리다 塡然鼓之하여 兵刃旣接이어든 棄甲曳兵而走하되

或百步而後에 止하고 或五十步而後에 止하여 以五十步로 笑百步則何如오 曰

不可라 直不百步耳언정 是亦走也라 曰 王이 如知此면 則無望民之多於隣國也

하소서

✎ "왕께서 전쟁을 좋아하시니 청컨대 전쟁을 가지고 비유해 보겠습니다. 둥둥 북을 쳐서 병기와 칼날이(=싸움이) 이미 닿았는데(=시작되었는데), 갑옷을 버리고 병기를 끌고 달아나되 어떤 사람은 백 보를 달아난 후에 멈추고, 어떤 사람은 오십 보를 달아난 후에 멈추되 오십 보 도망

한 사람이 백 보 도망한 사람을 비웃는다면 어떻습니까?" 왕이 말하였다. "옳지 않습니다. 단지 백 보를 가지 않았을 뿐이지 이 또한 도망간 것입니다." (맹자가) 말하길 "왕께서 이것을 아신다면 백성들이 이웃 나라보다 더 많기를 바라지 마소서."

▶ 喩 깨우치다, 비유하다 유   ▶ 塡 메우다, 북소리 전   ▶ 甲 첫째 천간, 갑옷 갑

▶ 曳 끌다 예   ▶ 何如 : 어떠한가?   ▶ 直 곧다, 다만 직

▶ 耳 귀, ~일 뿐이다 이

⓪①⓪

군자유삼락이왕천하　불여존언　부모구존　형제무고　일락야　앙
君子有三樂而王天下는 不與存焉이니라 父母俱存하며 兄弟無故가 一樂也요 仰

불괴어천　부부작어인　이락야　득천하영재이교육지　삼락야　군자
不愧於天하며 俯不怍於人이 二樂也요 得天下英才而敎育之가 三樂也니 君子

유삼락이왕천하　불여존언
有三樂而王天下는 不與存焉이니라

✎ 군자에게 세 가지 즐거움이 있는데 천하에 왕 노릇하는 것은 이것에 들어 있지 않다. 부모께서 모두 생존해 계시며 형제에게 변고가 없는 것이 첫 번째 즐거움이고, 위로는 하늘에 부끄럽지 않으며 아래로는 사람들에게 부끄럽지 않은 것이 두 번째 즐거움이고, 천하의 영재를 얻어 그를 교육하는 것이 세 번째 즐거움이다. 군자에게 세 가지 즐거움이 있는데 천하에 왕 노릇하는 것은 이것에 들어 있지 않다.

▶ 故 옛, 사고 고   ▶ 怍 부끄러워하다 작

⓪①①

인　인심야　의　인로야　사기로이불유　방기심이부지구　애재
仁은 人心也요 義는 人路也라 舍其路而不由하며 放其心而不知求하나니 哀哉라

인　유계견방즉지구지　유방심이부지구　학문지도　무타　구기방
人이 有鷄犬放則知求之하되 有放心而不知求하나니 學問之道는 無他라 求其放

심이이의
心而已矣니라

✎ 인은 사람의 마음이고 의는 사람의 길이다. 그 길을 버리고 가지 않으며, 그 마음을 놓치고서 구할 줄 모르니 슬프도다! 사람이 닭과 개를 놓치면 이를 구할 줄 알되 마음은 놓치고도 구할 줄을 모른다. 학문하는 도는 다른 것이 없으니, 그 놓친 마음을 구하는 것일 뿐이다.

▶ 舍 집, 버리다 사   ▶ 而已矣 : ~일 뿐이다

^{인성지선야} ^{유수지취하야} ^{인무유불선} ^{수무유불하} ^{금부수} ^{박이}
人性之善也가 猶水之就下也니 人無有不善하며 水無有不下니라 今夫水를 搏而

^{약지} ^{가사과상} ^{격이행지} ^{가사재산} ^{시기수지성재} ^{기세즉연야}
躍之면 可使過顙하고 激而行之면 可使在山하니 是豈水之性哉리오 其勢則然也

^{인지가사위불선} ^{기성역유시야}
니 人之可使爲不善은 其性亦猶是也니라

✎ 사람의 성품이 착한 것은 물이 아래로 내려가는 것과 같으니, 사람은 착하지 않음이 없으며, 물은 아래로 내려가지 않음이 없다. 이제 무릇 저 물을 손으로 쳐서 그것을 튀기면 이마를 넘어가게 할 수 있으며, 부딪혀 흐르게 해서 그것을 세차게 해서 가게 하면 산에 있게 할 수도 있으니, 이것이 어찌 물의 본성인가? 그 형세가 곧 그러한 것이니, 사람을 선하지 않게 할 수 있음도 그 본성이 또한 이와 같은 것이다.

▶ 搏 치다박　　　　　▶ 顙 이마상　　　　　▶ 激 거세다, 물결 부딪쳐 흐르다격

《대학大學》

^{고지욕명명덕어천하자} ^{선치기국} ^{욕치기국자} ^{선제기가} ^{욕제기가}
古之欲明明德於天下者는 先治其國하고 欲治其國者는 先齊其家하고 欲齊其家

^자 ^{선수기신} ^{욕수기신자} ^{선정기심} ^{욕정기심자} ^{선성기의} ^욕
者는 先修其身하고 欲修其身者는 先正其心하고 欲正其心者는 先誠其意하고 欲

^{성기의자} ^{선치기지} ^{치지} ^{재격물}
誠其意者는 先致其知하니 致知는 在格物이라

✎ 옛날에 밝은 덕을 천하에 밝히고자 한 사람은 먼저 자기의 나라를 다스리고, 그 나라를 다스리고자 한 사람은 먼저 그 집안을 다스리고, 그 집안을 다스리고자 한 사람은 먼저 그 몸을 닦고, 그 몸을 닦고자 한 사람은 먼저 그 마음을 바르게 하고, 그 마음을 바르게 하고자 한 사람은 먼저 그 뜻을 성실히 하고, 그 뜻을 성실히 하고자 한 사람은 먼저 그 온전한 앎에 이르렀으니, 온전한 앎에 이르는 것은 사물의 이치를 궁구함에 달려 있다.

▶ 格 바로잡다, 깊이 파고들어 연구하다격　　　　▶ 格物 : 사물의 이치를 끝까지 따지고 파고 듦

所謂誠其意者는 毋自欺也니 如惡惡臭하며 如好好色을 此之謂自謙이니 故로

君子는 必愼其獨也니라

✎ 이른바 그 뜻을 정성스럽게 한다는 것은 자기 자신의 (마음을) 속이지 않는 것이니, 나쁜 냄새를 싫어하는 것과 같이 하며, 여색을 좋아하는 것과 같이 하는 것, 이것을 일러 자겸(스스로 만족함)이라 한다. 그러므로 군자는 반드시 혼자 있을 때를 삼간다.

▶ 毋 ~하지 말라, 없다 무   ▶ 好色 : 미녀   ▶ 謙 겸손하다, 만족하다 겸

《중용中庸》

015

天命之謂性이요 率性之謂道요 修道之謂敎니라 道也者는 不可須臾離也니 可

離면 非道也라 是故로 君子는 戒愼乎其所不睹하며 恐懼乎其所不聞이니라

✎ 하늘이 명하신 것을 성이라 하고, 성을 따르는 것을 도라 하고, 도를 닦는 것을 교라고 한다. 도라는 것은 잠시도 떠날 수 없는 것이니, 떠날 수 있다면 도가 아니다. 이런 까닭으로 군자는 그 보이지 않는 곳에서 조심하며, 그 들리지 않는 곳에서 두려워한다.

▶ 須 모름지기, 잠깐 수   ▶ 臾 잠깐 유   ▶ 睹 보다 도

喜怒哀樂之未發을 謂之中이요 發而皆中節을 謂之和니 中也者는 天下之大本

也요 和也者는 天下之達道也니라 致中和면 天地位焉하고 萬物育焉이니라

✎ 희로애락이 나타나지 않은 것을 그것을 중이라 하고, 나타나서 모두 절도에 맞는 것을 화라고 한다. 중이라는 것은 천하의 큰 근본이고, 화라는 것은 천하에 통하는 도리이다. 중화를 이루면 천지가 이에서 제자리를 잡으며, 만물이 이에서 생육된다.

《순자荀子》

017

<ruby>人<rt>인</rt></ruby><ruby>之<rt>지</rt></ruby><ruby>性<rt>성</rt></ruby>은 <ruby>惡<rt>악</rt></ruby>이니 <ruby>其<rt>기</rt></ruby><ruby>善<rt>선</rt></ruby><ruby>者<rt>자</rt></ruby>는 <ruby>僞<rt>위</rt></ruby><ruby>也<rt>야</rt></ruby>라 <ruby>今<rt>금</rt></ruby>에 <ruby>人<rt>인</rt></ruby><ruby>之<rt>지</rt></ruby><ruby>性<rt>성</rt></ruby>이 <ruby>生<rt>생</rt></ruby><ruby>而<rt>이</rt></ruby><ruby>有<rt>유</rt></ruby><ruby>好<rt>호</rt></ruby><ruby>利<rt>리</rt></ruby><ruby>焉<rt>언</rt></ruby>이어늘 <ruby>順<rt>순</rt></ruby><ruby>是<rt>시</rt></ruby>라 <ruby>故<rt>고</rt></ruby>

로 <ruby>爭<rt>쟁</rt></ruby><ruby>奪<rt>탈</rt></ruby><ruby>生<rt>생</rt></ruby>하고 <ruby>而<rt>이</rt></ruby><ruby>辭<rt>사</rt></ruby><ruby>讓<rt>양</rt></ruby><ruby>亡<rt>망</rt></ruby><ruby>焉<rt>언</rt></ruby>이라 (중략) <ruby>故<rt>고</rt></ruby>로 <ruby>必<rt>필</rt></ruby><ruby>將<rt>장</rt></ruby><ruby>有<rt>유</rt></ruby><ruby>師<rt>사</rt></ruby><ruby>法<rt>법</rt></ruby><ruby>之<rt>지</rt></ruby><ruby>化<rt>화</rt></ruby>와 <ruby>禮<rt>예</rt></ruby><ruby>義<rt>의</rt></ruby><ruby>之<rt>지</rt></ruby><ruby>道<rt>도</rt></ruby>한 <ruby>然<rt>연</rt></ruby><ruby>後<rt>후</rt></ruby>에

<ruby>出<rt>출</rt></ruby><ruby>於<rt>어</rt></ruby><ruby>辭<rt>사</rt></ruby><ruby>讓<rt>양</rt></ruby>하고 <ruby>合<rt>합</rt></ruby><ruby>於<rt>어</rt></ruby><ruby>文<rt>문</rt></ruby><ruby>理<rt>리</rt></ruby>하여 <ruby>而<rt>이</rt></ruby><ruby>歸<rt>귀</rt></ruby><ruby>於<rt>어</rt></ruby><ruby>治<rt>치</rt></ruby>하리라 <ruby>用<rt>용</rt></ruby><ruby>此<rt>차</rt></ruby><ruby>觀<rt>관</rt></ruby><ruby>之<rt>지</rt></ruby>컨대 <ruby>然<rt>연</rt></ruby><ruby>則<rt>즉</rt></ruby><ruby>人<rt>인</rt></ruby><ruby>之<rt>지</rt></ruby><ruby>性<rt>성</rt></ruby><ruby>惡<rt>악</rt></ruby>이 <ruby>明<rt>명</rt></ruby><ruby>矣<rt>의</rt></ruby>

요 <ruby>其<rt>기</rt></ruby><ruby>善<rt>선</rt></ruby><ruby>者<rt>자</rt></ruby>는 <ruby>僞<rt>위</rt></ruby><ruby>也<rt>야</rt></ruby>라

✎ 사람의 본성은 악하니 그 선하다고 하는 것은 거짓이다. 오늘날 사람의 본성이 태어나면서 이익을 좋아함이 있어 이것을 따른다. 그러므로 다투고 빼앗음이 생기고 사양함이 없어지게 되었다. (중략) 그러므로 반드시 장차 교육에 의한 감화와 예의의 도가 있은 연후에 사양함에 이르게 되고, 문리에 합하고 다스림에 돌아오게 된다. 이로써 본다면, 사람의 본성이 악함은 분명하고 그 선하다고 하는 것은 거짓이다.

▶ 亡 망하다, 없다 망　　　　▶ 法 법, 본받다 법　　　　▶ 師法 : 스승으로 삼아 본받는다 → 교육

▶ 文理 : 사물을 깨달아 아는 힘, 훌륭한 도리　　　　▶ 用 = 以

《노자老子》

018

<ruby>上<rt>상</rt></ruby><ruby>善<rt>선</rt></ruby><ruby>若<rt>약</rt></ruby><ruby>水<rt>수</rt></ruby>하니 <ruby>水<rt>수</rt></ruby><ruby>善<rt>선</rt></ruby><ruby>利<rt>리</rt></ruby><ruby>萬<rt>만</rt></ruby><ruby>物<rt>물</rt></ruby><ruby>而<rt>이</rt></ruby><ruby>不<rt>부</rt></ruby><ruby>爭<rt>쟁</rt></ruby>하며 <ruby>處<rt>처</rt></ruby><ruby>衆<rt>중</rt></ruby><ruby>人<rt>인</rt></ruby><ruby>之<rt>지</rt></ruby><ruby>所<rt>소</rt></ruby><ruby>惡<rt>오</rt></ruby>라 <ruby>故<rt>고</rt></ruby>로 <ruby>幾<rt>기</rt></ruby><ruby>於<rt>어</rt></ruby><ruby>道<rt>도</rt></ruby>니라

✎ 으뜸이 되는 선은 물과 같다. 물은 만물을 이롭게 하는 데 능하면서도 다투지 아니하고, 모든 사람이 싫어하는 곳에 머무른다. 그러므로 도에 가깝다.

▶ 善 착하다, 잘하다 선

019

<ruby>知<rt>지</rt></ruby><ruby>人<rt>인</rt></ruby><ruby>者<rt>자</rt></ruby>는 <ruby>智<rt>지</rt></ruby>하고 <ruby>自<rt>자</rt></ruby><ruby>知<rt>지</rt></ruby><ruby>者<rt>자</rt></ruby>는 <ruby>明<rt>명</rt></ruby>하며 <ruby>勝<rt>승</rt></ruby><ruby>人<rt>인</rt></ruby><ruby>者<rt>자</rt></ruby>는 <ruby>有<rt>유</rt></ruby><ruby>力<rt>력</rt></ruby>하고 <ruby>自<rt>자</rt></ruby><ruby>勝<rt>승</rt></ruby><ruby>者<rt>자</rt></ruby>는 <ruby>强<rt>강</rt></ruby>이라 <ruby>知<rt>지</rt></ruby><ruby>足<rt>족</rt></ruby><ruby>者<rt>자</rt></ruby>는

부　　　　강행자　유지　　　불실기소자　구　　　사이불망자　수
富하고 强行者는 有志하며 不失其所者는 久하고 死而不亡者는 壽하니라

✎ 남을 아는 사람은 지혜롭고 스스로를 아는 사람은 밝으며, 남을 이기는 사람은 힘이 있고 스스로를 이기는 사람은 강하다. 만족할 줄 아는 사람은 부유하고 힘써 행하는 사람은 뜻이 있으며, 그 처할 곳을 잃지 않는 사람은 오래가고 죽어도 없어지지 않는 사람은 장수한다.

《장자莊子》

◐②◑

장자행어산중　　　견대목지엽　　성무　　　　벌목자　　지기방이불취야　　문기고
莊子行於山中에 見大木枝葉이 盛茂하거늘 伐木者가 止其旁而不取也라 問其故

　　왈 무소가용　　　장자왈 차목이부재　　득종기천년　　　부자출어산　　사
한대 曰 無所可用이라 莊子曰 此木以不材로 得終其千年이라 夫子出於山하여 舍

어고인지가　　　고인　희명수자　　　살안이팽지　　　수자청왈　기일능명
於故人之家하니 故人이 喜命豎子하여 殺鴈而烹之한대 豎子請曰 其一能鳴하고

기일불능명　　　청해살　　　주인왈 살불능명자　　　명일　제자문어장자왈
其一不能鳴하니 請奚殺고 하니 主人曰 殺不能鳴者하라 明日에 弟子問於莊子曰

작일　산중지목　이부재　　득종기천년　　금주인지안　이부재　사　선
昨日에 山中之木은 以不材로 得終其千年하고 今主人之鴈은 以不材로 死하니 先

생　장하처　　장자소왈 주장처부재여부재지간
生은 將何處오 莊子笑曰 周將處夫材與不材之間하리라

✎ 장자가 산속을 가다가 큰 나무가 가지와 잎이 무성함을 보았다. 나무를 베는 사람이 그 옆에 머무르면서 취하지 아니하였다. (장자가) 그 까닭을 물으니 말하길 "쓸 만한 곳이 없다" 하였다. 장자가 말하길 "이 나무는 재목이 안 되는 까닭으로 그 천수를 다할 수 있었다" 하였다. 장자가 산에서 나와 친구의 집에서 머무르는데, 친구가 기뻐하여 동자에게 거위를 잡아 그것을 삶도록 명하였다. 동자가 청하여 말하길, "그 중 한 마리는 잘 울고, 다른 한 마리는 잘 울지 못하니, 어느 것을 잡을까요?" 하였다. 주인이 말하길, "잘 울지 못하는 놈을 잡아라" 하였다. 다음날 제자가 장자에게 여쭙기를, "어제 산속의 나무는 재목이 안 되는 까닭으로 천수를 다할 수 있었는데, 지금 주인의 거위는 재주가 없기 때문에 죽으니 선생님께서는 장차 어느 곳에 처하시겠습니까?" 하니 장자가 웃으며 말하길, "나는(장자의 이름이 周) 장차 무릇 재주가 있음과 재주가 없음의 사이에 처할 것이다" 하였다.

▶ 旁곁 방　　　　　　　▶ 舍 집, 머물다 사　　　　　　　▶ 故人 : 오랜 친구

▶ 豎 더벅머리 수　　　　▶ 豎子 : 더벅머리 아이, 심부름 하는 아이(=동자童子)

《묵자墨子》

⓪②①

^{약 사 천 하} ^{겸 상 애} ^{국 여 국} ^{불 상 공} ^{가 여 가 불 상 란} ^{도 적} ^{무 유}
若使天下로 兼相愛하면 國與國이 不相攻하고 家與家 不相亂하며 盜賊이 無有하

^{군 신 부 자} ^{개 능 효 자} ^{약 차 즉 천 하 치} ^고 ^{성 인} ^{이 치 천 하 위 사 자}
고 君臣父子 皆能孝慈니라 若此則天下治하리니 故로 聖人으로 以治天下爲事者

^{ㅇ 득 불 금 악 이 권 애}
는 惡得不禁惡而勸愛리오

✎ 만약 천하로 하여금 함께 서로 사랑하게 한다면 나라와 나라가 서로 공격하지 않고 집안과 집
   안이 서로 어지러움을 일으키지 않으며, 도적이 없어지고 임금과 신하, 부모과 자식 간에 모두
   효도하고 사랑할 것이다. 이와 같이 한다면 천하가 다스려질 것이다. 그러므로 성인으로서 천
   하 다스리는 것으로 일을 삼은 사람은 어찌 미움을 금하고 사랑을 권하지 않을 수 있으리오?

▶ 惡 악하다 악 / 어찌 오

《한비자韓非子》

⓪②②

^{부 호 지 소 이 능 복 구 자} ^{조 아 야} ^{사 호 석 기 조 아} ^{이 사 구 용 지} ^{즉 호 반 복 어}
夫虎之所以能服狗者는 爪牙也니 使虎釋其爪牙하여 而使狗用之면 則虎反服於

^{구 의} ^{인 주 자} ^{이 형 덕 제 신 자 야} ^{금 군 인 자} ^{석 기 형 덕} ^{이 사 신 용 지}
狗矣니라 人主者는 以刑德制臣者也니 今君人者가 釋其刑德하여 而使臣用之면

^{즉 군 반 제 어 신 의}
則君反制於臣矣니라

✎ 무릇 호랑이가 개를 복종시킬 수 있는 까닭은 발톱과 이빨 때문이니, 호랑이로 하여금 그 발톱
   과 이빨을 놓게 하여 개로 하여금 그것을 쓰게 하면 호랑이는 도리어 개에게 복종하게 된다.
   임금은 형벌과 덕으로써 신하를 제압하니, 지금 임금이 형벌과 덕을 놓아 두고 신하로 하여금
   그것을 쓰게 하면 임금은 도리어 신하에게 제압당하게 될 것이다.

《격몽요결擊蒙要訣》

⓪②③

인성본선　　무고금현우지수　　성인　　하고　독위성인　　　아즉하고　독
人性本善하여 無古今賢愚之殊어늘 聖人은 何故로 獨爲聖人이며 我則何故로 獨

위중인야　　량유지불립　　지불명　　행부독이　　지지립　　지지명　행지
爲衆人耶아 良由志不立하며 知不明하며 行不篤耳니라 志之立과 知之明과 行之

독　　개재아이　　기가타구재
篤이 皆在我耳니 豈可他求哉리오

✎ 사람의 성품은 본래 선하여 옛 사람이나 지금 사람, 현명한 사람이나 어리석은 사람의 다름이
　없거늘, 성인은 무슨 까닭으로 홀로 성인이 되었으며, 나에게 이르러서는 무슨 까닭으로 홀로
　평범한 사람이 되었는가? 진실로 뜻이 서지 못하고, 앎이 분명하지 못하며, 행동이 돈독하지
　못한 데서 말미암을 뿐이다. 뜻이 섬과 앎이 분명함과 행동이 돈독함은 다 나에게 달려 있을
　따름이니, 어찌 다른 데서 찾을 수 있겠는가?

▶ 則 법칙 칙 / ~면, ~에 이르러서는 즉　　　　▶ 良 어질다, 진실로 량

⓪②④

범독서　　필숙독일책　　진효의취　　관통무의　　연후　　내개독타서
凡讀書에 必熟讀一冊하여 盡曉義趣하여 貫通無疑하고 然後에 乃改讀他書하라

약구독이심불체　　신불행　　즉서자서　자아자　하익지유
若口讀而心不體하고 身不行이면 則書自書요 我自我니 何益之有리오

✎ 무릇 글을 읽음에 반드시 한 권의 책을 익숙하게 읽어 뜻을 다 깨달아 꿰뚫어 통달하여 의심이
　없어야 한다. 그런 뒤에야 이에(= ~하고서야 마침내) 바꾸어 다른 글을 읽는다. 만약 입으로
　읽으나 마음으로 체득하지 않고 몸으로 행하지 않는다면, 글은 스스로 글이고 나는 스스로 나
　이니 무슨 이익이 있겠는가?

▶ 曉 새벽, 깨닫다 효　　　　　▶ 趣 재미, 뜻 취　　　　　▶ 體 : 체득하다(= 몸소 경험하여 알아 내다)

▶ 何益之有 : 본래 有何益을 강조하기 위해 도치되면서 사이에 '之'가 들어감

《북학의北學議》

025

我_아國_국은 國_국小_소而_이民_민貧_빈하니 今_금耕_경田_전疾_질作_작하고 用_용其_기賢_현才_재하고 通_통商_상惠_혜工_공하고 盡_진國_국中_중之_지

利_리라도 猶_유患_환不_부足_족이요 又_우必_필通_통遠_원方_방之_지物_물而_이後_후라야 貨_화財_재殖_식焉_언이요 百_백用_용生_생焉_언이라 夫_부百_백

車_거之_지載_재가 不_불及_급一_일船_선이요 陸_육行_행千_천里_리가 不_불如_여舟_주行_행萬_만里_리之_지爲_위便_편利_리也_야라 故_고로 通_통商_상者_자는

又_우必_필以_이水_수路_로爲_위貴_귀라 我_아國_국은 三_삼面_면이 環_환海_해하니 西_서距_거登_등萊_래가 直_직線_선六_육百_백餘_여里_리며 南_남海_해之_지

南_남은 則_즉吳_오頭_두楚_초尾_미之_지相_상望_망也_야라

✎ 우리나라는 국토가 작고 백성들이 가난하니 지금 밭을 갈아 힘써(=열심히) 농사 짓고 그 현명하고 재주 있는 사람을 쓰며, 상품을 유통시키고 장인들을 우대하여 나라 안의 이로움을 모두 창출하더라도 오히려 부족할까 근심스럽다. 또한 반드시 먼 곳의 물건을 유통하게 하고 난 다음에야 재화가 이에서 번식하고 온갖 유용한 것들이 생겨날 것이다. 무릇 백 대의 수레에 싣는 것이 배 한 척에 미치지 못하고, 땅으로 천 리를 가는 것이 배로 만 리를 가는 편리함이 되는 것만 못하다. 그러므로 상품을 유통시키는 것 또한 반드시 수로를 귀하게 여긴다. 우리나라는 3면이 바다로 둘러싸여 있으니, 서쪽으로 등주·내주와의 거리가 직선으로 600여 리이며, 남해의 남쪽은 오의 머리, 초의 꼬리 부분과 서로 바라보고 있다.

- ▶ 疾 질병, 힘쓰다 질
- ▶ 夫 남편, 무릇 부
- ▶ 以 A 爲 B : A로써(를) B를(로) 삼다(여기다)
- ▶ 萊 명아주풀, 땅이름 래
- ▶ 吳 나라 이름 오
- ▶ 楚 나라 이름 초

《삼국유사三國遺事》

026

昔_석에 有_유桓_환因_인庶_서子_자桓_환雄_웅이 數_삭意_의天_천下_하하여 貪_탐求_구人_인世_세하니 父_부知_지子_자意_의하여 下_하視_시三_삼危_위太_태

伯_백하니 可_가以_이弘_홍益_익人_인間_간이라 乃_내授_수天_천符_부印_인三_삼箇_개하여 遣_견往_왕理_리之_지하니 雄_웅이 率_솔徒_도三_삼千_천하여

降_강於_어太_태伯_백山_산頂_정神_신壇_단樹_수下_하하니 謂_위之_지神_신市_시라 是_시謂_위桓_환雄_웅天_천王_왕也_야라 (중략) 生_생子_자하니 號_호

왈 단　　군 왕 검
曰壇(檀)君王儉이라

✎ 옛날에 환인의 여러 아들 중 환웅이 있었다. 자주 천하에 뜻을 두어 인간 세상을 구할 것을 탐
하였다. 아버지가 아들의 뜻을 알고 삼위태백을 내려다보고 "널리 인간 세상을 이롭게 할 만하
다" 하고, 이에 천부인(하늘이 보증하는 징표) 세 개를 주고, 가서 그곳을 다스리게 하였다. 환
웅이 삼천의 무리를 이끌고 태백산 꼭대기 신단수 아래에 내려오니, 그곳을 '신시'라고 말하
였고 이를 '환웅천왕'이라 하였다.(중략) (환웅이) 자식을 낳으니 이를 '단군왕검'이라 불렀다.

- ▶ 桓 굳세다 환
- ▶ 數 숫자 수 / 자주 삭
- ▶ 箇 낱 개
- ▶ 理 이치, 다스리다 리
- ▶ 率 비율 률 / 거느리다 솔

⓪②⑦

신 라 제 사 십 팔 대　경 문 대 왕　　등 위　　　왕 이 홀 장 여 려 이　　왕 후 급 궁 인　개 미
新羅第四十八代 景文大王이 登位하니 王耳忽長如驪耳러라 王后及宮人은 皆未

지　　유 복 두 장 일 인　지 지　　연　　　생 평 불 향 인 설　　기 인 장 사　입 도 림 사
知로대 唯幞頭匠一人이 知之라 然이나 生平不向人說이러니 其人將死에 入道林寺

죽 림 중 무 인 처　　향 죽 창 운　오 군 이 여 려 이　　　기 후 풍 취 즉 죽 성 운　오 군 이 여
竹林中無人處하여 向竹唱云 吾君耳如驪耳라 하다 其後風吹則竹聲云 吾君耳如

려 이　　왕 오 지　　내 벌 죽 이 식 산 수 유　　풍 취 즉 단 성 운　오 군 이 장
驪耳라 하니 王惡之하여 乃伐竹而植山茱萸러니 風吹則但聲云 吾君耳長이라 하더라

✎ 신라 제48대 경문대왕이 자리에 오르니(즉위하니) 왕의 귀가 갑자기 길어져 당나귀 귀와 같이
되었다. 왕비와 궁궐 사람들은 모두 알지 못했지만 오직 두건 만드는 장인 한 사람만이 그 사
실을 알았다. 그러나 평생 동안 사람들에게 말하지 못하고 있다가 그 사람이 죽게 되었을 때에
도림사 대나무 숲 속 사람이 없는 곳에 들어가 대나무를 향해 소리치기를, "우리 임금님 귀는
당나귀 귀 같다!"라고 했다. 그 후에 바람이 불면 대나무에서 소리가 나기를 "우리 임금님 귀는
당나귀 귀 같다!"라고 했다. 왕이 이를 싫어해서 곧 대나무를 베어 버리고 산수유를 심었더니
바람이 불면 다만 소리가 나기를, "우리 임금님 귀는 길다!"라고 했다고 한다.

- ▶ 驪 나귀 려
- ▶ 后 왕후 후
- ▶ 幞 두건 복
- ▶ 匠 장인 장
- ▶ 茱 산수유 수
- ▶ 萸 산수유 유
- ▶ 將 장군, 장차 장

《삼국사기三國史記》

⓪②⑧

新羅儒理王이 既定六部하고 中分爲二하여 使王女二人으로 各率部內女子하여
分朋造黨하여 自秋七月既望으로 每日早集大部之庭하여 績麻하되 乙夜而罷라
至八月十五日하여 考其功之多少하여 負者는 置酒食하여 以謝勝者라 於是에 歌
舞百戲皆作하니 謂之嘉俳라

✎ 신라 유리왕이 이미 육부를 정하고 반으로 나누어 두 편으로 만들었다. 왕녀 두 사람으로 하여
금 각각 부내의 여자들을 거느리게 하여 편을 나누어 무리를 짓게 하였다. 가을 7월 16일부터
매일 이른 아침 대부의 뜰에 모여 길쌈을 하였는데, 밤 늦게 끝이 났다. 8월 15일에 이르러 그
공의 많고 적음을 살펴 진 편은 술과 음식을 마련하여 이긴 편에 대접하였다. 이에 노래와 춤
과 온갖 놀이들이 이루어지니 그것을 '가배' 라 일컬었다.

- ▶ 望 바라다, 음력 15일 망
- ▶ 既望 : 이미 음력 15일, 즉 음력 16일.
- ▶ 乙 둘째 천간, 둘째 을
- ▶ 乙夜 : 하룻밤을 다섯으로 나누었을 때 그 두 번째인 이경(二更) → 밤 9시~11시
- ▶ 嘉 아름답다 가
- ▶ 俳 광대 배

⓪②⑨

取美貌男子하고 粧飾之하여 名花郞以奉之하니 徒衆雲集하여 或相磨以道義하고
或相悅以歌樂하여 遊娛山水에 無遠不至러라 因此知其人邪正하고 擇其善者하여
薦之於朝러라 花郞世紀에 曰 賢佐忠臣이 從此而秀하고 良將勇卒이 由是而生이

라 하니라

✎ 아름다운 용모의 남자를 뽑아 그를 꾸며서 '화랑' 이라 부르고 그를 받들었다. 무리가 구름처
럼 모여, 혹은 도의로써 서로 연마하고, 혹은 노래와 음악으로 서로 기뻐하며 산수에서 놀고
즐김에 멀리 이르지 않는 곳이 없었다. 이로 인하여 그 사람의 바르지 못함과 정직함을 알아
그 가운데서 좋은 사람을 가리어 조정에 그를 천거하였다. 화랑세기에 이르기를, "어진 재상
과 충성스러운 신하가 여기서 나왔으며 훌륭한 장수와 용감한 병졸이 여기서 나왔다" 라고 하

였다.

▶ 佐 돕다좌 : 여기서는 '재상'　　　　　▶ 從 따라가다, ~ 로부터 종

《택리지擇里志》

◎③⓪

백두산　재여진조선지계　　위일국화개　　상유대택　　주위팔십리　서류
白頭山은 在女眞朝鮮之界하여 爲一國華蓋라 上有大澤하니 周圍八十里요 西流

위압록강　　동류위두만강　　북류위혼동강　　두만압록지내　즉아국야
爲鴨綠江하고 東流爲豆滿江하고 北流爲混同江이라 豆滿鴨綠之內가 卽我國也

자백두산　　지함흥　산맥중행　　동지　행어두만지남　서지　행어
니 自白頭山으로 至咸興에 山脈中行하여 東枝는 行於豆滿之南하고 西枝는 行於

압록지남　자함흥　산지주맥　박우동해　서지　장긍칠십백리
鴨綠之南이라 自咸興으로 山之主脈이 薄于東海인데 西枝는 長亘七十百里하고

동지　미만백리　대간즉남하수천리　지경상태백산　통위일파령
東枝는 未滿百里라 大幹則南下數千里하여 至慶尙太白山하여 通爲一派嶺이라

✎ 백두산은 여진과 조선의 경계에 있으니, 한 나라의 최고봉이다. 위에는 큰 못이 있는데, 둘레
가 팔십 리요, 서쪽으로 흘러 압록강이 되고 동쪽으로 흘러 두만강이 되고 북쪽으로 흘러 혼동
강이 되었다. 두만강과 압록강의 안쪽이 바로 우리나라인데 백두산으로부터 함흥에 이르기까
지 산맥이 가운데로 달려 동쪽 가지는 두만강의 남쪽까지 이르고 서쪽 가지는 압록강의 남쪽
까지 이르렀다. 함흥으로부터는 산의 주맥이 동해에 바짝 다가섰는데 서쪽 가지는 길게 칠팔
백 리까지 뻗었으나 동쪽 가지는 백 리를 채우지 못한다. 큰 줄기는 남쪽으로 수천 리 뻗어 내
려와 경상도 태백산에 이르러 통하여 하나의 산맥이 되었다.

▶ 華蓋 : 화려한 덮개→최고봉　　　▶ 鴨 오리 압　　　　　▶ 薄 얇다, 이르다 박

▶ 亘 뻗치다 긍　　　　　▶ 派嶺 : 산맥

《훈민정음訓民正音 예의본例義本》

①③①

국지어음　이호중국　　여문자　불상유통　　고　우민　유소욕언
國之語音이 異乎中國하여 與文字로 不相流通할새 故로 愚民이 有所欲言하여도

이종부득신기정자　다의　여　위차민연　　신제이십팔자　　욕사인인
而終不得伸其情者가 多矣라 予가 爲此憫然하여 新制二十八字하노니 欲使人人

이습　　편어일용이
으로 易習하여 便於日用耳니라

✎ 나라의 말이 중국과 달라서 문자와 서로 통하지 않기에, 이런 까닭으로 어리석은 백성이 말하
고자 하는 바가 있어도, 마침내 그의(=자기의) 뜻을 능히 펼칠 수 없는 사람이 많도다. 내가 이
를 위하여 불쌍히 여겨 새로 스물여덟 자를 민드나니, 사람들로 하여금 쉽게 익혀 날로 사용힘
에 편안하게 하고자 할 따름이니라.

▶ 乎 ~인가? ~(와(=~보다) 호　　　　　▶ 得얻다, ~할수있다득

《매천야록梅泉野錄》

①③②

을사협약성지일　근택　자대궐귀　　대가인　　화협약사왈 오행이면사
乙巳脅約成之日에 根澤이 自大闕歸하여 對家人하여 話脅約事曰 吾幸而免死라

　비재주하　문지　제장도　출규왈리근택　여신위대신　국은
하니 婢在廚下라가 聞之하고 提粧刀하여 出叫曰 李根澤아 汝身爲大臣으로 國恩

운하　　이국위불능사　내왈 오행이면　　여진구돈약　　오수천인
云何한데 而國危不能死하고 乃曰 吾幸而免이라 하니 汝眞狗豚若이로다 吾雖賤人

　기감구돈지노호　한오력약　불능참여만단　녕환구주야
이나 豈甘狗豚之奴乎아 恨吾力弱하여 不能斬汝萬段하니 寧還舊主也하리라 하고

수주귀기가
遂走歸其家러라

✎ 을사협약이 이루어진 날, 근택이 대궐에서 돌아와 집안 사람을 대하고 협약을 맺은 일에 대해
이야기하기를, "내가 다행이 죽음을 면했다" 하였다. 여자 종이 부엌에 있다가 그의 말을 듣고
서 장도를 가지고 나와서 부르짖기를 "이근택아! 너는 신분이 대신으로 나라에 입은 은혜가
어떠한데 나라가 위태로운데도 죽지 않고 이에 '내가 다행히 죽음을 면했다' 고 하니 너는 참

으로 개돼지와 같다. 내 비록 천한 사람이지만 어찌 개돼지의 종이 되는 것을 달가워하겠느냐? 내 힘이 약하여 너를 온갖 방법으로 벨 수 없는 것이 한스러우니 차라리 옛 주인에게 돌아가겠다” 하고 마침내 달려서 그 집으로 돌아갔다.

▶ 脅 갈빗대, 위협하다 협　　　　　▶ 廚 부엌 주　　　　　▶ 粧刀 : 장식으로 옷고름에 차고 다니는 작은 칼

▶ 云何 : 어찌하여, 어떠한가　　　　▶ 段 부분, 방법 단　　　　▶ 寧 편안하다, 차라리 녕

《담헌서湛軒書》

⓿➌➌

虛子曰 古人云 天圓而地方이라 한대 今夫子言 地體正圓은 何也오 實翁曰 甚矣

라 人之難曉也여 萬物之成形은 有圓而無方이어늘 況於地乎아 月掩日而蝕한대

於日蝕에 體必圓은 月體之圓也요 地掩日而蝕한대 於月蝕에 體亦圓은 地體之圓

也일새라 然則月蝕者는 地之鑑也어늘 見月蝕而不識地圓이면 是猶引鑑自照하되

而不辨其面目也니 不亦愚乎아

✎ 허자가 말하기를, “옛사람들은 하늘은 둥글고 땅은 네모나다고 하였는데, 지금 선생님께서는 땅의 형체가 완전히 둥근 원이라고 말씀하시니 어찌 된 것입니까?” 실옹이 말하기를, “심하도다! 사람들의 깨우치기 어려움이여. 만물이 이루어진 형체는 둥근 것은 있어도 네모난 것은 없거늘 하물며 지구에 있어서랴! 달이 해를 가려서 먹어 들어가니, 일식에서 그 형체가 반드시 둥근 것은 달의 모양이 둥글기 때문이다. 땅이 해를 가려서 먹어 들어가니, 월식에서 그 형체가 역시 둥근 것은 지구의 형체가 둥글기 때문이다. 그러한즉 월식이라는 것은 지구의 거울이거늘 월식을 보고서도 지구가 둥글다는 것을 알지 못한다면 이것은 거울을 끌어당겨 스스로 비춰 보되 그 얼굴을 분별하지 못하는 것과 같으니 또한 어리석지 않은가?”

▶ 方 방향, 네모 방　　　　　▶ 夫子 : 존칭　　　　　▶ 況 상황, 하물며 황

▶ 掩 가리다 엄　　　　　　　▶ 蝕 좀먹다 식　　　　　▶ 猶 오히려, 같다 유

《여씨춘추呂氏春秋》

⑥③④

刻舟求劍

楚人_{초인}에 有涉江者_{유섭강자}러니 其劍_{기검}이 自舟中_{자주중}으로 墜於水_{추어수}라 遽刻其舟_{거각기주}하여 曰 是吾劍之所_{왈 시오검지소}

從墜_{종추}라 하고 舟止_{주지}에 從其所刻者_{종기소각자}하여 入水求之_{입수구지}하니 舟已行矣_{주이행의}요 而劍不行_{이검불행}이라 求_구

劍若此_{검약차}면 不亦惑乎_{불역혹호}아

✎ 초나라 사람 중에 강을 건너는 사람이 있었다. 그 칼이 배 안에서 물에 떨어졌다. 재빨리 그 배에 새기면서 말하기를, "이곳은 내 칼이 떨어진 곳이다" 하였다. 배가 멈추자 그 새긴 곳을 따라서 물에 들어가 그것을 찾으니 배는 이미 갔으나 칼은 움직이지 않았다. 칼을 찾기를 이와 같이 하면 또한 의혹스럽지 아니하겠는가?

▶ 遽 갑자기, 재빨리 거

《전국책戰國策》

⑥③⑤

狐假虎威

虎求百獸而食之_{호구백수이식지}라가 得狐_{득호}하니 狐曰_{호왈} 子_자는 無敢食我也_{무감식아야}니라 天帝_{천제}가 使我_{사아}로 長百獸_{장백수}

하니 今子食我_{금자식아}면 是_시는 逆天帝命也_{역천제명야}라 子以我爲不信_{자이아위불신}이어든 吾爲子先行_{오위자선행}하리니 子隨_{자수}

我後_{아후}하여 觀百獸之見我而敢不走乎_{관백수지견아이감부주호}아 하니 虎以爲然_{호이위연}이라 故_고로 遂與之行_{수여지행}하니 獸_수

見之而皆走_{견지이개주}어늘 虎不知獸畏己而走也_{호부지수외기이주야}하고 以爲畏狐也_{이위외호야}러라

✎ 호랑이가 온갖 짐승을 구해서 그것을 먹다가 여우를 잡았더니 여우가 말하기를, "그대는 감히 나를 먹을 수 없다. 하느님이 나로 하여금 모든 짐승들의 우두머리가 되게 했으니 지금 그대가 나를 잡아먹는다면 이는 하느님의 명령을 거스르는 것이다. 그대가 나를 믿지 못하겠거든 내

가 그대를 위해 앞서 가리니, 그대는 내 뒤를 따라오면서 온갖 짐승이 나를 보고 감히 달아나지 않는가를 보아라" 하니, 호랑이는 그럴 듯하다고 생각하였다. 그래서 드디어 그와 함께 가니 짐승이 그들을 보고 모두 달아나거늘 호랑이는 짐승들이 자기를 두려워하여 도망가는 것을 알지 못하고 여우를 두려워한다고 생각하였다.

▶ 狐 여우 호　　　　　▶ 子 아들, 너 자

《지봉유설芝峯類說》

036

昔에 黃相國喜가 微時에 行役할새 憩于路上이라가 見田夫駕二牛耕者하고 問曰

二牛何者爲勝고 하니 田夫不對하고 輟耕而至하여 附耳細語曰 此牛勝이라　公이

怪之曰 何以附耳相語오 田夫曰 雖畜物이라도 其心은 與人同也라 此勝則彼劣이

니 使牛聞之면 寧無不平之心乎아 하니 公이 大悟하여 遂不復言人之長短云이러라

✎ 옛날 황희 정승이 벼슬하지 않았을 때에 여행중에 길가에서 쉬다가 농부가 두 마리 소에 멍에를 얹어서 밭을 가는 것을 보고 (황희가) 물었다. "두 마리의 소 중에서 어느 것이 낫소?" 하니, 농부가 대답하지 않고 밭 갈기를 그치고 (황희에게) 이르러 (입을) 귀에 대고 가는 목소리로 말하였다. "이 소가 낫습니다." 공이 이를 괴이하게 여겨 말하였다. "무엇 때문에 귀에 대고 서로 말하는가?" 하니, 농부가 말하였다. "비록 가축이라도 그 마음은 사람과 같습니다. 이것이 나으면 저것은 못한 것이니, 소로 하여금 그것을 듣게 한다면 어찌 불평하는 마음이 없겠습니까?" 하였다. 공이 크게 깨달아 드디어 다시는 남의 장단점을 말하지 않았다고 한다.

▶ 相 서로, 정승 상　　　　　▶ 相國 : 재상(宰相)　　　　　▶ 行役 : 여행

▶ 駕 멍에 얹다 가　　　　　▶ 멍에 : 말이나 소의 목에 얹어 수레나 쟁기를 끌게 하는 둥그렇게 구부러진 막대

▶ 輟 그치다 철

《신증동국여지승람新增東國輿地勝覽》

◎③⑦

高麗恭愍王時에 有民兄弟하여 偕行이라가 弟得黃金二錠하여 以其一로 與兄이러

니 至孔巖津하여 同舟而濟할새 弟忽投金於水라 兄이 怪而問之하니 答曰 吾가 平

日에 愛兄篤이러니 今而分金에 忽萌忌兄之心이라 此乃不祥之物이니 不若投諸

江而忘之라 兄曰 汝之言이 誠是矣라 하고 亦投金於水하다

✎ 고려 공민왕 때 어떤 백성의 형제가 함께 길을 가다가 동생이 황금 두 덩이를 주워 그 한 덩이를 형에게 주었다. 공암진에 이르러 함께 배를 타고 건널 때, 동생이 갑자기 강물에 황금을 던져 버리니 형이 괴이하게 여겨 그 이유를 물어 보았는데, 동생이 대답하였다. "제가 평소에 형님을 사랑하는 마음이 도탑더니, 지금 황금을 나누고 나니 갑자기 형님을 꺼려 하는 마음이 싹트는군요. 이것은 바로 상서롭지 못한 물건이니, 강물에 그것을 던져 잊어 버리느니만 못합니다." 형이 말하기를, "너의 말이 진실로 옳도다" 하고, 역시 강물에 황금을 던져 버렸다.

▶ 愍 불쌍하다 민 ▶ 有 있다, 어떤 유 ▶ 偕 함께 해

▶ 錠 덩이 정 ▶ 萌 싹트다 맹

《고문진보古文眞寶》

◎③⑧

勸學文

父母養其子而不敎면 是는 不愛其子也요 雖敎而不嚴이면 是는 亦不愛其子也요

父母敎而不學이면 是는 子不愛其身也요 雖學而不勤이면 是는 亦不愛其身也라

是故로 養子에 必敎하고 敎則必嚴하고 嚴則必勤하며 勤則必成이라 學則庶人之

子가 爲公卿하고 不學則公卿之子가 爲庶人이니라

✎ 부모가 그 자식을 기르되 가르치지 않으면 이는 그 자식을 사랑하지 않는 것이고, 비록 가르치나 엄하지 않으면 이는 또한 그 자식을 사랑하지 않는 것이다. 부모가 가르치나 배우지 않으면 이는 자식이 그 몸을 사랑하지 않는 것이고, 비록 배우더라도 부지런히 하지 않으면 이는 또한 그 몸을 사랑하지 않는 것이다. 이런 까닭에 자식을 기르되 반드시 가르쳐야 하고 가르치면 반드시 엄하게 해야 하니 엄하면 반드시 부지런하고 부지런하면 반드시 이루어진다. 배우면 서인의 자식이 공경이 되고, 배우지 않으면 공경의 자식이 서인이 된다.

◎③⑨

춘흥春興 － 정몽주鄭夢周

춘 우 세 부 적　　야 중 미 유 성
春雨細不滴터니　夜中微有聲이라

설 진 남 계 창　　초 아 다 소 생
雪盡南溪漲하니　草芽多少生고

✎ 봄날의 흥취
봄 비 가늘어 방울지지 않더니 / 한밤중에 희미한 소리 들리네.
눈 다 녹아 남쪽 시냇물 불어 나니, / 풀 싹은 얼마나 돋아 났을꼬?

◆ 정몽주鄭夢周[1337(충숙왕 복위6)~1392(공양왕4)] : 고려 시대의 문신, 학자. 자는 달가達可. 호는 포은圃隱. 시호諡號는 문충文忠. 본관은 영일迎日. 천품天稟이 지극히 높고, 뛰어나게 호매豪邁하여 충효를 겸하였다. 어려서부터 학문을 좋아하여 게을리 하지 않았고, 성리학을 연구하여 조예가 깊었으며, 그의 시문은 호방 · 준결峻潔하며, 그의 시조 〈단심가丹心歌〉는 그의 충절을 대변하는 작품으로 후세에까지 많이 회자膾炙되고 있으며, 문집으로《포은집圃隱集》이 전하고 있다.

▶ 雪盡 : 눈이 녹아서 다 없어짐.　　▶ 漲 물이 넘쳐 흐르다창　　▶ 草牙 : 풀의 눈, 새싹

▶ 多少 : 얼마나, 얼마쯤. 여기서는 많을 것이라는 기대감을 나타냄.

◎④◎

무어별無語別 － 임제林悌

십 오 월 계 녀　　수 인 무 어 별
十五越溪女가　羞人無語別이라

귀 래 엄 중 문　　읍 향 리 화 월
歸來掩重門하고　泣向梨花月하네

✎ 무어별(말 없이 떠나 보내네)
열다섯 살 아리따운 소녀가 / 남부끄러워 말없이 이별하네.
돌아와 겹겹이 문을 닫아 걸고 / 울면서 배꽃에 걸린 흰 달을 바라보네.

◆ 임제林悌[1549~1587(명종4~선조20)] : 조선 시대의 시인. 자는 자순子順. 호는 백호白湖·풍강楓江 등. 본관은 나주羅州. 당
시 당파간의 싸움에 환멸을 느껴 벼슬에 급급하지 않았다. 서도병마사로 임명되어 임지로 부임하는 길에 황진이의 무덤을 찾아
가 시조 한 수를 짓고 제사 지냈다가 임지에 부임도 하기 전에 파직당한 것이나, 기생 한우寒雨와 주고받은 시조의 일화, 평양 기
생과 평양 감사에 얽힌 로맨스도 유명하다. 이리저리 방황하다 고향인 회진리에서 39세로 죽었다. 칼과 피리를 좋아하고 방랑하
며 술·여인과 친구로 사귀었다.

▶ 越溪女 : 아리따운 아가씨. '越溪'는 중국 월越나라의 대표적 미인인 서시西施가 빨래하던 곳을 가리킨다.

▶ 掩 가리다, 닫다 엄

▶ 泣向梨花月 : '울면서 배꽃같이 흰 달을 바라보네'로 해석하기도 함.

Ⓞ④①

대동강大同江 − 정지상鄭知常

_{우 헐 장 제 초 색 다}　　　_{송 군 남 포 동 비 가}
雨歇長堤草色多하니 送君南浦動悲歌라

_{대 동 강 수 하 시 진}　　　_{별 루 년 년 첨 록 파}
大同江水何時盡고　別淚年年添綠波라

✎ 대동강
비 개인 긴 둑엔 풀빛도 짙은데 / 임 떠나보내는 남포 가엔 슬픔의 노래 일렁이네.
대동강 물은 어느 때나 마를꼬? / 해마다 이별의 눈물이 푸른 물결에 더해지리니.

◆ 정지상鄭知常[?~1135(인종13)] : 고려 시대의 문신. 호는 남호南湖. 정지원鄭之元으로도 불린다. 서경 출신으로 서울을 서경
으로 옮길 것을 주장하며 김부식金富軾을 중심으로 한 개경 세력과 대립하였다. 묘청의 난이 일어나자 이에 적극 가담하였다.
그러나 이에 맞선 개경 세력의 김부식이 이끄는 토벌군에게 패하여 개경에서 참살되었다. 정지상은 정치적 인물로서만이 아니
라, 문인으로서, 특히 뛰어난 시인으로서, 문학사에서 차지하는 비중도 크다. 노장 사상에 심취하였으며, 역학易學·불교佛教
에도 조예가 깊었을 뿐만 아니라, 그림·글씨에도 능통하였는데, 특히 사륙변려체四六駢儷體를 잘 지었다고 한다.

▶ 歇 쉬다, 그치다 헐　　　　　▶ 草色多 : 풀빛이 많다. 비가 갠 뒤의 싱싱한 푸르름을 가리킴.

▶ 南浦 : 대동강 하구의 포구 이름.　　▶ 悲歌 : 이별의 슬픈 노래.

몽혼夢魂 – 이옥봉李玉峯

近_근來_래安_안否_부問_문如_여何_하오　月_월到_도紗_사窓_창妾_첩恨_한多_다로다

若_약使_사夢_몽魂_혼行_행有_유跡_적이면　門_문前_전石_석路_로半_반成_성沙_사리다

✎ 몽혼(꿈속의 넋)
요즘 안부를 여쭈오니 어떠하신지요? / 달빛이 제 방 창에 와 닿으니 이 몸의 한이 짙어만 갑니다.
만일 꿈속의 혼이 가는 길에 자취가 남는다면 / 문 앞에 돌길이 반쯤은 모래가 됐을 겁니다.

◆이옥봉李玉峯 [1550~1600년경] : 조선 선조 때의 여류 시인. 이름은 숙원淑媛. 군수 이봉李逢의 딸로, 아버지의 후임인 조원趙瑗의 소실이 되었다. 가정 생활은 불우하였다. 여성의 섬세한 감정을 노래한 한시를 많이 남겼다. 그녀의 시는 널리 중국에까지 알려졌다.

▶如何 : 어떠하십니까. 어떻게 지내십니까.　　▶紗 깁(명주실로 바탕을 조금 거칠게 짠 비단) 사

▶紗窓 : 깁으로 바른 창문. 여인의 방 창문을 가리킴.

방김거사야거訪金居士野居 – 정도전鄭道傳

秋_추陰_음漠_막漠_막四_사山_산空_공하니　落_락葉_엽無_무聲_성滿_만地_지紅_홍이라

立_입馬_마溪_계橋_교問_문歸_귀路_로하니　知_지身_신在_재畵_화圖_도中_중이라

✎ 방김거사야거(김거사가 사는 곳을 찾아가며)
가을 그늘은 아득하고 온 산은 텅 비어 있는데
낙엽은 소리 없이 땅 가득 붉게 채우네.
시냇가 다리 곁에 말을 세우고 갈 길을 물으니,
이내 몸이 그림 속에 있는 줄을 몰랐었네.

◆정도전鄭道傳[1342(충혜왕 복위3)~1398(태조7)] : 고려 · 조선 시대의 정치가 · 학자. 자는 종지宗之. 호는 삼봉三峰. 그는 문인이면서 동시에 무武를 겸비하였고, 성격이 호방하여 혁명가적 소질을 지녔으며, 천자天資가 총민하여 어려서부터 학문을 좋아

하고 여러 책을 널리 읽어 의론議論이 정연하였다 한다. 이성계를 도와 조선을 건국한 개국 공신으로 평가받는다. 유학을 조선의 정치 이념으로 정착시키는 데 큰 공헌을 한 인물이다.

▶ 居士 : 벼슬하지 않고 속세를 멀리한 선비.　　▶ 野居 : 은둔해 거처하는 곳.

▶ 漠漠 : 넓고 아득함.　　▶ 四山 : 사방의 산. 온 산.

⓪④④

송원이사안서送元二使安西 - 왕유王維

위 성 조 우 읍 경 진　　　　객 사 청 청 류 색 신
渭城朝雨浥輕塵하니　客舍靑靑柳色新이라

근 군 갱 진 일 배 주　　　서 출 양 관 무 고 인
勸君更進一杯酒하노니　西出陽關無故人이라

✎ 송원이사안서(안서로 사신가는 원이를 떠나 보내며)
위성에 아침 비 내려 가벼운 먼지 적시니 / 여관에 푸르고 푸른 버들 빛 새롭네.
그대에게 다시 한잔 술을 권하노니 / 서쪽으로 양관을 나서면 아는 이가 없으리니.

◆ 왕유王維 : [699?~761?]. 중국 당唐나라의 시인이며 화가. 그의 시는 산수·자연의 청아한 정취를 노래한 것으로 뛰어난 작품들이 많다. 당대 자연 시인의 대표로 일컬어진다. 또 그는 경건한 불교도이기도 해서, 그의 시 속에는 불교 사상의 영향을 찾아볼 수 있는 것도 하나의 특색이다. 그래서 '시불 詩佛'이라 부른다.

▶ 渭 강이름 위　　　▶ 渭城 : 지명　　　▶ 浥 : 젖다 읍

▶ 客舍 : 여관. 손님이 머무는 곳. 여기서는 이별의 장소.　　▶ 故人 : 오래도록 안 사람. 친구.

⓪④⑤

채련곡採蓮曲 - 허난설헌許蘭雪軒

추 정 장 호 벽 옥 류　　　하 화 심 처 계 란 주
秋淨長湖碧玉流요　荷花深處繫蘭舟라

봉 랑 격 수 투 련 자　　　혹 피 인 지 반 일 수
逢郞隔水投蓮子라가　或被人知半日羞라

✎ 채련곡(연밥 따는 노래)
가을 호수 맑고도 넓어 푸른 옥처럼 흐르는데 / 연꽃 핀 깊은 곳에 목란 배 매어 두고

임 만나 물 건너로 연밥 따서 던졌다가 / 행여나 남이 알까 반나절을 얼굴 붉혔네.

◆ 허난설헌許蘭雪軒[1563~1589(명종18~선조22)] : 조선 시대의 여류 시인. 자는 경번景樊. 호는 난설헌蘭雪軒. 본관은 양천陽
川. 엽曄의 딸이고, 〈홍길동전〉의 저자인 균筠의 누이이다. 어릴 때 오빠와 동생의 틈바구니에서 어깨 너머로 글을 배웠으며, 아
름다운 용모와 천품天稟이 뛰어나 8세에 〈광한전백옥루상량문廣寒殿白玉樓上梁文〉을 짓는 등 신동이라는 말을 들었다. 허씨
가문과 친교가 있었던 이달李達에게 시를 배웠으며, 15세 무렵 안동 김씨安東金氏 성립誠立과 혼인하였으나 원만한 부부가 되
지 못하였다. 27세의 나이로 요절. 조선 봉건 사회의 모순과 잇달은 가정의 참화로, 그의 시 213수 가운데 속세를 떠나고 싶은
신선시가 128수나 될 만큼 신선 사상을 가졌던 것으로 보인다. 흔히 삼한三恨의 여인으로 불린다.

▶ 蘭舟 : 목란(木蘭)으로 만든 아름다운 배

▶ 蓮子 : 연밥. 여기서는 '憐子(당신을 사랑해)'의 뜻으로, 임을 향한 여인의 마음을 뜻함.

고등급

한자 · 한문 인증 시험 문제 예시

한자 · 한문 인증 시험 문제 – 고등급 문항 영역 분류

영역		평가 요소	문제 수	번호
한자 · 한문의 상식		한자 · 한문과 관련되어 알아야 할 내용	3	1~3
한 자 어 휘	교과서 · 전통 문화 한자 어휘	쓰기	15	4~18
		독음		
		뜻		
	고사성어 (일반 성어 포함)	쓰기	7	19~25
		독음		
		겉뜻 · 속뜻		
		언어 생활 활용		
한문(한시 포함)		독음	25	26~50
		해석과 의미		
합 계				50

※ 이 책에 제시한 고등급 내용은 중학교의 내용과 겹치는 것을 제외한 것입니다 그러나 고등급 시험 범위는 중 I · II · III급 내용을 모두 포함하고 있습니다.

1. 다음은 漢字·漢文에 대한 여러 학생들의 다양한 의견이다. **잘못된** 의견을 말하는 사람은?

① 뱅주 – 우리는 중국의 한자를 소리가[音] 아닌 뜻을[義] 주로 빌려 왔기 때문에 현대 중국어와 우리가 배우는 한문과는 다르다고 할 수 있다.

② 병팔 – 모든 한자에는 形·音·義가 있다. 이것을 이른바 한자의 3요소三要素라고 한다.

③ 본달 – 한국, 중국, 일본 등 여러 나라가 한자를 사용하는데, 이 나라들을 이른바 한자 문화권이라고 부른다.

④ 세발 – 한자가 맨 처음 생성되었을 때나 지금이나 한자의 숫자는 고정되어 변하지 않았다. 따라서 정해진 몇 개의 한자만 익히면 옛날 문헌들은 어렵지 않게 해독할 수 있다.

2. 유가儒家의 기본 경전經傳인 사서四書에 속하지 **않는** 것은?

① 小學   ② 論語   ③ 孟子   ④ 中庸

3. 옛날 인물을 고르던 네 가지 판단 기준에 해당되지 **않는** 것은?

① 身   ② 富   ③ 書   ④ 判

※ 밑줄 친 漢字語의 독음으로 올바른 것을 고르시오.(4~8)

4. **高齡化 社會**는 이제 더 이상 '남의 나라 일'이 아니다. 우리나라도 올해 유엔이 정한 **高齡化 社會**로 들어섰기 때문이다.

① 고령화 사회   ② 고수익 사회
③ 고밀도 사회   ④ 고성장 사회

5. 조선 시대에 왕명의 출납出納, 즉 왕의 명령을 신하에게 전하고, 신하들의 의견을 왕에게 올리는 역할을 맡은 기관인 **承政院**이 설치되었다.

① 승정원   ② 한림원
③ 의정부   ④ 사간원

6. **寫經畫**는 불교 경전을 널리 보급하기 위해 경전을 베껴 쓰거나 인쇄할 때, 맨 앞장에 그 경전의 내용을 알기 쉽게 미리 설명하는 그림이다.

① 배경화   ② 사경화
③ 배량화   ④ 사량화

7. **傷害罪**란 '다른 사람의 신체에 해를 가함으로써 건강을 해치는 죄'를 말한다.

① 상혜죄   ② 상해죄
③ 장해죄   ④ 장애죄

8. 검사 또는 사법 경찰관이 공소를 제기, 유지하기 위하여 범인을 찾거나 범죄에 관한 증거를 수집하는 일을 **搜査**라 한다.

① 항소   ② 탐색   ③ 수사   ④ 기소

※ 밑줄 친 漢字語를 漢字로 바꿀 때 가

장 올바른 것을 고르시오.(9~13)

9. 기온·습도·기압 등을 측정하기 위하여 만든 작은 집 모양의 백색 나무 상자를 **백엽상**이라 한다.

① 白葉箱　　② 百葉箱
③ 百獵相　　④ 白獵相

10. 공상적이고 괴이한 내용을 세상에 전하는 소설을 **전기 소설**이라 한다. 귀신과의 애정을 다룬 김시습金時習의 《금오신화金鰲新話》 등이 이에 속한다.

① 傳記小說　　② 前期小說
③ 電氣小說　　④ 傳奇小說

11. 《**삼국유사**》는 《삼국사기三國史記》의 유교적 시각과는 달리 불교사를 중심으로 한 고대의 설화說話나 야사野史를 수록하였다.

① 三國有史　　② 三國類史
③ 三國遺史　　④ 三國遺事

12. 일정한 시각의 어떤 지방의 기온·기압·풍향 등을 측정하여 일기의 상태를 나타낸 그림을 **일기도**라 한다.

① 日氣圖　　② 日記圖
③ 一氣道　　④ 日氣道

13. 자유 곡류 하천의 물길이 변경될 때, 종전 물길의 일부가 그대로 남아서 형성된 쇠뿔 모양의 호수를 **우각호**라고 한다.

① 午角湖　　② 牛角胡
③ 午角胡　　④ 牛角湖

※ 다음 漢字語의 밑줄 친 字의 뜻으로 올바른 것을 고르시오.(14~18)

14. **換**喩法 – 표현하려는 대상과 관련되는 다른 사물이나 속성을 대신 들어 대상을 나타내는 표현 방법.

① 바꾸다　　② 표현하다
③ 들여다보다　　④ 나타내다

15. 24절기의 하나인 **霜**降(양력 10월 24일경)

① 안개　② 우박　③ 서리　④ 천둥

16. 근**정**전 – 경복궁의 정전正殿

① 권력　② 성실　③ 평화　④ 정치

17. **익**명성 – 개인의 존재와 행동이 대중 속에 감추어지는 도시 사회에서 가장 뚜렷하게 나타나는 대중화 현상

① 뚜렷하다　　② 숨기다
③ 빠지다　　④ 익숙하다

18. **환**원 – 어떤 물질로부터 산소를 뺏거나 수소를 주는 것. 산화되기 이전으로 돌아가는 것.

① 돌아오다　　② 빼앗다
③ 주다　　④ 변화하다

19. 成語의 讀音으로 옳지 **않은** 것은?

① 百年河淸 – 백년하청
② 事必歸正 – 사필귀정
③ 沙上樓閣 – 사상누각
④ 伏地不動 – 복지불동

20. '폐단의 뿌리를 뽑고 근원을 막음'이란 의미를 갖고 있는 成語는?

① 拔本塞源　　② 以夷制夷
③ 有備無患　　④ 甘呑苦吐

21. '현대 정치에 있어서 여론 조사가 중요한 수단으로 이용되고 있다. 그러나 그 결과를 이해 집단의 이익을 위해 억지 해석하는 [   ]는 경계해야 할 것이다.' 에서 [   ]에 들어갈 알맞은 成語는?

① 矯角殺牛   ② 牽強附會
③ 信賞必罰   ④ 殺身成仁

22. 다음 그림을 가장 잘 표현한 成語는?

① 杞憂   ② 刻舟求劍
③ 緣木求魚   ④ 守株待兎

23. 다음 그림을 가장 잘 표현한 成語는?

① 杞憂
② 刻舟求劍
③ 緣木求魚
④ 守株待兎

24. '강한 자의 위세를 빌어 약한 자에게 군림함' 이란 뜻으로 쓰이는 '狐假虎威' 는 '여우가 호랑이의 위세를 빌린다' 로 해석된다. 이때 '빌리다' 로 해석되는 漢字는?

① 狐   ② 假   ③ 虎   ④ 威

25. '과부 사정은 홀아비가 알아준다' 라는 속담과 비슷한 의미를 담고 있는 成語는?

① 同床異夢   ② 同病相憐
③ 結者解之   ④ 馬耳東風

26. '同氣而生' 의 의미와 가장 어울리는 漢字語는 무엇인가?

① 母女   ② 父子   ③ 父母   ④ 兄弟

27. '學然後에 知不足이요 敎然後에 知困이라' 의 해석이 '배운 **뒤에야** 부족함을 알고, 가르친 **뒤에야** 막히는 것을 안다' 라면, '**뒤에야**' 에 해당하는 말은 무엇인가?

① 學   ② 然後   ③ 知   ④ 不足

※ 다음 漢文에서 밑줄 친 漢字의 풀이로 적당한 것을 고르시오.(29~31)

28. 花有重開日 人無**更**少年

① 다시   ② 올라가다
③ 곧   ④ 고치다

29. 成家之兒는 惜糞如金하고 敗家之兒는 用金如糞이니라.

① 만약   ② 주다
③ 없어지다   ④ 같다

30. 讀書勤儉 起家之本

① ~하는   ② ~로써
③ ~처럼   ④ ~가

31. 不經一事면 不張一智니라.

① 길다   ② 당기다
③ 자라다   ④ 튀다

32. 다음 문장과 가장 관련이 깊은 漢字는?

樹欲靜而風不止하고 子欲養而親不待라

① 忠　　② 孝　　③ 信　　④ 義

33. 다음 문장에 담긴 교훈으로 옳은 것은?

讀書百遍義自見

① 사람이면 누구나 백 권 정도의 책은 읽어야 한다.
② 다양한 방면의 책을 읽어야 한다.
③ 한 권의 책이라도 여러 번 읽어 완전히 이해한다.
④ 옛날 책보다는 현대의 책을 골라 읽는 것이 좋다.

34. 다음 문장에서 밑줄 친 足과 같은 뜻으로 쓰인 것은?

知足者는 貧賤亦樂이오 不知足者는 富貴亦憂니라.

① 手足　　　　② 牛足
③ 畵蛇添足　　④ 安分知足

※ 다음을 읽고 물음에 답하시오.(35~40)

(가) ㉠道吾㉡過者는 是吾師요 談語美者는 是吾賊이라
(나) 以勢交者는 勢退則絶하고 以利交者는 利窮則散이니라
(다) 衆이 好之라도 必察焉하며 衆이 ㉢惡之라도 必察焉이니라.
(라) ㉣三人行에 必有我師焉이니 擇其善者而從之하고 其不善者而改之니라.
(마) 聞人之過失이어든 如聞父母之名하여 (㉤)可得聞이언정 (㉥)不可言也니라.

35. '진정한 친구간의 사귐' 이라는 교훈을 얻을 수 있는 문장으로 가장 적합한 것은?

① (가)　　② (나)　　③ (다)　　④ (마)

36. ㉠道, ㉡過의 풀이로 맞게 짝지어 진 것은?

① ㉠길, ㉡지나가다
② ㉠도리, ㉡지나치다
③ ㉠말하다, ㉡허물
④ ㉠방법, ㉡지나치다

37. ㉢惡와 같은 뜻으로 쓰인 것은?

① 羞惡之心　　　　② 勸善懲惡
③ 我旣於人 無惡 人能於我 無惡哉
④ 道吾善者 是吾賊 道吾惡者 是吾師

38. ㉣三人이 가리키는 사람으로 가장 옳은 것은?

① 我, 師, 善者　　② 人, 師, 善者
③ 我, 師, 不善者　④ 我, 善者, 不善者

39. 다음 글과 그 뜻이 가장 잘 통하는 문장은?

옥은 지극히 아름다운 것이고 돌은 지극히 볼품없는 것이다. 그러나 옥끼리 서로 갈면 훌륭한 장신구를 만들 수 없다. 반드시 돌로 갈아야만 장신구가 된다. 군자와 소인의 관계도 그러하다. 소인이 멋대로 행하고 거스르고 공격하는 등의 행동이 있은 연후에 군자는 그것을 거울삼아 마음이 움직여 도덕이 갖추어지는 것이다.

① (가)　　② (나)　　③ (다)　　④ (라)

40. 빈칸 ㉤, ㉥에 차례로 들어갈 漢字로 가

장 알맞은 것은?

① ㉢耳, ㉤目　　② ㉢口, ㉤鼻
③ ㉢耳, ㉤口　　④ ㉢目, ㉤鼻

※ 다음을 읽고 물음에 답하시오.(41~45)

新羅第四十八代 景文大王이 登位하니 王耳忽長如驢耳러라. ㉠王后及宮人은 皆未知로대, 唯幞頭匠一人이 知之라. 然이나 ㉡生平不向人說이러니, 其人將死에 ⓐ入道林寺竹林中無人處하여 向竹唱云 "吾君耳如驢耳라"하다. ㉢其後風吹則竹聲云 "吾君耳如驢耳라"하니, 王惡ⓑ之하여 ㉣乃伐竹而植山茱萸러니, 風吹則但聲云 "吾君耳長"이라 하더라.

41. 위 글의 성격으로 가장 올바른 것은?

① 詩話　② 說話　③ 寓話　④ 正史

42. 다음 중 ㉠~㉣에서 밑줄 친 글자에 대한 풀이가 옳지 **않은** 것은?

① ㉠王后及宮人 : ~와
② ㉡生平不向人說 : 기뻐하다
③ ㉢其後風吹則竹聲 : ~하면
④ ㉣乃伐竹而植山茱萸 : 그리고

43. ⓐ入道林寺竹林中無人處에서 가장 늦게 해석되는 漢字는?

① 入　　② 道　　③ 無　　④ 處

44. ⓑ之가 가리키는 것으로 가장 옳은 것은?

① 자신이 왕위에 오른 것.
② 임금님 귀가 당나귀같이 길어진 것.
③ 모자 만드는 장인이 임금님 귀가 길다는 사실을 아는 것.

④ 바람이 불면 대숲에서 '임금님 귀는 당나귀 귀' 라는 소리가 나는 것.

45. 위 글의 내용과 일치하지 않는 것은?

① 경문대왕이 왕위에 오른 뒤에 귀가 길어졌다.
② 왕은 자신의 귀가 길다는 사실이 알려지길 원치 않았다.
③ 왕의 귀가 길다는 사실은 왕비와 복두장만이 알고 있었다.
④ 복두장은 왕의 귀가 길다는 사실을 사람들에게 말하지 않았다.

※다음 글을 읽고 물음에 답하시오.(46~50)

(가)

秋風惟苦吟
ⓐ世路少知音
窓外三更雨
燈前萬里心

(나)

十五㉠越溪女
羞人無語別
歸來掩㉡重門
ⓑ泣向梨花月

(다)

雨歇㉢長堤草色多
送君南浦動悲歌
大同江水何時盡
別淚㉣年年添綠波

46. 다음 중 (가)漢詩의 주제로 적절한 것은?

① 鄕愁　② 憂國　③ 戀君　④ 思親

47. (가)의 ⓐ世路少知音이 의미하는 것으로 가장 가까운 것은?

① 세상에 나를 알아주는 이 적구나.
② 세상에 올바른 길을 가는 사람이 적

구나.

③ 세상에 음악을 함께할 사람이 적구나.

④ 세상에 학문을 함께할 사람이 적구나.

48. (나)漢詩에서 ⓑ泣의 이유가 나타나 있는 句는 무엇인가?

① 起句   ② 承句

③ 轉句   ④ 結句

49. 다음 중 ㉠~㉣에 대한 풀이로 옳지 **않**은 것은?

① ㉠越溪女 – 아리따운 여인

② ㉡重門 – 무거운 문

③ ㉢長堤 – 긴 둑

④ ㉣年年 – 해마다

50. 다음 중 (다)漢詩의 첫 번째 구절을 바르게 끊어 읽은 것은?

① 雨歇 / 長堤 / 草色多

② 雨 / 歇長堤 / 草色多

③ 雨歇長 / 堤草 / 色多

④ 雨歇 / 長堤草色 / 多

1. 漢字·漢文에 대한 설명으로 가장 올바른 것은?

① 한자는 중국에서 처음 만들어져 우리나라와 일본에만 전파되어 사용되어 온 문자이다.
② 한자의 숫자는 고정된 것이어서 예나 지금이나 그 숫자에는 변함이 없다.
③ 한자가 비록 중국에서 처음 만들어지기는 했으나 우리 선조들은 독자적인 문화 유산으로 발전시켜 왔다.
④ 한자는 우리나라의 한글과 같은 방식으로 만들어진 문자로서 누구나 쉽게 익힐 수 있다는 특징이 있다.

2. '四君子'는 군자의 풍모를 닮은 네 가지 식물을 지칭한다. 다음 중 '四君子'에 속하지 **않는** 것은?

① 梅　　② 蓮　　③ 菊　　④ 竹

3. 불가佛家에서 말하는 사람이 한세상을 살며 겪는 네 가지 고통인 '四苦'에는 '삶, 늙음, 병듦, 죽음'이 있다. 이에 해당하지 **않는** 것은?

① 生　　② 貧　　③ 病　　④ 死

※ 밑줄 친 漢字語의 讀音으로 올바른 것을 고르시오.(4~8)

4. **委巷文學**이란 조선 후기 양반 사대부가 아닌 중인층이 서울에서 전개한 한문학 활동을 말합니다. 18세기부터 중인층이 한문학 활동에 참여하여 시단의 큰 흐름을 형성합니다.

① 여항문학　　② 위항문학
③ 왜항문학　　④ 계항문학

5. 심장 근육 세포에 양분과 산소를 공급해주는 동맥피가 흐르는 혈관을 **冠狀動脈**이라 합니다.

① 간장 동맥　　② 관장 동맥
③ 간상 동맥　　④ 관상 동맥

6. **暑事制**란 6조에서 올라오는 모든 일들을 영의정, 좌의정, 우의정이 중심이 되는 의정부에서 논의한 다음 합의된 사항을 왕에게 올려 결재를 받는 형식을 말합니다.

① 서사제　　② 서사재
③ 자사제　　④ 자사재

7. 왕이 즉위하는 경사나 즉위한 지 30년이나 된 것과 같은 큰 경사가 있을 때, 또는 작은 경사가 여러 개 겹쳤을 때 임시로 실시한 과거를 **增廣試**라고 합니다.

① 회광시　　② 증광시
③ 회황시　　④ 증황시

8. **率居奴婢**는 주인에게 의식주를 제공받으면서 무제한·무기한 노동을 제공하는 노비를 지칭합니다.

① 율거노비　　② 율고노비
③ 솔거노비　　④ 솔고노비

※ 밑줄 친 漢字語를 漢字로 바꿀 때 가장 올바른 것을 고르시오.(9~13)

9. 인간이 처한 정황이나 일상사에 관계된 내용을 동식물이나 다른 사물에 빗대어 꾸며낸 이야기를 <u>우화</u>라고 한다.

① 偶話   ② 寓話   ③ 偶談   ④ 寓談

10. <u>조곡선</u>은 간곡선을 도와주는 곡선이란 뜻으로, 간곡선을 1/2로 다시 구분한 선을 말한다.

① 助曲線   ② 早曲線
③ 租曲線   ④ 祖曲線

11. <u>향교</u>는 고려와 조선 시대에 지방의 유학 교육을 담당하기 위하여 국가에서 설립한 교육 기관이다.

① 香校   ② 香敎   ③ 鄕校   ④ 鄕敎

12. <u>임진왜란</u>은 1592년(선조 25)에 일본의 도요토미 히데요시[豊臣秀吉]가 15만 대군을 이끌고 우리나라를 침입한 전쟁이다. 민족 사학자들은 조일전쟁朝日戰爭이라 불러야 한다고 주장하기도 한다.

① 壬辰委難   ② 壬辰委亂
③ 壬辰倭難   ④ 壬辰倭亂

13. 2차 이상의 방정식이 2개 이상의 같은 근(해)을 가질 때, 이 근을 그 방정식의 <u>중근</u>이라고 한다.

① 衆根   ② 仲根   ③ 重根   ④ 中根

※ 다음에 제시하는 漢字語의 밑줄 친 字의 뜻으로 올바른 것을 고르시오.(14~18)

14. 肝<u>硬</u>化 – 간이 굳어지며 간세포가 죽고, 간을 통하는 혈액의 흐름이 차단되는 증세.

① 굳다   ② 죽다
③ 멈추다   ④ 막히다

15. <u>銳</u>角 – 직각보다 작은 각. $0° < x < 90°$

① 자르다   ② 날카롭다
③ 좁다   ④ 작다

16. <u>再</u>歸代名詞 – 대명사에 ~self나 ~selves가 붙은 말로, 어떤 행위가 자신에게 돌아온다는 것을 나타내 준.

① 다시   ② 돌아오다
③ 나타내다   ④ 붙다

17. <u>한</u>식 – 동지冬至로부터 105일째가 되는 날. 음력으로 2월이나 3월인데, 주로 2월에 걸림.

① 하나   ② 한 번
③ 차다   ④ 절하다

18. <u>척</u>화 주전론 – 외국과의 화합을 배척하고 전쟁을 주로 하자는 주장.

① 외국   ② 우리나라
③ 물리치다   ④ 친하게 지내다

19. 成語의 讀音으로 옳지 <u>않은</u> 것은?

① 曲學阿世 – 곡학하세
② 刮目相對 – 괄목상대
③ 矯角殺牛 – 교각살우
④ 大器晩成 – 대기만성

20. '작은 일을 크게 허풍떨어 말함' 이란 의미를 갖고 있는 成語는?

① 寸鐵殺人   ② 走馬加鞭

③ 針小棒大　　　　④ 興盡悲來

21. '대구 지하철 참사가 일어나자 이래서는 안 된다는 목소리가 사회 여기저기서 터져 나왔다. 하지만 일은 이미 벌어졌고, 수많은 시민들이 소중한 목숨을 잃었다. 이제는 [　　]식의 처방은 없어야 할 것이다.' 에서 [　]에 들어갈 알맞은 成語는?

① 三旬九食　　　　② 沙上樓閣
③ 拔本塞源　　　　④ 死後藥方文

22. 다음 그림을 가장 잘 표현한 成語는?

① 杞憂　　　　　　② 四面楚歌
③ 刻舟求劍　　　　④ 效顰

23. 다음 그림을 가장 잘 표현한 成語는?

① 杞憂　　　　　　② 四面楚歌
③ 刻舟求劍　　　　④ 效顰

24. 다음 중 讀書에 관계된 成語가 아닌 것은?

① 曲學阿世　　　　② 手不釋卷
③ 韋編三絶　　　　④ 讀書百篇意自見

25. '不恥下問' 의 해석 순서로 맞는 것은?

① 不-恥-下-問　　② 恥-下-問-不
③ 下-問-不-恥　　④ 下-問-恥-不

26. '己所不欲 ○施於人' 에서 ○에 들어갈 '~말라' 라는 뜻을 가진 漢字는?

① 反　　② 逆　　③ 止　　④ 勿

27. '公事는 不○議나라' 에서 ○에 들어갈 '公' 과 반대되는 뜻을 가진 漢字는?

① 共　　② 私　　③ 正　　④ 同

※ 다음 漢文에서 밑줄 친 漢字의 풀이로 적당한 것을 고르시오.(28~31)

28. 不患人之不己知요 患不知人也니라

① 사람　② 나　③ 남　④ 너

29. 忍一時之忿이면 免百日之憂이니라.

① 근심　② 참다　③ 고통　④ 희망

30. 十年以長 兄以事之

① 양보　② 돕다　③ 일　④ 섬기다

31. '一年之計는 莫如樹穀이요 十年之計는 莫如樹木이요 終身之計는 莫如樹人이니라' 에서 '莫如' 의 풀이로 가장 적당한 것은?

① ~같은 것이 없다

② ~같은 것이 아니다

③ ~처럼 함이 없어야 한다

④ ~처럼 하는 것이 가장 낫다

32. 아래의 문장에서 유래한 成語는?

> 靑은 取之於藍이나 而靑於藍이라

① 取靑於藍　　② 取靑之藍

③ 靑出於藍　　④ 靑之而藍

33. 아래 문장이 담고 있는 의미로 가장 적당한 것은?

> 歲寒然後에 知松柏之後彫也니라

① 겨울은 날씨가 추워야 농작물에 좋다.

② 우리나라는 사계절이 뚜렷한 편이다.

③ 인품과 학식이 뛰어난 사람은 어디에 가더라도 인정을 받는다.

④ 세상이 어지러운 때에 충신과 열사의 진가를 알 수 있게 된다.

34. 다음 글에서 밑줄 친 惡과(와) 같은 뜻으로 쓰인 것은?

> 所**惡**於上으로 毋以使下하고 所**惡**於下로 毋以事上하라.

① 善惡　② 憎惡　③ 惡魔　④ 惡妻

※ 다음 글을 읽고 물음에 답하시오.(35~40)

> (가) 身體髮膚는 受之父母니 不敢毁傷이 孝之始也라.
>
> (나) 吾日三省吾身하노니 ㉠**爲**人謀而不忠

> 乎아 與朋友交而不信乎아 傳不習乎아니라.
>
> (다) 我有功于人不可念하고 而過則㉡**不可不念**하라 人有恩于我不可忘하고 而怨則不可不忘하라.
>
> (라) 愛人不親이어든 反其仁하고 治人不治어든 反其智하고 禮人不答이어든 反其敬이니라 行有不得者어든 皆反求諸己니라.

35. ㉠爲의 풀이로 알맞은 것은?

① 되다　　　　② 위하다

③ 여기다　　　④ 하다

36. ㉡不可不念을 해석한 것으로 가장 옳은 것은?

① 생각하지 않아야 한다.

② 생각하지 않아서는 안 된다.

③ 잘못된 생각을 해서는 안 된다.

④ 안 된다는 생각을 해서는 안 된다.

37. 위 글에서 '부모님에 대한 효의 기본'이 무엇인지를 알 수 있는 문장으로 가장 적합한 것은?

① (가)　② (나)　③ (다)　④ (라)

38. 다음 글과 그 뜻이 가장 잘 통하는 문장은?

> 우리는 작은 일로도 우월감을 가지고 자신을 높이려 한다. 그리스도의 이름으로 봉사하기 위해서는 오른손이 한 일을 왼손이 모르게 겸손하게 도와주어야 한다. 착한 사마리아 사람은 칭찬이나 영광을 바라지 않고 아무도 모르게 봉사했다. 기계적으로 위선적으로 하지 않고 불쌍한 마음으로 따뜻하게 도와주었다.

① (가)　　② (나)　　③ (다)　　④ (라)

※ 다음 글을 읽고 물음에 답하시오.(39~40)

> 古之欲㉠明明德於天下者는 先治其國하고
> 欲治其國者는 先齊其家하고 欲齊其家者는
> 先修其身하고 欲修其身者는 先正其心하고
> 欲正其心者는 先誠其意하고 欲誠其意者는
> 先致其知하니 致知는 在格物이라

39. ㉠明明德의 풀이로 바른 것은?

① 밝은 덕을 밝힘　　② 밝고 밝은 덕
③ 덕을 더욱 밝힘　　④ 점점 밝아지는 덕

40. '사물의 이치를 연구하여 지식을 명확히 함' 이란 의미를 담고 있는 成語를 위 글에서 찾는다면?

① 正心誠意　　　　② 誠意致知
③ 正心格物　　　　④ 格物致知

※ 다음 글을 읽고 물음에 답하시오.(41~45)

> 昔에 黃相國喜가 ㉠微時에 行役할새 憩于
> 路上이라가 見田夫駕二牛耕者하고 問曰
> "二牛何者爲勝고"하니 田夫不對하고 輟耕
> 而至하여 附耳細語曰 "此牛勝이라" 公이
> 怪㉡之曰 "何以附耳相語오" 田夫曰 "雖畜
> 物이라도 其心은 ㉢與人同也라 ㉣此勝則
> 彼劣이니 使牛聞之면 寧無不平之心乎아"
> 하니 公이 大悟하여 遂不復言人之長短云
> 이러라

41. 위 글에서 주는 교훈으로 가장 올바른

것은?

① 직업에는 貴賤이 없다.
② 誠實하고 부지런한 자세로 일에 임해야 한다.
③ 아무리 동물이라도 함부로 대해서는 안 된다.
④ 다른 사람의 長短點을 함부로 말해서는 안 된다.

42. ㉠微時에 대한 풀이로 가장 옳은 것은?

① 작았을 적에　　② 어렸을 때에
③ 벼슬하기 전에　　④ 양반이 되기 전에

43. ㉡之가 가리키는 내용으로 가장 옳은 것은?

① 田夫不對　　　　② 輟耕而至
③ 附而細語　　　　④ 此牛勝

44. ㉢與와 같은 뜻으로 쓰인 것은?

① 參與詩
② 與人同處에 不可自擇便利라
③ 施恩이어든 勿求報하고 與人이어든 勿追悔하라.
④ 飮食雖厭이라도 與之必食하라.

45. ㉣此勝則彼劣에 대한 풀이로 가장 옳은 것은?

① 이것과 저것은 같은 것이다.
② 이것이 이기면 저것은 지게 된다.
③ 이것이 옳다면 저것은 옳지 않다.
④ 이것이 낫다면 저것은 못난 게 된다.

※ 다음 글을 읽고 물음에 답하시오.(46~50)

(가)

松下問㉠童子하니 / 言師採藥去라

只在此山中이나 / 雲深不知處라

(나)

秋陰㉡漠漠四山空하니 / 落葉無聲滿地紅이라

立馬溪橋問歸路하니 / 不知身在畫圖中이라

(다)

秋淨長湖㉢碧玉流요 / 荷花深處繫㉣蘭舟라

逢郞隔水投蓮子라가 / 或被人知半日羞라

① 起句

② 承句

③ 轉句

④ 結句

46. 다음 중 '㉠~㉣'에 대한 풀이로 옳지 **않은** 것은?

① ㉠童子 – 어린 스님, 동자승

② ㉡漠漠 – 넓고 아득함.

③ ㉢碧玉流 – 푸른 옥을 빠뜨렸네.

④ ㉣蘭舟 – 작은 배.

47. 다음 중 (가)와 (나)漢詩에서 작자들이 공통적으로 찾고 있는 대상을 가리키는 말로 가장 적합한 것은?

① 爲政者 ② 君主 ③ 스승 ④ 隱者

48. (나)漢詩에서 작자가 신선의 경지에 든 것 같은 詩句는 몇 句인가?

① 起句 ② 承句 ③ 轉句 ④ 結句

49. 다음은 (나)漢詩의 한 詩句를 그림으로 표현한 것이다. 그림의 내용과 가장 부합하는 詩句는?

50. 다음 중 (다)漢詩의 詩的 話者와 같은 성향의 발언을 하는 여학생은?

① 보람 – 사랑은 쟁취하는 거야. 아무리 여자라도 마음에 드는 남학생이 있으면 프로포즈를 먼저 해야지.

② 윤이 – 좋아하는 남학생이 있는데, 남부끄러워 말 한마디 못 건넸지.

③ 민희 – 남자 친구는 필요 없어. 그냥 혼자 있는 게 편해.

④ 은숙 – 남들 시선은 상관없어. 다른 사람이 보고 놀리더라도 학교에서도 좋아한다는 표현을 그냥 할 거야.

1. 다음 중 漢字의 짜임인 六書에 대한 설명으로 옳지 **않은** 것은?

① 六書는 한자의 구성과 활용에 관한 원칙을 말한다.
② 象形은 구체적인 사물의 모양을 그림으로 본떠서 글자를 만드는 방법이다.
③ 指事는 추상적인 개념을 점이나 선으로 나타내어 글자를 만드는 방법이다.
④ 形聲은 두 글자를 합하여 글자를 만들되, 그 뜻과 뜻을 결하여 한자를 만드는 방법이다.

2. 선비들이 글 읽는 방에 두고 쓰는 네 가지 친구와 같은 물건을 이른바 '文房四友'라 한다. 다음 중 文房四友에 속하지 **않는** 것은?

① 紙   ② 筆   ③ 墨   ④ 册

3. 冠婚喪祭를 四禮라고도 한다. 다음 중 四禮에 해당하지 **않는** 것은?

① 돌 잔치   ② 결혼식
③ 장례식   ④ 제사

※ 다음 밑줄 친 漢字語의 讀音으로 올바른 것을 고르시오.(4~8)

4. 허파에서 나오는 날숨을 막았다가 터뜨리며 입 안을 좁혀 마찰하여 내는 소리를 **破擦音**이라 한다.

① 파제음   ② 파찰음
③ 피제음   ④ 피찰음

5. **吏讀**는 삼국 시대부터 한자의 음과 뜻을 빌려 우리말을 표기한 문자 체계이다.

① 이독   ② 이두   ③ 사독   ④ 사두

6. **抄啓文臣制**란 규장각에 특별히 마련된 교육 및 연구 과정을 밟던 문신을 두던 제도이다.

① 사계 문신제   ② 소계 문신제
③ 초계 문신제   ④ 조계 문신제

7. 어린 왕이 즉위했을 때 왕의 어머니나 할머니가 왕을 대신하여 정사를 살피면서, 신하들 앞에 얼굴을 보이지 않으려고, 앞에 발을 드리우고 정사에 임하는 정치 형태를 **垂簾聽政**이라 한다.

① 수렴청정   ② 주렴청정
③ 수렴정정   ④ 주렴정정

8. 식물의 수분이 식물체의 기공을 통해 수증기가 되어 배출되는 현상을 **蒸散作用**이라 한다.

① 승산 작용   ② 증산 작용
③ 층산 작용   ④ 송산 작용

※ 밑줄 친 漢字語를 漢字로 바꿀 때 가장 올바른 것을 고르시오.(9~13)

9. 글자 數, 句나 行의 數, 韻字 등이 일정한 규칙에 의해 정해진 시를 **정형시**라 한다.

① 定形詩 ② 正形詩
③ 定型詩 ④ 正型詩

10. **선상지**란 산지에서 평지로 나오는 경사 급변점인 골짜기의 입구를 중심으로 하천이 운반한 토사가 쌓여 형성된 부채꼴 모양의 퇴적 지형을 말한다.

① 扇上地 ② 扇狀地
③ 先上地 ④ 先狀地

11. 선거에 의하여 선출된 대표 중에서 유권자들이 부적격하다고 생각하는 자를 임기가 끝나기 전에 국민 투표에 의하여 파면시키는 제도를 **국민 소환**이라 한다.

① 國民昭還 ② 國民招還
③ 國民詔還 ④ 國民召還

12. **춘추전국** 시대는 B.C. 8세기에서 B.C. 3세기에 이르는 중국 고대의 시대로, '춘추' 는 공자가 지은 노魯나라 역사서인 《춘추》에서 '전국' 은 유향이 편찬한 《전국책》에서 따온 말이다.

① 春秋戰國 ② 春秋全國
③ 春秋全局 ④ 春秋戰局

13. <, >, ≦, ≧ 등의 같지 않음을 나타내는 기호를 **부등호**라 한다.

① 不登號 ② 不寺號
③ 不等號 ④ 不證號

※ 다음 제시하는 漢字語의 밑줄 친 字의 뜻으로 올바른 것을 고르시오.(14~18)

14. **興**仁之門 – 서울 종로구 종로 6가에 있는 조선 시대의 성문으로, 보물 제1호.

① 일으키다 ② 돕다
③ 펼치다   ④ 따르다

15. **債**權 – 정부, 공공 단체와 주식 회사 등이 일반인으로부터 비교적 거액의 자금을 일시에 조달하기 위해 발행하는 차용 증서.

① 빌리다   ② 빚지다
③ 도달하다 ④ 바꾸다

16. **분**서 갱유 – 진나라 시황제가 학자들의 정치 비판을 봉쇄하기 위해 경전經典을 불태우고 유학자 460명을 산 채로 구덩이에 묻어 죽인 사건.

① 막다   ② 불사르다
③ 구덩이   ④ 묻다

17. **수**정 – 난자와 정자가 합쳐지는 일.

① 주다   ② 받다
③ 합하다   ④ 들어가다

18. 不**惑** – 40세를 뜻하는 말.

① 건강하다 ② 욕망
③ 자유   ④ 의심하다

19. 成語의 독음으로 옳지 **않은** 것은?

① 塞翁之馬 – 세옹지마
② 雨後竹筍 – 우후죽순
③ 因果應報 – 인과응보
④ 屋上家屋 – 옥상가옥

20. '안 해도 될 쓸데없는 일을 하다가 도리어 일을 그르침' 이란 의미를 담고 있는 成語는?

① 尾生之信 ② 畵蛇添足

③ 捲土重來　　　　④ 脣亡齒寒

21. '일본에서 유학중이던 이수현씨는 지하철 선로에 떨어진 일본인 취객을 구하기 위해 자신의 몸을 던져 끝내 목숨을 잃고 말았다. 하지만 그의 [　　] 정신은 한·일 양국 모든 사람들에게 귀감龜鑑이 되고 있다' 에서 [ ]에 들어갈 가장 알맞은 成語는?

① 桃園結義　　　　② 老馬之智
③ 生者必滅　　　　④ 殺身成仁

22. 다음 그림을 가장 잘 표현한 成語는?

① 鷄肋　　　　　　② 泣斬馬謖
③ 尾生之信　　　　④ 小貪大失

23. 다음 그림을 가장 잘 표현한 成語는?

① 鷄肋　　　　　　② 泣斬馬謖
③ 尾生之信　　　　④ 小貪大失

24. 다음 중 '융통성이 없고 고지식하다' 라는 의미가 들어 있지 **않은** 成語는?

① 尾生之信　　　　② 刻舟求劍
③ 守株待兎　　　　④ 鷄卵有骨

25. '엎친 데 덮친 격이다' 라는 말과 비슷한 의미를 담고 있는 成語는?

① 雪上加霜　　　　② 孤掌難鳴
③ 興盡悲來　　　　④ 苦盡甘來

26. 다음 문장에서 밑줄 친 '道'와 바꾸어 쓸 수 있는 漢字로 가장 적합한 것은?

> 忠告而善道之하되 不可則止하여 毋自辱焉
> 이니라

① 導　　② 路　　③ 術　　④ 說

27. 아래에 제시한 문장이 뜻하는 내용으로 가장 적절한 것은?

> 學者所患은 惟有立志不誠이요 才或不足은
> 非所患也니라

① 학문은 뜻을 세우는 것이 중요하다.
② 학문은 시간을 두고 천천히 이루어 나가야 한다.
③ 학문의 성패成敗는 노력보다는 재주에 달려 있다.
④ 학문을 하는 사람은 여러 분야의 책을 두루 읽어야 한다.

28. 아래 문장에서 밑줄 친 부분을 成語로 표현 할 때 가장 적절한 것은?

> 子貢이 問曰 有一言而可以終身行之者乎아
> 子曰 其恕乎인저 己所不欲을 勿施於人이
> 라

① 他山之石　　　　② 易地思之

③ 信賞必罰　　　④ 識字憂患

② 사치스러운 사람은 절약을 해야 부유
　해질 수 있다.
③ 사치스러운 사람은 인색하고 남을 잘
　돕지 않는 경향이 있다.
④ 검소한 사람은 스스로 절제하기 때문
　에 여유가 있어 남을 도울 여유가 있다.

※ 다음 글을 보고 물음에 답하시오.(29
~34)

(가) 得土地는 ㉠易하고 得人心은 難이니
라
(나) 齊景公이 問政於孔子한대 孔子對曰 君
君臣臣父父子子이니이다
(다) 上善若水하니 水善利萬物而不爭하며
處衆人之所惡라 ㉡故幾於道니라
(라) ㉢之道가 不正하면 上으로는 不足以
事父母하고 下로는 不足以安子孫하니
라
(마) 儉者는 自奉節이라 故로 常有餘하여 而
能施언마는 奢者는 自奉厚라 故로 常不

29. '㉠易'와 같은 뜻으로 쓰인 것은?

① 易姓革命　　　② 自由貿易
③ 易地思之　　　④ 難易度

30. '㉡故幾於道니라'의 풀이로 가장 적절
한 것은?

① 옛날의 도에 가깝다.
② 옛날 도에 가깝도록 해야 한다.
③ 때문에 도에 가깝다.
④ 때문에 도에 가깝도록 해야 한다.

31. ㉢ 안에 들어갈 말로 가장 적합한 것
은?

① 父母　② 夫婦　③ 兄弟　④ 君臣

32. (마) 문장이 주는 교훈을 제시한 것으
로 가장 올바른 것은?

① 검소한 사람은 빠른 시일 내에 부유
　해질 수 있다.

33. 아래에 제시한 글의 내용과 가장 일치
하는 문장을 고르시오.

급속도로 발전하고 변화해 가는 현대 사회
에서 우리가 지켜야 할 우리의 모습은 무엇
일까? 자신이 맡은 지위와 직분을 바르게
하는 것도 우리가 잊지 말아야 할 덕목 중
의 하나일 것이다. 사회 구성원 모두가 자
신의 직책에 맞게 모든 힘을 쏟는다면 사회
의 질서는 확립될 것이다.

① (가)　② (나)　③ (다)　④ (라)

34. 다음 중 '老子'의 사상을 가장 잘 드러
낸 것은?

① (나)　② (다)　③ (라)　④ (마)

※ 다음 글을 읽고 물음에 답하시오.(35
~37)

"王이 好戰할새 請以戰喩하리다 塡㉠然鼓
之하여 ⓐ兵刃旣接이어든 棄甲曳兵而走하
되 或百步而後에 止하고 或五十步而後에
止하여 以五十步로 笑百步㉡則何如오" 曰
"不可라 直不百步㉢耳언정 是亦走也라" 曰
"王이 如知ⓑ此면 則無望民之多㉣於隣國
也하소서"

35. ㉠~㉣의 풀이 중 틀린 것은?

① ㉠然 – ~모양

② ㉡則 – ~면

③ ㉢耳– ~일 뿐이다

④ ㉣於 – ~에서

36. ⓐ兵刃既接의 의미는?

① 도망치기 시작했다.

② 전쟁이 시작되었다.

③ 전쟁이 완전히 끝났다.

④ 열심히 싸우다.

37. ⓑ此가 가리키는 내용으로 가장 적당한 것은?

① 이웃 나라의 왕과 차이가 없다는 것을

② 이웃 나라의 왕보다 못하다는 것을

③ 이웃 나라의 왕보다 낫다는 것을

④ 이웃 나라 왕과 비교하면 안 된다는 것을

※ 다음 글을 읽고 물음에 답하시오.(38 ~40)

> 國之語音이 異㉠乎中國하여 與文字로 不相流通할새 故로 愚民이 有所欲言하여도 而終不得伸其情者가 多矣라 予가 ㉡爲此憫然하여 新制二十八字하노니 欲㉢使人人으로 易習하여 便於日用耳니라

38. ㉠乎의 풀이로 가장 적당한 것은?

① ~에   ② ~보다

③ ~과   ④ ~로써

39. ㉡爲의 풀이로 가장 적당한 것은?

① 위하다 ② 되다 ③ 이다 ④ 하다

40. ㉢使의 풀이로 가장 적당한 것은?

① ~이다   ② ~로 하여금

③ ~을 위하여   ④ ~답게

※ 다음 글을 읽고 물음에 답하시오.(41 ~45)

> 昔에 有桓因庶子桓雄이 數意天下하여 貪求人世하니 父知子意하여 下視三危太伯하니 ㉠可以弘益人間이라 乃授天符印三箇하여 遣往理之하니 雄이 ㉡率徒三千하여 ㉢降於太伯山頂神壇樹下하니 謂之神市라 是謂桓雄天王也라 (중략) 生子하니 號曰檀君王儉이라

41. 문장과 그 주체(主體–어떤 상태나 작용의 주가 되는 것)의 연결이 바른 것은?

① 數意天下 – 桓因

② 貪求人世 – 桓因

③ 可以弘益人間 – 桓雄

④ 遣往理之 – 桓因

42. ㉠可以의 해석으로 알맞은 것은?

① 옳다

② ~할 수 있다

③ ~처럼 하게 하다

④ ~로써 하게 하다

43. 본문 중에 원인이 되는 문장과 결과를 나타내는 문장 사이에서 '이러하여 곧' 이란 뜻으로 쓰인 漢字는?

① 數   ② 乃   ③ 遣   ④ 於

44. ㉡率과 ㉢降은 각각 '거느리다' 와 '내려오다' 로 풀이된다. 그렇다면 率과 降의 독음으로 알맞은 것은?

① 솔, 강   ② 솔, 항
③ 율, 항   ④ 율, 강

45. 天符印이 정확히 어떤 것인지는 모르지만, 漢字만으로 이것의 용도를 유추해볼 때 가장 적당한 것은?

① 증명의 목적으로 이용되던 도구
② 측정의 목적으로 이용되던 도구
③ 형벌에 이용되던 도구
④ 농사에 이용되던 도구

※ 다음 漢詩를 참고하여 물음에 답하시오.(46~50)

> (가)
> 江碧鳥逾白이요 / 山靑花欲㉠然이라
> 今春看又過하니 / 何日是歸年고
> (나)
> 春雨細不滴터니 / 夜中微有聲이라
> 雪盡南溪漲하니 / 草芽㉡多少生이라
> (다)
> 近來安否問如何오 / 月到紗窓妾恨多로다
> 若使夢魂行有跡이면 / 門前石路半成沙리다

46. (가)漢詩에 대한 설명으로 옳지 않은 것은?

① 색채의 대비가 뚜렷하게 드러나고 있다.
② 계절적인 배경은 늦은 봄이라고 볼 수 있다.
③ 고향에 돌아가고자 하는 마음을 노래하였다.
④ 承句의 ㉠然은 '그러하다'의 뜻으로 쓰였다.

47. ㉡多少에 대한 풀이로 가장 적절한 것은?

① 많고 적음   ② 많으면서 작음
③ 얼마나, 얼마쯤   ④ 크고 작음

48. (다)漢詩에서 詩的話者가 자신의 그리움을 나태내기 위해 과장법을 가장 두드러지게 사용한 구절은?

① 起句   ② 承句   ③ 轉句   ④ 結句

49. 다음 중 (나)漢詩에서 가장 두드러지게 드러나는 심상心象(=이미지)은?

① 聽覺的 心象   ② 視覺的 心象
③ 嗅覺的 心象   ④ 味覺的 心象

50. 다음 중 (다)漢詩의 내용과 가장 흡사한 時調는?

① 꿈에 다니는 길이 자최 곳 나랑이면
   님의 집 창 밖에 石路라도 달으련마는
   꿈길이 자최 없으니 그를 슬허하노라.
② 靑草 우거진 골에 자느냐 누웠느냐
   紅顔을 어디 두고 백골만 묻혔느냐
   잔 잡아 권할 이 없으니 그를 슬퍼하노라.
③ 靑山裏 碧溪水야 수이 감을 자랑 마라
   一到滄海하면 다시 오기 어려우니
   明月이 滿空山하니 쉬어간들 어떠리
④ 어져 내 일이야 그릴 줄을 모르던가
   있으라 하더면 가랴마는 제 구태여
   보내고 그리는 情은 나도 몰라 하노라

〈고등급 1회〉

1. ④   2. ①   3. ②   4. ①   5. ①   6. ②   7. ②
8. ③   9. ②   10. ④   11. ④   12. ①   13. ④   14. ①
15. ③   16. ④   17. ②   18. ①   19. ④   20. ①   21. ②
22. ④   23. ③   24. ②   25. ②   26. ④   27. ②   28. ①
29. ④   30. ①   31. ③   32. ②   33. ③   34. ④   35. ②
36. ③   37. ①   38. ④   39. ④   40. ③   41. ②   42. ②
43. ①   44. ④   45. ③   46. ①   47. ①   48. ②   49. ②
50. ①

〈고등급   2회〉

1. ③   2. ②   3. ②   4. ②   5. ④   6. ①   7. ②
8. ③   9. ②   10. ①   11. ③   12. ④   13. ③   14. ①
15. ②   16. ①   17. ③   18. ③   19. ①   20. ③   21. ④
22. ①   23. ③   24. ①   25. ③   26. ④   27. ②   28. ③
29. ①   30. ④   31. ①   32. ③   33. ④   34. ②   35. ②
36. ②   37. ①   38. ③   39. ①   40. ④   41. ④   42. ②
43. ③   44. ②   45. ④   46. ③   47. ④   48. ④   49. ③
50. ②

〈고등급   3회〉

1. ④   2. ④   3. ①   4. ②   5. ②   6. ③   7. ①
8. ②   9. ③   10. ②   11. ④   12. ①   13. ③   14. ①
15. ②   16. ②   17. ②   18. ④   19. ①   20. ②   21. ④
22. ③   23. ①   24. ④   25. ①   26. ①   27. ①   28. ②
29. ④   30. ③   31. ②   32. ④   33. ②   34. ②   35. ④
36. ②   37. ①   38. ②   39. ①   40. ②   41. ④   42. ②
43. ②   44. ①   45. ①   46. ④   47. ③   48. ④   49. ①
50. ①

한문 교육용 기초 한자 2,000자

※ 한문 교육용 기초 한자 2,000자.

한문 교육용 기초 한자 2,000자는 한국한문교육학회에서 1999년 12월 30일에 만든 것이다. 교육부에서 제정한 한문 교육용 기초 한자 1,800자는 엄밀히 말하면 언어 생활 중심의 국어 교육용에 가깝다. 그러나 한국한문교육학회의 것은 북한北韓, 일본日本, 중국中國, 대만臺灣의 상용 한자 빈도까지 고려하여 만든 것으로 한문 교육용 기초 한자에 가깝다고 말할 수 있다. 그러나 무엇보다 중요한 것은 1,800자나 2,000자나 그만큼 다른 한자에 비해 많이 쓰인다는 것을 의미할 뿐, 우선 이 한자들은 알아두고 그 다음에 한자 어휘나 한문 학습을 하라고 제시된 것은 아니라는 점이다. 빈도가 1,800번째와 1,801번째 그리고 2,000번째와 2,001번째는 그 중요성에서 차이가 없음에도 불구하고, 1,800자나 2,000자 안에 있는 한자와 없는 자의 대접은 현격한 차이가 난다. 이는 한자·한문 학습을 한자 숫자에 얽매이게 한 때문이다. 이후에는 반드시 알아야 할 한자 어휘를, 그리고 한문 문장의 내용을 우선 고려해서 배워야 한다. 내용은 중요하고 좋은데, 그 안에 2,000자(혹은 1,800자) 이외의 한자가 있다고 학습 과정에 제외를 시키는 일이 있어서는 안 되겠다.

한국한문교육학회 2,000자의 대표뜻은 전국한문교사모임에서 제정하였다. 제정 작업 과정에서 가장 중요하게 여긴 점은 대표 뜻 자체를 이해 못하는 현상을 막기 위해, 중·고등학생이 일상적으로 사용하고 있는 표현을 우선으로 하였다. 물론 부득이하게 예외의 경우도 있었다. 이 외에 몇 가지 규칙은 다음과 같다.

1. 이전의 〈月 달 월〉, 〈甘 달 감〉 등에서처럼 동음이의어의 혼란을 막기 위해 '∼ㄹ' 형태는 '∼이다' 로 바꾸었다. 〈甘 달 감→달다 감〉

2. 소통 과정상에는 짧은 표현이 유리하지만, 의미 전달에 미흡한 경우가 많기 때문에, 길게 풀어서 표현하기도 했고〈德 공정하고 포용성 있는 마음 덕〉, 또한 〈有 있다 유〉〈在 (∼에) 있다〉 처럼 ( )를 이용하기도 했다.

3. 한자어의 한글화를 고려하여 현재 거의 사용하고 있지 않는 고유어는 한자어로 바꾸었고, 한자어 표현이 더 익숙한 경우에도 한자어로 바꿨다. 예를 들어 〈山〉의 경우 예전에는 〈뫼 산〉이라고 표현했으나, 〈뫼〉라는 표현은 현재 거의 사용하고 있지 않기 때문에 〈산 산〉으로 바꿨다.

4. 가능하면 자원字源에 가까운 뜻을 대표 뜻으로 삼으려고 했으나 활용 예가 적은 경우에는 활용 빈도가 높은 뜻으로 대표를 삼았다.

가

家	1	집
街	1	거리
可	1	옳다
歌	1	노래
加	1	더하다
價	1	값
佳	2	아름답다
假	2	거짓
暇	2	겨를
苛	3	가혹하다
架	3	선반

각

角	1	뿔
各	2	따로 따로
脚	2	다리(신체 일부)
閣	2	집
却	2	물리치다
覺	2	깨닫다
刻	2	새기다

간

間	1	사이
干	2	방패
看	2	지켜보다
刊	2	책 펴내다
肝	2	간
幹	2	줄기
簡	2	간단하다
姦	3	간음하다
懇	3	간절하다

갈

渴	2	목마르다

감

減	1	덜다
感	1	느끼다
敢	1	용감하다
甘	2	(맛이) 달다

監	2	살피다
鑑	3	거울
憾	3	섭섭하다

갑

甲	2	첫째 천간

강

江	1	강
降(항)	1	내려오다
強	1	강하다
講	2	강의하다
康	2	편안하다
剛	2	굳세다
鋼	2	강철
綱	2	사물의 주가 되는 것

개

開	1	열다
改	2	고치다
皆	2	모두
個	2	낱개
概	2	대개
介	3	끼이다
慨	3	분개하다
蓋	3	덮다

객

客	1	손님

갱

更(경)	2	다시
坑	3	구덩이

거

去	1	떠나가다
車(차)	1	수레
擧	1	들다
巨	2	크다
居	2	(~에) 살다

距	2	(거리가) 떨어지다
拒	2	막다
據	2	의지하다

건

建	1	세우다
乾	2	마르다
件	2	~것
健	2	튼튼하다
巾	3	수건

걸

傑	2	뛰어나다
乞	3	구걸하다

검

儉	1	검소하다
劍	2	칼
檢	2	검사하다

게

揭	3	높이 들다

격

格	1	바로잡다
擊	2	치다
激	2	거세다
隔	3	사이가 뜨다

견

犬	1	개
見(현)	1	보다
堅	2	굳다
遣	2	보내다
肩	2	어깨
絹	3	명주
牽	3	끌다

결

決	1	결정하다

結	1	맺다
潔	1	깨끗하다
缺	1	빠지다

겸

兼	2	아우르다
謙	2	겸손하다

경

景	1	경치
輕	1	가볍다
經	1	날실(옷감 등에 세로로 놓인 실)
敬	1	공경하다
慶	1	축하하다
競	1	다투다
警	2	경계하다
京	2	서울
傾	2	기울다
境	2	(땅의) 경계
耕	2	밭 갈다
驚	2	놀라다
庚	2	일곱째 천간
卿	3	벼슬
徑	3	지름길
硬	3	굳다
頃	3	잠깐
鏡	3	거울
竟	3	마침내

계

季	1	계절
界	1	(땅의) 경계
計	1	(수를) 세다
溪	1	시냇물
係	2	매다
階	2	층계
系	2	계통
繼	2	잇다
戒	2	경계하다
械	2	기계

契	2	약속
癸	2	열 번째 천간
鷄	2	닭
啓	2	깨우치다
桂	3	계수나무
繫	3	묶다

고

古	1	옛
故	1	옛
固	1	굳다
考	1	헤아리다
高	1	높다
告	1	알리다
苦	2	괴롭다
鼓	2	북
孤	2	외롭다
庫	2	창고
顧	2	돌아보다
拷	3	때리다
膏	3	기름
姑	3	시어머니
雇	3	고용하다
枯	3	마르다
稿	3	원고

곡

谷	1	골짜기
曲	1	휘다
穀	1	곡식
哭	3	(소리 내어) 울다

곤

困	1	어려워지다
坤	2	땅

골

骨	1	뼈

공

工	1	물건 만들다

功	1	공로
空	1	비다
共	1	함께
公	1	여러 사람에 관계되는 일
供	2	바치다
恭	2	공손하다
攻	2	치다
恐	2	두렵다
孔	3	구멍
貢	3	바치다

과

果	1	열매
課	1	책임 지우다
科	1	조목
過	1	지나가다
誇	2	과장하다
戈	3	창
瓜	3	오이
寡	3	적다

곽

郭	3	성곽

관

觀	1	보다
貫	1	꿰다
關	2	빗장
館	2	집
管	2	대롱
慣	2	익숙하다
官	2	벼슬
寬	3	너그럽다
冠	3	갓
款	3	문서

괄

括	3	묶다

광

光	1	빛
廣	1	넓다
鑛	2	광석
狂	3	미치다

괘

掛	3	걸다

괴

怪	2	괴상하다
塊	3	덩어리
愧	3	부끄럽다
壞	3	무너지다

교

交	1	사귀다
校	1	학교
敎	1	가르치다
較	2	비교하다
橋	2	다리(건너다니는 시설물)
巧	2	교묘하다
僑	3	객지에 나가 살다
郊	3	시외(市外)
矯	3	바로잡다
絞	3	목매다

구

九	1	아홉
口	1	입
救	1	구원하다
究	1	연구하다
久	1	오래되다
舊	1	옛
構	2	얽어매다
具	2	갖추다
區	2	(행정) 구역
求	2	찾다
句	2	구절
球	2	공

驅	2	몰다
拘	2	잡다
丘	2	언덕
俱	2	함께
購	3	사다
狗	3	개
鷗	3	갈매기
龜(귀/균)	3	거북이
懼	3	두렵다
歐	3	유럽의 약칭
苟	3	진실로

국

國	1	나라
局	2	관청
菊	2	국화

군

君	1	임금
郡	1	고을
軍	1	군사
群	2	무리

굴

屈	2	굽히다
掘	3	파다

궁

弓	2	활
宮	2	궁궐
窮	2	다하다

권

權	1	권력
卷	2	책
勸	2	권하다
券	3	문서
拳	3	주먹
圈	3	범위

궐

厥	3	그
闕	3	궁궐

귀

貴	1	귀하다
歸	2	돌아가다
鬼	2	귀신

궤

軌	2	수레바퀴

규

規	1	규칙
叫	2	절규하다
糾	3	꼬이다
閨	3	(여자가 거처하는) 방

균

均	2	평평하다
菌	3	버섯

극

極	2	끝
克	2	이기다
劇	2	연극

근

近	1	가깝다
勤	1	부지런하다
根	2	뿌리
斤	2	도끼
僅	3	겨우
筋	3	힘줄
謹	3	조심하다

금

金(김)	1	쇠
今	1	지금
禁	1	금지하다

琴	2	거문고
錦	3	비단
禽	3	날짐승

급

及	2	(어떤 상황에) 이르다
給	2	주다
急	2	급하다
級	2	등급

긍

肯	2	옳게 여기다
矜	3	자랑하다

기

己	1	자기
記	1	기록하다
起	1	일어나다
期	1	기간
基	1	기초
氣	1	기운
技	1	재주
紀	2	법칙 *綱은 큰 벼릿줄, 紀는 작은 벼릿줄
飢	2	굶다
奇	2	기이하다
騎	2	말 타다
旗	2	깃발
欺	2	속이다
器	2	그릇
企	2	꾀하다
機	2	기계
寄	2	보내다
旣	2	이미
其	2	그
幾	2	몇
忌	2	꺼리다
豈	3	어찌
棄	3	버리다

祈	3	빌다
畿	3	경기(왕성王城 200里 이내의 땅)
棋	3	바둑

긴

緊	2	팽팽하다

길

吉	1	좋은 조짐

나

那	3	어찌

낙

諾(락)	3	허락하다

난

暖	1	따뜻하다
難	1	어렵다

남

南	1	남쪽
男	1	남자

납

納	2	바치다

낭

娘	3	아가씨

내

內	1	안
乃	2	이에
耐	2	견디다
奈(나)	3	어찌

녀

女(여)	1	여자

년

年(연)	1	해

념

念(염)	1	생각하다

녕

寧(영/령)	2	편안하다

노

怒(로)	1	화내다
奴	2	노예
努	2	힘쓰다

농

農	1	농사
濃	3	짙다

뇌

惱	2	괴로워하다
腦	3	뇌

뇨

尿(요)	3	오줌

능

能	1	잘하다

니

泥(이)	3	진흙

닉

匿(익)	3	숨기다
溺(익)	3	(물에) 빠지다

다

多	1	많다
茶(차)	3	(달여 마시는) 차

단

丹	1	붉다
單	1	혼자
短	1	짧다
端	1	바르다
但	2	다만
段	2	부분
壇	2	높고 평평한 곳
檀	2	박달나무
斷	2	끊다
團	2	모임
旦	3	아침
鍛	3	쇠를 불리다

달

達	1	다다르다

담

談	1	이야기
淡	2	맑다
擔	2	메다
膽	3	쓸개

답

答	1	대답하다
踏	2	밟다
畓	3	논

당

堂	2	집
當	2	마땅하다
唐	2	나라 이름
糖(탕)	2	사탕
黨	2	무리

대

大	1	크다
對	1	마주 대하다
代	2	대신하다
待	2	기다리다

帶	2	띠		敦	3	도탑다		**락**		

帶 2 띠
臺 2 높고 평평한 곳
隊 2 무리
貸 3 빌리다

덕

德 1 공정하고 포용성
있는 마음

도

刀 1 칼
到 1 이르다
度(탁) 1 ~한 정도
道 1 길
島 1 섬
都 1 도읍
圖 1 그림
徒 2 무리
倒 2 넘어지다
挑 2 싸움을 걸다
逃 2 달아나다
渡 2 건너다
導 2 이끌다
盜 2 도둑
悼 3 슬퍼하다
桃 3 복숭아
跳 3 뛰다
陶 3 도자기
途 3 길
稻 3 벼
塗 3 칠하다

독

讀 1 읽다
獨 1 홀로
毒 2 독(해로운 성분)
督 2 감독하다
篤 3 인정이 많다

돈

豚 3 돼지

돈

敦 3 도탑다

돌

突 2 갑자기

동

同 1 같다
洞(통) 1 마을
童 1 아이
冬 1 겨울
東 1 동쪽
動 1 움직이다
銅 2 구리
凍 2 얼다
棟 2 용마루
桐 3 오동나무

두

斗 2 말(용량 단위)
豆 2 콩
頭 2 머리

둔

鈍 3 둔하다
屯 3 주둔하다

득

得 1 얻다

등

等 1 등급
登 1 오르다
燈 2 등불
謄 3 베끼다
騰 3 뛰어 오르다

라

羅(나) 2 나열하다
裸(나) 3 벌거벗다

락

落(낙) 1 떨어지다
樂(악/낙/요) 1 즐겁다
絡 2 잇다

란

卵(난) 2 알
亂(난) 2 어지럽다
蘭(난) 3 난초
爛(난) 3 불에 데다
欄(난) 3 난간

람

覽 2 보다
濫(남) 2 넘치다
藍(남) 3 쪽풀(붉은 청색즙
이 나오는 풀)

랑

浪(낭) 2 물결
郞(낭) 2 사나이
朗(낭) 3 밝다
廊(낭) 3 복도

래

來(내) 1 오다

랭

冷(냉) 1 (온도가) 차다

략

略(약) 2 간략하다
掠(약) 3 빼앗다

량

良(양) 2 어질다
兩(양) 2 둘
量(양) 2 수량
凉(양) 2 서늘하다
糧(양) 2 식량

梁(양)　3　대들보
諒(양)　3　믿다
輛　　3　수레

려

旅(여)　1　나그네
麗(여)　2　곱다
慮　　2　걱정하다
勵(여)　2　힘쓰다

력

力(역)　1　힘
歷(역)　1　지내다
曆(역)　2　달력

련

連(연)　1　잇다
練(연)　1　익히다
鍊(연)　2　두드려 단단하게
　　　　　하다
憐(연)　3　불쌍히 여기다
聯(연)　3　이어 달다
戀(연)　3　그리워하다
蓮(연)　3　연꽃

렬

列(열)　2　줄지어 놓다
烈(열)　2　세차다
裂(열)　2　찢다
劣(열)　3　못나다

렴

廉(염)　3　청렴하다

렵

獵(엽)　3　사냥하다

령

令(영)　1　명령하다
領(영)　2　우두머리

齡　　3　나이
嶺(영)　3　산봉우리
零(영)　3　영(숫자 0)
靈(영)　3　영혼

례

例(예)　1　본보기
禮(예)　1　예절
隷(예)　3　노예

로

路(노)　1　길
老(노)　1　늙다
勞(노)　1　일하다
露(노)　2　이슬
爐(노)　2　화로(숯불 담아 두
　　　　　는 그릇)

록

綠(녹)　2　초록
錄(녹)　2　기록하다
鹿(녹)　2　사슴
祿(녹)　3　봉급

론

論(논)　1　논의하다

롱

弄(농)　3　놀리다

뢰

雷(뇌)　3　천둥
賴　　3　의지하다

료

料(요)　1　재료
了(요)　2　마치다
療(요)　3　병 고치다
僚(요)　3　벼슬아치

룡

龍(용)　2　용

루

屢(누)　3　여러
樓(누)　3　누각
累(누)　3　쌓다
淚(누)　3　눈물
漏(누)　3　새 나가다

류

流(유)　1　흐르다
類(유)　1　종류
柳(유)　2　버드나무
留(유)　2　머무르다
謬　　3　어긋나다

륙

六(육)　1　여섯
陸(육)　1　땅

륜

倫(윤)　2　사람의 도리
輪(윤)　2　바퀴

률

律(율)　1　법률
率(율/솔)2　비율
栗(율)　3　밤(과일 종류)

륭

隆(융)　2　솟다

릉

陵(능)　3　큰 언덕

리

里(이)　1　마을
理(이)　1　이치
利(이)　1　이롭다

離(이)	1	떠나다		**말**				**멸**		
李(이)	3	성씨		末	2	끝		滅	2	멸망하다
梨(이)	3	배나무						蔑	3	업신여기다
吏(이)	3	관리		**망**						
裏(이)	3	속		望	1	바라다		**명**		
履(이)	3	밟고 가다		亡	2	망하다		名	1	이름

리

린

隣(인) 2 이웃

림

林(임) 1 숲
臨(임) 2 임하다

립

立(입) 1 서다

마

馬 1 말
麻 3 삼(삼과의 한해살이 풀)
磨 3 갈다
魔 3 마귀
摩 3 비비다

막

莫 1 없다
幕 2 장막
膜 3 얇은 꺼풀
漠 3 사막

만

萬 1 만
滿 1 가득 차다
晩 2 늦다
漫 2 생각나는 대로 하다
慢 3 거만하다
灣 3 육지로 굽어 들어 온 바다

말

末 2 끝

망

望 1 바라다
亡 2 망하다
忙 2 바쁘다
忘 2 잊다
網 3 그물
茫 3 아득하다
妄 3 망령되다
罔 3 없다

매

每 1 ～마다
買 1 사다
賣 1 팔다
妹 1 누이
梅 2 매화
埋 2 파묻다
媒 3 매개
枚 3 (종이) 세는 단위

맥

麥 2 보리
脈 2 맥

맹

猛 2 사납다
盟 2 맹세하다
盲 3 눈멀다
孟 3 성씨

면

面 1 얼굴
勉 1 힘쓰다
免 2 면하다
眠 2 잠자다
綿 2 솜

멸

滅 2 멸망하다
蔑 3 업신여기다

명

名 1 이름
命 1 목숨
明 1 밝다
鳴 2 울다
銘 2 새기다
冥 3 어둡다

모

母 1 어머니
毛 1 털
貌 1 모양
暮 2 저물다
慕 2 사모하다
模 2 본뜨다
帽 3 모자
謀 3 꾀하다
摸 3 찾다
募 3 모으다
冒 3 무릅쓰다
某 3 아무
矛 3 창
侮 3 업신여기다

목

木 1 나무
目 1 눈(신체 기관)
牧 2 기르다
睦 3 화목하다
沐 3 머리감다

몰

沒 2 잠기다

몽

夢 2 꿈
蒙 3 어리다

묘

卯	2	넷째 지지
妙	2	묘하다
描	3	그리다
苗	3	싹
廟	3	사당(신주를 모신 집)
墓	3	무덤

무

武	1	무기
務	1	일
無	1	없다
貿	1	바꾸다
戊	2	다섯째 천간
茂	2	무성하다
舞	2	춤추다
霧	3	안개
巫	3	무당

묵

墨	2	먹
默	2	잠잠하다

문

門	1	문
問	1	묻다
聞	1	듣다
文	1	글
紋	3	무늬

물

物	1	사물
勿	2	~하지 말라

미

未	1	아직 ~않다
味	1	맛
美	1	아름답다
米	2	쌀
尾	2	꼬리

微	2	작다
眉	3	눈썹
迷	3	헤매다

민

民	1	백성(국가의 통치를 받는 사람)
敏	2	민첩하다
憫	3	불쌍히 여기다

밀

密	1	빽빽하다
蜜	3	꿀

박

迫	2	핍박하다
朴	2	성씨
泊	2	배를 물가에 대다
博	2	넓다
薄	2	얇다
拍	3	두드리다
縛	3	묶다
舶	3	큰 배(선박)

반

反	1	되돌리다
飯	2	밥
半	2	반쪽
般	2	일반
盤	2	쟁반
班	2	나누다
返	2	돌아오다
叛	3	배반하다
伴	3	짝

발

發	1	드러내다
髮	2	머리카락
拔	2	뽑다

방

方	1	방향
放	1	놓다
訪	1	방문하다
房	2	방
防	2	막다
妨	2	방해하다
傍	2	곁
紡	3	실 뽑다
倣	3	본뜨다
邦	3	나라
芳	3	꽃답다

배

拜	1	절하다
培	1	북돋우다
杯	2	술잔
配	2	짝짓다
排	2	밀어 내다
輩	2	무리
倍	2	곱절
背	2	등지다
賠	3	물어주다

백

白	1	희다
百	1	백
伯	2	맏
柏(栢)	3	잣나무
魄	3	넋

번

番	1	차례
繁	2	번성하다
煩	3	괴로워하다
飜	3	번역하다

벌

伐	2	치다
罰	2	벌 주다
閥	3	(공로가 있는) 집안

범

凡	2	평범하다
犯	2	죄 짓다
範	2	본보기
汎	3	널리
帆	3	돛

법

法	1	법

벽

壁	2	벽
僻	3	후미지다
碧	3	푸르다

변

變	1	변하다
邊	2	변두리
辯	3	말 잘하다
辨	3	분별하다

별

別	1	다르다

병

病	1	질병
兵	1	군사
丙	2	셋째 천간
竝	2	나란히 하다
屛	3	병풍
瓶	3	병(물 등을 담는 용기)

보

保	1	보호하다
步	1	걷다
報	1	갚다
普	2	보통
補	2	보태다
寶	2	보배

譜	3	순서대로 적다

복

福	1	복
服	1	옷
復(부)	1	돌아오다
伏	2	엎드리다
腹	2	배(신체 일부)
複	2	겹치다
僕	3	하인
覆	3	뒤집히다
卜	3	점치다

본

本	1	근본

봉

奉	1	받들다
逢	2	만나다
峰(峯)	2	산봉우리
封	2	붙이거나 싸서 막다
鳳	3	봉황새
縫	3	꿰매다
俸	3	봉급
蜂	3	벌

부

夫	1	남편
父	1	아버지
富	1	넉넉하다
婦	1	아내
扶	2	돕다
部	2	분류
否	2	그렇지 않다
浮	2	뜨다
附	2	붙이다
付	2	주다
腐	2	썩다
府	2	관청
副	2	다음
負	2	(짐을) 지다

賦	2	세금
赴	3	나아가다
符	3	서로 들어맞다
俯	3	구부리다
剖	3	쪼개다
簿	3	장부(계산 내용을 기록하는 책)
膚	3	살갗

북

北(배)	1	북쪽

분

分	1	나누다
紛	2	어지럽다
憤	2	성내다
奮	2	떨치다
奔	2	달리다
墳	3	무덤
粉	3	가루

불

不(부)	1	~하지 않다
佛	2	부처
拂	3	치르다

붕

朋	2	친구
崩	3	무너지다

비

比	1	비교하다
非	1	아니다
鼻	1	코
備	1	갖추다
費	1	(돈을) 쓰다
悲	2	슬프다
飛	2	날다
肥	2	살찌다
碑	2	비석

秘(祕) 2 숨기다
卑 3 천하다
匪 3 도둑
妃 3 왕비
婢 3 여자 종
批 3 (좋고 나쁨을) 평가하다

빈

貧 2 가난하다
賓 2 손님
頻 3 자주

빙

氷 2 얼음
聘 3 (예를 갖추어) 부르다

사

四 1 넷
士 1 선비(글 배우는 사람)
仕 1 벼슬하다
史 1 역사
射 1 쏘다
謝 1 사례하다
師 1 스승
死 1 죽다
思 1 생각하다
事 1 일
社 1 단체
査 1 조사하다
寫 1 베끼다
巳 2 여섯째 지지
寺 2 절
私 2 개인
絲 2 실
舍 2 집
斜 2 비스듬하다
使 2 시키다
司 2 맡다
詞 2 말씀

沙(砂) 2 모래
邪 2 바르지 못하다
飼 3 먹이다
似 3 비슷하다
蛇 3 뱀
捨 3 버리다
赦 3 용서하다
祀 3 제사
斯 3 이(지시 대명사)
詐 3 속이다
辭 3 말씀
賜 3 주다

삭

削 3 깎다
朔 3 초하루

산

山 1 산
産 1 낳다
散 1 흩어지다
算 1 계산하다
酸 3 산소
傘 3 우산

살

殺(쇄) 2 죽이다

삼

三 1 셋
森 3 나무가 빽빽하다

삽

揷 3 꽂다

상

上 1 위
尙 1 숭상하다
賞 1 상 주다
商 1 장사하다
相 1 서로

霜 1 서리
想 1 생각하다
傷 1 다치다
象 1 코끼리
常 2 항상
喪 2 초상 치르다
像 2 (사람을) 본뜬 모양
狀(장) 2 모양
祥 2 좋은 조짐
裳 3 치마
嘗 3 맛보다
償 3 갚다
床 3 상(밥상, 책상의 통칭)
詳 3 자세하다
桑 3 뽕나무
箱 3 상자

쌍

雙 2 짝이 되다

새

塞(색) 3 변방

색

色 1 색깔
索(삭) 3 찾다

생

生 1 살다
牲 3 희생

서

西 1 서쪽
序 1 차례
書 1 책
暑 1 덥다
緖 2 실마리
敍 2 차례대로 설명하다
署 2 관청
徐 2 천천히

逝 3 떠나가다
瑞 3 좋은 조짐
壻(婿) 3 사위
鼠 3 쥐
誓 3 맹세하다
庶 3 여러
恕 3 용서하다

석

夕 1 저녁
石 1 돌
昔 2 옛
惜 2 아깝다
席 2 자리
析 2 쪼개다
釋 2 풀다
碩 3 크다

선

先 1 먼저
線 1 줄
鮮 1 산뜻하다
善 1 착하다
船 1 배(선박)
選 1 가려 뽑다
仙 2 신선
旋 2 돌다
宣 2 널리 알리다
禪 3 참선
繕 3 손보아 고치다

설

雪 1 눈(하늘에서 내리는 것)
說(세/열)1 밝히어 말하다
設 1 세우다
舌 2 혀

섬

纖 3 가늘다

섭

涉 2 널리 통하다
攝 3 끌어당기다

성

性 1 성품
成 1 이루다
城 1 성곽(內城을 성, 外城을 곽)
誠 1 정성
聖 1 성스럽다
姓 2 성씨
盛 2 왕성하다
省 2 살피다
星 2 별
聲 2 소리

세

世 1 세상
洗 1 씻다
細 1 가늘다
歲 1 해
稅 2 세금
勢 2 세력

소

小 1 작다
少 1 적다
所 1 장소
消 1 사라지다
素 1 바탕
笑 2 웃다
召 2 부르다
掃 2 쓸다
騷 2 시끄럽다
蔬 3 채소
疏(疎) 3 트이다
蘇 3 되살아나다
燒 3 불태우다
昭 3 밝다
紹 3 잇다

소

訴 3 하소연하다

속

俗 1 속세
速 1 빠르다
續 1 잇다
屬 2 속하다
束 2 묶다
粟 3 조(노랗고 작은 오곡 중의 하나)

손

孫 1 손자
損 2 덜다

송

送 1 보내다
松 2 소나무
頌 3 기리다
訟 3 옳고 그름을 가리다
誦 3 외우다

쇄

刷 3 인쇄하다
鎖 3 잠그다

쇠

衰 2 약해지다

수

水 1 물
手 1 손
受 1 받다
授 1 주다
守 1 지키다
收 1 거두다
數 1 숫자
首 2 머리
誰 2 누구
須 2 모름지기

雖	2	비록		**술**				**식**	
愁	2	근심하다		術	1	재주		食	1	먹다
樹	2	나무(자라고 있는 나무)		戌	2	열한 번째 지지		植	1	심다
				述	2	글 짓다		識	1	알다
壽	2	목숨						式	2	형식
修	2	닦다		**숭**				息	2	쉬다
秀	2	빼어나다		崇	1	숭상하다		殖	3	번식하다
帥(솔)	2	장수						飾	3	꾸미다
獸	2	짐승(기어다니는 짐승)		**습**						
				習	1	익히다		**신**		
殊	2	다르다		拾(십)	2	줍다		身	1	몸
需	2	요구하다		襲	2	덮치다		神	1	귀신
遂	2	이루다		濕	3	축축하다		臣	1	신하
垂	2	드리우다						信	1	믿다
輸	2	실어 나르다		**승**				新	1	새롭다
隨	3	따라가다		勝	1	이기다		申	2	아홉째 지지
搜	3	찾다		乘	2	올라타다		辛	2	맵다
睡	3	잠자다		承	2	이어받다		伸	2	펴다
羞	3	부끄러워하다		昇	2	오르다		愼	2	삼가다
酬	3	갚다		升	3	되(곡식 헤아리는 기구나 단위)		腎	3	콩팥
囚	3	가두다						晨	3	새벽
				僧	3	승려				
숙								**실**		
叔	2	아저씨		**시**				失	1	잃다
淑	2	착하다		市	1	시장		室	1	방
宿	2	머무르다		示	1	보이다		實	1	실제
肅	2	엄숙하다		是	1	옳다				
熟	2	익다		時	1	때		**심**		
孰	3	누구		詩	1	시		心	1	마음
				視	1	보다		深	1	깊다
순				施	1	베풀다		甚	2	심하다
順	1	차례		始	1	처음		審	2	살피다
純	1	순수하다		試	2	시험		尋	3	찾다
巡	2	돌아다니다		矢	3	화살				
瞬	2	눈 깜박이다		侍	3	모시다		**십**		
盾	2	방패		屍	3	시체		十	1	열
脣	3	입술								
殉	3	몸 바치다		**씨**				**아**		
旬	3	열흘		氏	2	성씨		兒	1	아이
循	3	빙빙 돌다						我	2	나

雅	2	우아하다
亞	2	둘째
餓	2	굶주리다
牙	2	어금니
芽	3	싹
阿	3	아첨하다

악

惡	1	악하다
岳	2	큰 산
握	3	쥐다

안

安	1	편안하다
案	1	의견
顔	2	얼굴
眼	2	눈(신체 기관)
岸	2	언덕
雁	3	기러기

알

謁	3	뵙다

암

暗	2	어둡다
巖	2	바위
癌	3	암

압

壓	2	누르다
押	3	누르다

앙

仰	2	우러러보다
央	2	가운데
殃	3	재앙

애

愛	1	사랑하다
哀	1	슬프다
涯	3	물가

碍(礙)	3	거리끼다

액

額	2	이마
液	3	액체
厄	3	재앙

야

夜	1	밤(낮의 반대)
野	1	들판
也	2	~이다
耶	3	~인가?

약

約	1	약속하다
藥	1	약
弱	2	약하다
若(야)	2	같다
躍	3	뛰다

양

羊	1	양
洋	1	큰 바다
養	1	기르다
陽	1	햇볕
讓	1	사양하다
揚	2	드날리다
樣	2	모양
壤	2	부드러운 흙
楊	3	버드나무
孃	3	아가씨

어

魚	1	물고기
漁	1	고기 잡다
語	1	말씀
於	2	~에
禦	3	막다
御	3	임금

억

憶	1	기억하다
億	2	억
抑	2	억누르다

언

言	1	말씀
焉	3	어찌

엄

嚴	1	엄하다

업

業	1	일

여

餘	1	남다
與	1	주다
如	2	같다
汝	2	너
予	3	나
輿	3	수레

역

易(이)	1	바꾸다
逆	1	거스르다
亦	2	또
域	2	지역
役	2	일하다
驛	2	정거장
譯	2	번역하다
疫	3	전염병

연

然	1	그러하다
研	1	연구하다
緣	1	인연
煙	2	연기
演	2	실제로 행하다
鉛	2	납

燃	2	불태우다
延	2	(시간을) 끌다
沿	2	물을 따라 내려가다
軟	2	부드럽다
硯	3	벼루
淵	3	(연)못
燕	3	제비
宴	3	잔치

열

熱	1	뜨겁다
悅	2	기쁘다
閱	3	훑어보다

염

炎	2	염증
鹽	2	소금
染	3	물들이다
厭	3	싫다

엽

葉	2	잎

영

永	1	영원하다
英	1	영웅
迎	1	맞이하다
榮	2	영광
營	2	경영하다
映	2	비추다
影	2	그림자
詠	2	읊다
泳	3	헤엄치다

예

藝	1	예술
譽	2	명예
銳	2	날카롭다
豫	3	미리
預	3	맡기다

오

五	1	다섯
午	1	일곱째 지지
吾	2	나
悟	2	깨닫다
誤	2	틀리다
烏	2	까마귀
汚	2	더럽다
娛	2	즐거워하다
奧	3	깊숙하다
傲	3	오만하다
嗚	3	탄식하다
梧	3	오동나무

옥

玉	1	옥
屋	2	집
獄	2	감옥
沃	3	기름지다

온

溫	1	따뜻하다
穩	3	평온하다

옹

翁	3	늙은이
擁	3	끌어안다

와

瓦	2	기와
臥	2	눕다

완

完	1	완전하다
頑	3	완고하다
緩	3	느리다

왈

曰	2	말하기를

왕

王	1	임금
往	1	가다

왜

倭	3	일본(일본의 예전 이름)

외

外	1	바깥
畏	3	두려워하다

요

要	1	중요히다
謠	2	노래
搖	2	흔들다
曜	3	요일
擾	3	어지럽히다
腰	3	허리
遙	3	멀다
妖	3	아리땁다

욕

欲	2	(~을) 하고자 하다
浴	2	목욕하다
慾	2	욕심
辱	2	욕되게 하다

용

用	1	(물건을) 쓰다
勇	1	용감하다
容	1	받아들이다
庸	3	떳떳하다
傭	3	돈 받고 일하다

우

宇	1	우주
右	1	오른쪽
牛	1	소
友	1	친구

雨	1	비
于	2	~에
憂	2	근심하다
又	2	또
尤	2	더욱
遇	2	만나다
郵	2	우편
羽	2	깃털
優	2	뛰어나다
寓	3	핑계삼다
愚	3	어리석다
偶	3	짝이 되다

운

雲	1	구름
運	1	움직이다
云	2	말하다
韻	3	울림

웅

雄	1	웅장하다

원

元	1	근본
原	1	근원
願	1	원하다
遠	1	멀다
園	1	동산
怨	2	원망하다
圓	2	둥글다
援	2	돕다
院	2	집
源	2	근원
員	2	(어떤 구실을 가진) 사람

월

月	1	달
越	2	뛰어넘다

위

位	1	위치
危	2	위태하다
爲	2	하다
偉	2	훌륭하다
威	2	위엄
慰	2	위로하다
僞	2	거짓
衛	2	지키다
委	2	맡기다
圍	2	둘레
謂	3	말하다
緯	3	씨줄(옷감 등의 가로로 놓인 실)
胃	3	위장
尉	3	벼슬
違	3	어기다

유

由	1	말미암다
油	1	기름
有	1	있다
遺	1	남기다
酉	2	열 번째 지지
猶	2	오히려
唯	2	오직
遊	2	놀다
柔	2	부드럽다
幼	2	어리다
裕	2	넉넉하다
乳	2	젖
維	2	밧줄
悠	2	멀다
儒	2	유교
愈	3	낫다
誘	3	꾀어내다
游	3	헤엄치다
幽	3	그윽하다
惟	3	생각하다
愉	3	즐겁다

육

肉	1	고기
育	1	기르다

윤

閏	3	윤달
潤	3	젖다

융

融	3	녹다

은

恩	1	은혜
銀	1	은
隱	3	숨다

을

乙	2	둘째 천간

음

音	1	소리
吟	2	읊다
飮	2	마시다
陰	2	그늘
淫	3	음란하다

읍

邑	1	고을
泣	2	울다

응

應	1	응하다
凝	3	엉기다

의

衣	1	옷
義	1	옳다
議	1	의논하다
醫	1	병 고치다
意	1	뜻

依	2	기대다	壬	2	아홉째 천간	

依　2　기대다
矣　2　~이다
疑　2　의심하다
宜　3　마땅하다
儀　3　거동
擬　3　본뜨다

이

二　1　둘
耳　1　귀
移　1　옮기다
以　2　~로써
已　2　이미
而　2　말 잇다
異(리)　2　다르다
夷　3　오랑캐

익

益　1　이롭다
翼　3　날개

인

人　1　사람
引　1　당기다
因　1　원인
仁　2　어질다
忍　2　참다
認　2　알다
寅　2　셋째 지지
印　2　도장 찍다
姻　3　혼인
刃　3　칼날

일

一　1　하나
日　1　날
逸　3　달아나다

임

任　1　맡기다

壬　2　아홉째 천간
賃　2　품삯
姙(妊)　3　아이 배다

입

入　1　들어가다

자

子　1　아들
字　1　글자
自　1　스스로
者　1　사람
姉　2　손위누이
慈　2　사랑하다
資　2　재물
紫　3　자주색
玆　3　이(지시 대명사)
刺　3　찌르다
姿　3　자세
諮　3　묻다
滋　3　붇다
恣　3　마음 내키는 대로
　　　　하다
雌　3　암컷
磁　3　자석

작

作　1　만들다
昨　2　어제
酌　3　술 따르다
爵　3　벼슬

잔

殘　2　해치다

잠

暫　2　잠깐
潛　3　잠기다
蠶　3　누에

잡

雜　2　섞이다

장

長　1　길다
場　1　마당
將　1　장군
章　2　글
壯　2　씩씩하다
障　2　장애
藏　2　감추다
丈　2　어른
掌　2　손바닥
葬　2　장사 지내다
奬　2　권하다
帳　2　공책
裝　2　꾸미다
張　2　당기다
粧　3　꾸미다
牆(墻)　3　담
臟　3　내장
莊　3　장중하다
匠　3　장인(물건 만드는
　　　　일을 직업으로 하
　　　　는 사람)
杖　3　지팡이
腸　3　창자

재

材　1　재목
財　1　재물
在　1　(~에) 있다
再　1　다시
才　2　재주
栽　2　심다
哉　2　~하도다(어조사)
載　2　싣다
災　2　재앙
裁　2　(옷감 등을) 치수
　　　　에 맞춰 자르다
宰　3　재상
齋　3　깨끗이 하다

쟁

爭	1	다투다

저

貯	1	저축하다
低	1	낮다
著	2	(글을) 짓다
底	2	밑
抵	2	막다
邸	3	집

적

的	2	~한 성질을 띤
赤	2	붉다
適	2	알맞다
敵	2	싸울 상대
跡	2	발자취
賊	2	도적
積	2	쌓다
籍	2	문서
績	2	(옷감을) 짜다
寂	2	고요하다
笛	3	피리
嫡	3	본부인
滴	3	물방울
摘	3	들추어내다

전

田	1	밭
全	1	온전하다
典	1	책
前	1	앞
展	1	펼치다
戰	1	싸우다
電	1	전기
錢	1	돈
傳	1	전하다
專	1	오로지
轉	2	구르다
殿	3	큰 집

절

節	1	마디
絶	1	끊다
切(체)	2	끊다
折	2	꺾이다
竊	3	훔치다

점

店	1	가게
占	2	점치다
點	2	점
漸	2	차츰

접

接	1	닿다
蝶	3	나비

정

正	1	바르다
政	1	정치
定	1	정하다
精	1	자세하다
情	1	(느끼어 일어나는) 마음
庭	1	뜰
丁	2	넷째 천간
頂	2	정수리(머리 맨 위에 있는 급소)
停	2	머무르다
井	2	우물
貞	2	(성품이) 곧다
靜	2	고요하다
淨	2	깨끗하다
程	2	(~하는) 과정
亭	2	정자(건물)
征	2	싸우러 가다
整	2	가지런하다
訂	2	바로잡다
偵	3	몰래 살피다
呈	3	드리다
廷	3	(정치나 법에 대

제

弟	1	아우
帝	1	황제
題	1	제목
除	1	없애 버리다
製	1	만들다
濟	1	구제하다
第	2	차례
祭	2	제사
諸	2	모두
制	2	만들다
際	2	두 사물의 중간
齊	2	가지런하다
提	2	들다
堤	2	둑

조

早	1	일찍
造	1	만들다
鳥	1	새
調	1	조절하다
朝	1	아침
助	1	돕다
祖	1	조상
兆	2	조짐
燥	2	(물기가) 마르다
組	2	조직하다
條	2	조목
操	2	잡다
潮	2	(아침에 들어왔다 나가는) 바닷물
遭	3	만나다
彫	3	새기다
粗	3	거칠다
租	3	세금
弔	3	위로하다
釣	3	낚시
措	3	두다
照	3	비추다

족

足	1	발
族	1	겨레

존

存	1	있다
尊	2	높이다

졸

卒	2	끝마치다
拙	3	못나다

종

種	1	씨
從	1	따라가다
宗	2	근본
終	2	끝나다
縱	2	세로
綜	3	모으다
鍾	3	종

좌

左	1	왼쪽
坐	2	앉다
座	2	자리
佐	3	돕다

죄

罪	2	죄

주

主	1	주인
注	1	물 붓다
住	1	(~에) 살다
宙	1	우주
晝	1	낮
周	2	두루
朱	2	붉다
舟	2	작은 배(선박)
州	2	고을

走	2	달리다
柱	2	기둥
酒	2	술
奏	3	아뢰다
珠	3	구슬
株	3	그루터기(초목을 자르고 남은 밑동)
洲	3	섬
駐	3	머무르다
鑄	3	쇠를 부어 만들다
週	3	돌다

죽

竹	1	대나무

준

準	2	법도
遵	2	따라가다
俊	3	뛰어나다

중

中	1	가운데
重	1	무겁다
衆	1	많은 사람
仲	3	가운데

즉

卽	2	곧

증

增	1	늘다
憎	2	미워하다
曾	2	일찍이
證	3	증명하다
贈	3	선물하다
症	3	증세
蒸	3	찌다

지

支	1	갈라져 나오다
止	1	그치다

知	1	알다
地	1	땅
指	1	손가락
志	1	뜻
至	1	지극하다
紙	1	종이
枝	2	나뭇가지
持	2	가지다
池	2	(연)못
遲	2	더디다
誌	2	기록하다
之	2	~의
智	2	지혜
脂	3	기름
肢	3	팔다리
只	3	다만
旨	3	내용

직

直	1	곧다
職	2	벼슬
織	2	(옷감을) 짜다

진

眞	1	참
進	1	나아가다
盡	2	다하다
振	2	떨치다
陣	2	진치다
陳	2	벌려놓다
辰	2	다섯째 지지
鎭	3	누르다
津	3	배로 건너다니는 곳
診	3	진찰하다
珍	3	보배
塵	3	먼지
震	3	떨다

질

質	1	바탕
秩	1	차례

疾	1	질병
姪	3	조카

집

集	1	모으다
執	2	잡다
輯	3	모으다

징

徵	3	(사람을) 불러들이다
懲	3	혼내다

차

次	1	다음
借	2	빌려오다
且	2	또
差	2	차이
此	2	이(지시 대명사)
遮(자)	3	막다

착

着	1	붙다
錯	2	섞이다
捉	3	잡다

찬

贊	2	돕다
餐	3	식사
讚	3	칭찬하다

찰

察	1	살피다
刹	3	절
札	3	공문서

참

參(삼)	1	참여하다
慘	2	비참하다
慙	3	부끄럽다
斬	3	베다

창

唱	1	노래하다
創	2	새로 만들다
窓	2	창문
倉	2	창고
昌	2	번창하다
暢	3	잘 통하다
蒼	3	푸르다
彰	3	밝히다

채

菜	2	채소
採	2	캐다
彩	2	무늬
債	3	빚지다

책

責	1	꾸짖다
冊	2	책
策	2	꾀

처

處	1	곳
妻	2	아내
悽	3	슬퍼하다

척

尺	2	자(길이 단위)
斥	2	물리치다
拓(탁)	2	넓히다
戚	3	친척
隻	3	(한 쌍 중의) 한쪽

천

千	1	천
天	1	하늘
川	1	내(시내보다는 크고 강보다는 작은 물줄기)
淺	1	얕다

踐

踐	2	밟다
泉	2	샘
遷	2	옮기다
賤	3	천하다
薦	3	추천하다

철

鐵	2	쇠
哲	2	(이치에) 밝다
徹	2	통하다
撤	3	거두다

첨

尖	3	뾰족하다
添	3	더하다

첩

諜	3	염탐하다
妾	3	첩

청

靑	1	푸르다
淸	1	맑다
聽	1	듣다
晴	2	날이 개다
請	2	부탁하다
廳	3	관청

체

體	1	몸
替	2	바꾸다
滯	3	막히다
逮	3	뒤따라가 붙잡다
遞	3	전하다

초

初	1	처음
草	1	풀
招	2	부르다
超	2	뛰어넘다

礎	2	기초
肖	3	닮다
抄	3	가로채다
秒	3	초(시간 단위)
哨	3	망보다
焦	3	그을리다

촉

促	2	재촉하다
觸	2	닿다
燭	3	촛불

촌

村	1	마을
寸	2	치(짧은 길이 단위)

총

總	2	모두
銃	3	총
聰	3	총명하다

최

最	1	가장
催	3	재촉하다

추

秋	1	가을
追	1	뒤쫓아가다
推(퇴)	2	밀다
抽	3	뽑다
醜	3	추하다
墜	3	떨어지다

축

祝	1	축하하다
畜	1	가축
縮	2	오그라들다
築	2	쌓다
蓄	2	쌓다
逐	2	내쫓다
丑	2	둘째 지지

軸	3	중심 축

춘

春	1	봄

출

出	1	나가다

충

充	1	가득하다
忠	1	충성
蟲	1	벌레
衝	2	부딪치다
衷	3	정성스러운 마음

취

取	1	가지다
吹	2	불다
就	2	나아가다
臭	3	냄새
醉	3	술 취하다
趣	3	재미
聚	3	모으다

측

側	2	옆
測	2	재다

층

層	2	층

치

治	1	다스리다
致	1	(~에) 이르다
齒	1	이빨
値	2	값
置	2	두다
恥	2	부끄럽다
稚	3	어리다

칙

則	1	법칙

친

親	1	친하다

칠

七	1	일곱
漆	3	검은 칠

침

針	2	바늘
侵	2	쳐들어가다
沈(심)	2	가라앉다
浸	3	스며들다
寢	3	잠자다
枕	3	베개

칭

稱	3	부르다

쾌

快	1	상쾌하다

타

他	2	남
打	2	때리다
妥	2	마땅하다
墮	3	타락하다
惰	3	게으르다

탁

托	2	의지하다
琢	3	(옥을) 쪼다
濯	3	씻다
卓	3	뛰어나다
託	3	맡기다
濁	3	흐리다

탄

炭	2	숯
歎	2	탄식하다
彈	2	(줄을) 튀기다
誕	3	태어나다

탈

脫	2	벗다
奪	2	빼앗다

탐

探	1	찾다
貪	3	탐하다

탑

塔	2	탑

탕

蕩	3	쓸어 없애다
湯	3	끓인 물

태

太	1	크다
泰	2	크다
態	2	모양
怠	3	게으르다
殆	3	위태롭다
胎	3	태아를 싸고 있는 조직

택

宅(댁)	1	집
澤	2	윤이 나다
擇	2	가려 내다

토

土	1	흙
吐	2	토하다
討	2	토론하다
兎(兔)	3	토끼

통

通	1	통하다
統	1	거느리다
痛	2	아프다

퇴

退	2	물러나다

투

投	2	던지다
透	2	꿰뚫다
鬪	3	싸우다

특

特	1	특별하다

파

波	1	물결
破	2	깨뜨리다
派	2	갈래
播	3	뿌리다
罷	3	그만두다
頗	3	치우치다
把	3	잡다

판

判	1	판단하다
板	2	널빤지
版	2	널빤지
販	3	팔다

팔

八	1	여덟

패

貝	1	조개
敗	1	패하다
覇	3	우두머리

편

便	1	편하다

篇	1	책
片	2	조각
編	2	엮다
遍	3	두루
偏	3	치우치다

폄

貶	3	깎아 낮추다

평

平	1	평평하다
評	1	평가하다

폐

閉	2	닫다
廢	2	못쓰게 되다
幣	2	화폐
肺	3	허파
弊	3	낡다
蔽	3	가리다

포

胞	2	세포
捕	2	잡다
布	2	베
浦	2	배 드나드는 곳
抱	2	안다
包	2	감싸다
飽	2	배부르다
怖	3	두려워하다
抛	3	던지다
砲	3	대포
鋪	3	깔다
褒	3	기리다

폭

暴	2	사납다
爆	3	터지다
幅	3	가로지른 거리(간격)

표		
表	1	겉
標	1	표시하다
票	2	쪽지
漂	3	떠돌다

품		
品	1	물건

풍		
風	1	바람
豊	1	풍성하다

피		
皮	1	가죽
彼	1	저(지시 대명사)
疲	2	피곤하다
被	2	당하다
避	3	피하다

필		
必	1	반드시
匹	2	짝
筆	2	붓
畢	3	마치다

핍		
乏	3	가난하다
逼	3	조이다

하		
下	1	아래
夏	1	여름
賀	1	축하하다
何	2	어찌
河	2	강물
荷	3	짊어지다

학		
學	1	배우다

虐	3	잔인하다
鶴	3	두루미

한		
寒	1	(온도가) 차다
韓	1	나라 이름
漢	1	나라 이름
閑	2	한가하다
恨	2	원망스럽게 생각하다
限	2	한계
旱	3	가물다
汗	3	땀
翰	3	붓

할		
割	2	베다

함		
含	2	머금다
陷	2	빠지다
咸	3	모두
艦	3	싸움 배

합		
合	1	합하다

항		
恒	2	항상
項	2	조목
抗	2	대항하다
航	2	배로 건너다
巷	3	길거리
港	3	항구

해		
海	1	바다
解	1	풀다
害	2	해치다
亥	2	열두 번째 지지
該	2	갖추다

핵		
核	2	사물의 가장 중심

행		
行(항)	1	다니다
幸	1	다행

향		
香	1	향기
鄕	1	시골
向	2	향하다
響	2	울리다
享	2	누리다

허		
虛	2	비다
許	2	허락하다

헌		
憲	2	법
獻	2	바치다
軒	3	집

험		
險	2	험하다
驗	2	경험하다

혁		
革	2	가죽

현		
現	1	나타나다
賢	1	어질다
縣	2	고을
顯	2	나타나다
玄	2	검다
弦	3	활시위
絃	3	악기 줄
懸	3	매달다

혈

血	1	피
穴	2	동굴

혐

嫌	3	싫어하다

협

協	1	협력하다
脅	2	협박하다
峽	3	골짜기
狹	3	좁다

형

兄	1	형
形	1	모양
刑	2	형벌
型	2	기본 틀
衡	2	저울
亨	3	뜻대로 잘 되다
螢	3	개똥벌레

혜

惠	1	은혜
慧	3	슬기

호

好	1	좋다
號	1	이름
湖	1	호수
戶	2	집
互	2	서로
呼	2	부르다
護	2	보호하다
乎	2	～인가?
虎	2	호랑이
胡	3	오랑캐
浩	3	(넓고) 크다
毫	3	가는 털
豪	3	뛰어난 사람

혹

或	2	혹시
惑	3	홀리다
酷	3	독하다

혼

婚	1	결혼하다
混	1	섞다
魂	2	넋
昏	3	날이 저물다

홀

忽	3	소홀히 하다

홍

洪	2	큰물
紅	2	붉다
弘	3	(크고) 넓다
鴻	3	기러기

화

火	1	불
化	1	변화하다
花	1	꽃
貨	1	화폐
和	1	사이가 좋다
話	1	이야기
畵	1	그림
禍	2	재앙
華	2	화려하다
禾	2	벼
靴	3	가죽신

확

確	2	확실하다
穫	2	거두다
擴	2	넓히다

환

歡	1	기뻐하다

患	1	근심
丸	2	알
換	2	바꾸다
環	2	둘러싸다
還	2	돌아오다
幻	3	허깨비(가상假象이 언뜻 나타났다가는 사라져 버리는 것)

활

活	1	살다
闊	3	넓다
滑(골)	3	미끄럽다

황

黃	1	노랗다
皇	2	황제
況	2	상황
荒	3	거칠다

회

回	1	돌다
會	1	모이다
悔	2	뉘우치다
懷	2	(생각을) 품다
灰	3	재(불에 타고 남은 가루)

획

獲	2	얻다
劃	3	긋다

횡

橫	2	가로

효

孝	1	효도
效	1	효과
曉	3	새벽

후

後	1	뒤
候	2	기후
厚	2	두텁다
后	3	왕비
喉	3	목구멍
侯	3	제후

훈

訓	1	가르치다
勳	3	업적

훼

毁	3	헐다

휘

揮	2	휘두르다
輝	2	빛나다

휴

休	1	쉬다
携	2	손에 가지다

흉

凶	1	흉하다
胸	2	가슴

흑

黑	2	검다

흡

吸	2	빨아들이다

흥

興	1	일으키다

희

希	1	바라다
喜	1	기쁘다
戲(戱)	2	놀다
稀	3	드물다
犧	3	희생

힐

詰	3	따지다